GÜNTER DUX

Bundesrat und Bundesaufsicht

Schriften zum Öffentlichen Recht

Band 9

Bundesrat und Bundesaufsicht

Von

Günter Dux

DUNCKER & HUMBLOT / BERLIN

Vorwort

Die Beteiligung des Bundesrates an der Bundesaufsicht ist weitgehend Ursache des gegenwärtigen Interesses an der Bundesaufsicht überhaupt. Sie wirft nicht nur die Frage auf, welche Bedeutung der Bundesaufsicht als eine politischen Organen verliehene Kompetenz zukommt, obwohl es sich weitgehend um die Beurteilung und Entscheidung von Rechtsfragen handelt, aus ihr resultiert auch vornehmlich das Interesse an der Frage nach dem Umfang der Aufsichtskompetenz des Bundes. Die Arbeit konnte daher keinesfalls auf die Untersuchung jenes Verfahrensabschnittes, in dem der Bundesrat selbst mit Aufsichtsentscheidungen befaßt ist, beschränkt werden. Auch hätte sich vielfach eine zutreffende Einschätzung des Mitwirkungsrechtes des Bundesrates nicht erreichen lassen, ohne die Art und Bedeutung des Aufsichtsmittels selbst darzulegen.

Die Bundesaufsicht hätte nahezu vollständig zum Gegenstand der Untersuchung gemacht werden können, wenn man berücksichtigt, daß der Bundesrat seine Mitwirkungsbefugnis dazu benutzen kann, die Zulässigkeit der von der Bundesregierung ergriffenen Aufsichtsmaßnahmen zu überprüfen. Damit wäre jedoch der Rahmen der Arbeit gesprengt worden. Insoweit sind nur jene Fragen untersucht worden, die in der Literatur besonders umstritten sind oder bereits zu Meinungsverschiedenheiten zwischen Bundesregierung und Bundesrat geführt haben.

Der Bundeszwang ist so eng mit der Bundesaufsicht verflochten, daß er insoweit, als es für die Beteiligung des Bundesrates von Interesse ist, in die Untersuchung einzubeziehen war. Neuere Erörterungen in der Literatur, nach denen die der Bundesregierung in Art. 91 GG gewährten Befugnisse ebenfalls der Bundesaufsicht zuzurechnen sein sollen, machten es notwendig, auch diese Bestimmung kurz zu erörtern.

Die vorliegende Arbeit wurde im Oktober 1961 abgeschlossen. Sie hat zu Beginn des Jahres 1962 der Rechts- und Staatswissenschaftlichen Fakultät der Universität in Bonn als Dissertation unter dem Titel: „Die Beteiligung des Bundesrates an der Bundesaufsicht" vorgelegen. Für ihre Anregung und Betreuung darf ich Herrn Professor Dr. U. *Scheuner* sehr herzlich danken.

Günter Dux

Inhaltsverzeichnis

Drittes Kapitel

Das Aufsichtsverfahren

Viertes Kapitel

Zwangsmaßnahmen gegen die Länder

Abkürzungsverzeichnis

AöR	= Archiv des öffentlichen Rechts, Tübingen 1886 ff.
Bay.Bgmstr.	= Der Bayerische Bürgermeister, Monatszeitschrift für Verwaltungspraxis, München 1948 ff.
Bay.VBl.	= Bayerische Verwaltungsblätter, Zeitschrift für öffentliches Recht und öffentliche Verwaltung, München NF 1 (= 86 der Gesamtfolge) 1955 ff.
BGBl.	= Bundesgesetzblatt, 1949 ff.
BGH	= Bundesgerichtshof
BK	= Bonner Kommentar, Kommentar zum Bonner Grundgesetz, Redakt.: B. Dennewitz, fortgeführt von K. G. Wernicke, Hamburg 1950 ff.
BVerfG	= Bundesverfassunggericht
BVerfGG	= Gesetz über das Bundesverfassungsgericht vom 12. März 1951 (BGBl. I, S. 243)
BVerfGE	= Entscheidungen des Bundesverfassungsgerichts, Herausgegeben von den Mitgliedern des Bundesverfassungsgerichts, Tübingen 1952 ff.
BVerw.GE	= Entscheidungen des Bundesverwaltungsgerichts, Herausgegeben von den Mitgliedern des Gerichts, Berlin 1955 ff.
DJZ	= Deutsche Juristen-Zeitung, Berlin 1896 ff.
DÖV	= Die Öffentliche Verwaltung, Zeitschrift für Verwaltungsrecht und Verwaltungspolitik, Stuttgart und Köln 1948 ff.
DRZ	= Deutsche Rechtszeitschrift, Tübingen 1946—1950
DV	= Deutsche Verwaltung, Hamburg 1948—1950; danach: Deutsches Verwaltungsblatt
DVBl.	= Deutsches Verwaltungsblatt, Köln und Berlin 1950 ff.
GG	= Grundgesetz für die Bundesrepublik Deutschland vom 23. 5. 1949 (BGBl. S. 1)
HdbDStR	= Handbuch des Deutschen Staatsrechts, Bd. 1 u. 2. Herausgegeben von G. Anschütz und R. Thoma, Tübingen 1930 und 1932
Hirths-Analen	= Annalen des Deutschen Reichs für Gesetzgebung, Verwaltung und Statistik. Herausgegeben von G. Hirth und M. v. Seydel, München und Leipzig 1868 ff., Seit 1901 = Annalen des Deutschen Reichs für Gesetzgebung, Verwaltung und Volkswirtschaft
JöR	= Jahrbuch des öffentlichen Rechts der Gegenwart, Tübingen N. F. 1951 ff.
JW	= Juristische Wochenschrift, Berlin 1872 ff.
JZ	= Juristenzeitung, Tübingen 1951 ff.
MDR	= Monatsschrift für Deutsches Recht, Hamburg 1947 ff.
OVG	= Oberverwaltungsgericht

RdA	= Recht der Arbeit, München und Berlin 1948 ff.
Rdnr.	= Randnummer
RGBl.	= Reichsgesetzblatt, 1871—1945; ab 1922: Teil I und Teil II
RGZ	= Entscheidung des Reichsgerichts in Zivilsachen, Heraus-gegeben von den Mitgliedern des Gerichtshofes, Leipzig 1880—1945
RuPrVBl.	= Reichsverwaltungsblatt und Preußisches Verwaltungs-blatt, hervorgegangen aus dem Preußischen Verwal-tungsblatt Jg. 1 : 1879
RV v. 1871	= Gesetz, betr. die Verfassung des Deutschen Reichs vom 16. April 1871 (RGBl. S. 63)
Sten.Ber.HA	= Stenografische Berichte der Verhandlungen des Haupt-ausschusses des Parlamentarischen Rates, Bonn 1948/49
StuKV	= Staats- und Kommunalverwaltung Köln 1955 ff.
StGH	= Staatsgerichtshof für das Deutsche Reich
VeröffVDStRL	= Veröffentlichungen der Vereinigung der Deutschen Staatsrechtslehrer Berlin 1924 ff.
VerwRspr.	= Verwaltungs-Rechtsprechung in Deutschland, Sammlung oberstrichterlicher Entscheidungen aus dem Verfas-sungs- und Verwaltungsrecht, München und Berlin 1949 ff.
WRV	= Die Verfassung des Deutschen Reichs vom 11. August 1919 (RGBl. S. 1383)
ZevKR	= Zeitschrift für evangelisches Kirchenrecht, Tübingen 1951 ff.
Z.f.ausl.ö.R.u.VR	= Zeitschrift für ausländisches öffentliches Recht und Völ-kerrecht, begründet von Bruns, Berlin 1929—1944 sowie Stuttgart 1950/51 ff.
Z.f.öff.R.	= Zeitschrift für öffentliches Recht, Wien 1922 ff.

Erstes Kapitel

Begriff und Bedeutung der Bundesaufsicht

§ 1: Der Begriff der Bundesaufsicht

I. Die Bundesaufsicht als Mittel zur Gewährleistung der bundesstaatlichen Ordnung

Die Aufsicht des Bundes über die Einzelstaaten ist das Mittel, mit dem der Gesamtstaat die Beachtung seiner Normen durch die Einzelstaaten sicherzustellen sucht.

Diese herkömmliche Begriffsbestimmung[1] ist zwar zutreffend, aber zu allgemein, um die Aufsicht des Bundes über die Länder deutlich genug abzurücken von der Staatsaufsicht über die juristischen Personen des öffentlichen Rechts[2]. Sie läßt das eigentlich bundesstaatliche Element der Bundesaufsicht: ihre Eigenart, verfassungsrechtliche Beziehungen zwischen Bund und Ländern zu ordnen, außer acht[3]. Es ist eine feine, aber notwendige Unterscheidung: für die Aufsicht des Bundes über die Länder ist nicht so sehr die einzelne Rechtsverletzung, als vielmehr die in ihr sichtbar werdende Störung des bundesstaatlichen Gefüges von Bedeutung. Die Aufsicht des Bundes darüber, daß die Einzelstaaten die Kompetenz des Bundes beachten und ihre verfassungsmäßigen Pflichten erfüllen, ist verfassungsrechtlich zu verstehen als eine staatliche Selbstbehauptung des Gesamtstaates[4], die aber uno actu eine Aktualisierung des bundesstaatlichen Charakters ist. Sie ist demnach nicht, wie *Triepel* gemeint hat, unitarisch in dem Sinn, daß sie in ihrer letzten Konsequenz auf die Ersetzung des Bundesstaates

---

[1] Vgl. *Vonficht*, S. 11; auch *Triepel*, Reichsaufsicht, S. 123, der den Begriff noch weiter faßt.

[2] So etwa bei *Hänel*, Staatsrecht I, S. 303, S. 322 f.; *Triepel*, Unitarismus, S. 37; vielfach wird sie bei der Darstellung der staatlichen Aufsicht über Selbstverwaltungskörper erörtert, so z. B. auch bei *Gierke*, Genossenschaftstheorie, S. 642; *Preuß*, Amtsrecht, S. 161; vgl. auch die seit *Triepel*, Reichsaufsicht, S. 109 ff., immer wiederholte Ableitung der Bundesaufsicht aus einem allgemeinen Aufsichtsbegriff, z. B. bei *Wollenberg*, S. 9 ff.; *Burkhardt*, S. 14 ff.

[3] So schon *Otto Mayer*, JW 1918, S. 159 gegen Triepels umfassenden Aufsichtsbegriff; vgl. auch *Smend*, Verf. u. Verf.R, S. 239 f.

[4] So darf man wohl *Carl Schmitts* Äußerung, Verf. Lehre, S. 370, verstehen, der Bund müsse eine Aufsicht haben, weil er „eine politische Existenz" habe.

durch den Einheitsstaat zielt[5]. Ganz im Gegenteil zielt sie darauf ab, den Bundesstaat zu erhalten. Sie ist ein dem Bund in die Hand gegebenes Mittel, unter den Verhältnissen des Bundesstaates der jedem Staat gestellten Aufgabe nachkommen zu können, seine eigenständige Form immer aufs neue zu realisieren, zu sichern und ihren Sinngehalt zu verwirklichen[6]. So gesehen ist die Aufsicht ein Mittel der bundesstaatlichen Integration, der Integration der Länder in den Bund[7]. Aufsichtsakte sind deshalb auch als Regierungsakte anzusehen[8]. Dabei ist es eine — in den Verfassungen von 1871, 1919 und 1949 unterschiedlich geregelte — Frage der Ausgestaltung im einzelnen, ob die Aufsicht mehr oder weniger engen rechtlichen Bindungen unterworfen, mehr als bloße Abwehr von Verfassungsstörungen oder als konstruktives Mittel der Gestaltung des Bund-Länder-Verhältnisses von seiten des Bundes verstanden ist.

II. Kontrollierende und leitende Aufsicht über die Landesverwaltung

Die Frage liegt nahe, ob nicht von dieser Charakterisierung der Aufsicht insoweit Abstriche zu machen sind, als die Aufsicht über die Landesverwaltung in Frage steht. Diese Frage ist unter dem Grundgesetz von besonderem Interesse, da das Grundgesetz neben der Bundeszwangskompetenz eine Aufsicht überhaupt nur im Abschnitt über die Verwaltung geregelt hat.

Zur Beantwortung der Frage ist es notwendig, näher zu differenzieren. Um den rechtmäßigen Vollzug der Bundesgesetze sicherzustellen, bieten sich zwei verschiedene Mittel an: entweder die dem Land prinzipiell in eigener Verantwortung überlassene Ausführung nur zu überwachen und erst einzugreifen, wenn sich die Gefahr einer rechtswidrigen Ausführung zeigt bzw. ein Mangel bereits vorliegt, oder aber darüber hinaus den Bund durch ein generelles oder spezielles Weisungsrecht gegenüber den Landesbehörden an der Ausführung jedenfalls im Innenverhältnis zwischen Bund und Land zu beteiligen.

Auch das Grundgesetz kennt diese beiden Arten. Für den Regelfall, daß die Bundesgesetze durch die Länder als eigene Angelegenheit ausgeführt werden, sieht das Grundgesetz in Art. 84 das Recht des Bundes vor, die Ausführung der Gesetze zu beobachten und gegebenenfalls mit

---

[5] *Triepel*, Unitarismus, S. 11, 18.

[6] Zum Verständnis des Bundesstaates vgl. *Smend*, Verf. u. Verf.R. S. 223 ff.

[7] s. *Forsthoff*, AöR NF 19, 1930, S. 68; *Smend*, Verf. u. Verf.R. S. 257, hat allerdings ihre Rechtsfunktion stärker betont.

[8] Vgl. *Triepel*, Streitigkeiten, S. 99; *Scheuner*, Der Bereich der Regierung, S. 276, aber auch S. 284.

dem Ziel der Berichtigung einzugreifen. Rügt der Bund, gestützt auf dieses Beaufsichtigungsrecht, eine bundesrechtswidrige Ausführung, so nimmt er damit nicht selbst eine den ausführenden Landesbehörden übergeordnete eigene Verwaltungskompetenz wahr[9]. Diese Vorstellung entspräche der sachlichen Behördenaufsicht. Bund und Land stehen sich aber insoweit, als die Länder die Bundesgesetze als eigene Angelegenheit ausführen und der Bund lediglich die rechtmäßige Ausführung beaufsichtigt, in ihrer vollen Staatlichkeit abgeschlossen gegenüber. Rügt der Bund in einem solchen Falle einen Mangel, so macht er vielmehr die verfassungsrechtliche Einordnungspflicht geltend, nicht anders, als wenn unter der RV v. 1871 oder unter der WRV das Reich im gleichen Verfahren von einem Land verlangte, daß es ein Landesgesetz wegen des Widerspruchs zu einer Reichsnorm änderte. Die Stellung der an der Bundesaufsicht beteiligten Parteien, das verfassungsrechtliche Verhältnis zwischen Bund und Ländern, läßt diese Aufsicht stets auf die Verfassung, nämlich die Ordnung des Bund-Länder-Verhältnisses gerichtet sein, auch wenn der beanstandete Akt selbst Interessen außerhalb der Verfassung verfolgt[10].

Die geringere Bedeutung, die einzelne Verwaltungsmaßnahmen zukommt, bringt es freilich mit sich, daß derartige Aufsichtsmaßnahmen das Bund-Länder-Verhältnis in aller Regel tatsächlich nicht weiter berühren. Aber dadurch, daß eine Beanstandung innerhalb des Bund-Länder-Verhältnisses infolge ihrer geringeren sachlichen Bedeutung seltener zu grundsätzlichen Schwierigkeiten führt, hört sie nicht auf, auf die Ordnung dieses Verhältnisses und mithin auf die Verfassung zu zielen.

In jeder, auch in einer bloß kontrollierenden Aufsicht ist ein gewisses Maß an Leitungsbefugnis enthalten[11]. Das Grundgesetz hat jedoch in engen Grenzen Mittel und Wege gefunden, um dem Bund bei der Ausführung der Bundesgesetze durch die Länder eine Leitungsbefugnis einzuräumen, die über das in einer bloß kontrollierenden Aufsicht enthaltene Maß hinausreicht. Den augenscheinlichsten Niederschlag hat diese Art der Aufsicht in der Bundesauftragsverwaltung gefunden.

---

[9] Irrig für die RV v. 1871 *Vonficht*, S. 10 f.; *Krauss*, S. 25. Richtig unter dem GG *Kratzer*, DÖV 1950, S. 534; vgl. aber auch *W. Weber*, Spannungen und Kräfte, S. 83.

[10] Nur wenn man das verfassungsrechtliche Verhältnis zwischen Bund und Ländern unberücksichtigt läßt und ausschließlich auf die beaufsichtigte Tätigkeit abstellt, kann man daher *Frowein*, S. 35 (unten), zustimmen. *Heckel*, AöR NF 23, 1933, S. 211, auf den *Frowein*, ebda, sich beruft, hat keineswegs die „Verfassungsaufsicht" einer „Verwaltungsaufsicht" entgegengesetzt. Heckel sah vielmehr Art. 15 WRV ebensogut als Grundlage der Aufsicht über die Verwaltung wie über die Gesetzgebung, über die abhängige wie über die selbständige Aufsicht an, vgl. im einzelnen unten S. 21, Fußnote 30 sowie S. 45.

Das allgemeine Weisungsrecht (Art. 85 Abs. 3 GG) und die Überprüfung auch der Zweckmäßigkeit der Ausführung (Art. 85 Abs. 4 S. 1
GG) stehen in einem engen inhaltlichen Zusammenhang. Sie bedeuten
mehr als nur eine technische Differenzierung der Aufsicht über die Ausführung als eigene Angelegenheit. Nach Zweckmäßigkeitsgesichts-
punkten ausgeübte Aufsicht ist eher eigengestaltende Tätigkeit denn
bloß kontrollierende Überwachung[12]. Dem Bund ist mit diesen Ein-
wirkungsrechten im Innenverhältnis[13] zwischen Bund und Ländern
eine eigene Beteiligung an der Ausführung selbst eingeräumt worden[14].

Weisungsrecht und Zweckmäßigkeitskontrolle nach Art. 85 GG sind
insofern unitarisch, als sie die für die kontrollierende Aufsicht kennzeichnende Geschlossenheit, in der sich Bund und Länder gegenüberstehen, zugunsten einer sachlichen Verzahnung der Verwaltungsbe-
reiche durchbrochen haben. Demgegenüber fällt der Umstand, daß auch
hier die Aufsicht grundsätzlich als Oberaufsicht gedacht ist (Art. 85
Abs. 3 S. 2 GG), nicht ins Gewicht. Macht der Bund von diesen Kompetenzen Gebrauch, so pocht er nicht auf die verfassungsrechtliche
Einordnungspflicht, er übt vielmehr selbst Verwaltung aus. Von dieser
leitenden Aufsicht läßt sich deshalb in der Tat sagen, daß sie auf Ziele
außerhalb der Verfassung gerichtet ist, eben weil sie selbst sich als Verwaltung darstellt. Darin liegt der entscheidende Unterschied gegenüber der Aufsicht nach Art. 84 Abs. 3 GG. Aufsichtsstreitigkeiten im
gleichen Sinn wie in Art. 84 GG entstehen hier erst, wenn das Land der
Ausübung der leitenden Aufsichtsbefugnisse Widerstand leistet. Dann
macht der Bund die verfassungsrechtliche Einordnungspflicht geltend,
indem er verlangt, daß seine Weisungen zur Ausführung des Gesetzes
befolgt werden, und übt auch hier kontrollierende Aufsicht aus.

III. Der Begriff der Verfassungsaufsicht

Die Aufsicht des Bundes über die Einzelstaaten ist — von der leitenden Aufsicht abgesehen — stets Verfassungsaufsicht in dem Sinn, daß
sie darauf zielt, die spezifisch bundesstaatliche Verfassung zu gewährleisten. Davon zu unterscheiden ist der engere Begriff der Verfassungs-

---

[11] Vgl. genauer unten S. 81.

[12] Bereits *Preuß*, Amtsrecht, S. 196, hat Aufsicht und eigene Tätigkeit streng
unterschieden.

[13] Aber eben nur im „Innenverhältnis"! Vgl. auch *Schulte-Frohlinde*, S. 10.
Deshalb ist das *Urteil des BGH* v. 19. 4. 1956, MDR 1956, S. 603 ff., wonach
für den Fall der Nichtausübung des Aufsichtsrechts u. U. eine Haftung nach
außen eintreten soll, zweifelhaft.

[14] Zu Recht hat *Anschütz*, Komm. Art. 14, 4, S. 111, von einer „Leitungsgewalt" gesprochen, wenn sie auch der Dienstaufsicht nicht in allem gleichge-
stellt werden kann.

aufsicht, wie *Heckel*[15] ihn geprägt hat. Heckel versteht unter der Verfassungsaufsicht nur die Aufsicht, die eingreift, wenn Fortbestand oder Untergang der bundesstaatlichen Ordnung insgesamt oder doch in ihren derzeitigen wesentlichen Grundzügen infolge der Pflichtverletzung durch ein Land in Frage steht. Die Verfassungsaufsicht Heckelscher Prägung ist „ein außerordentlicher Behelf für den bundesstaatlichen casus extremus"[16]. Sie ist genau genommen die Aufsicht, die unter den Voraussetzungen der Bundeszwangsmaßnahmen ausgeübt wird.

Neuerdings hat *Frowein* darzulegen versucht, die Verfassungsaufsicht Heckelscher Prägung sei als Aufsicht über die Beachtung der einzelnen Verfassungsnormen zu verstehen[17]. Da, so folgert Frowein außerdem, Zwangsmaßnahmen nur das schärfste Mittel der Aufsicht darstellten, müßten alle vorhergehenden schwächeren ebenso zulässig sein und zwar in eben dem Umfang, in dem auch das Recht zu Zwangsmaßnahmen selbst statthaft sei; kurz: Bundesaufsicht und Bundeszwang müßten sich decken. Diese zunächst rein theoretische Argumentation verfolgt ein praktisch sehr bedeutsames Ziel. Soweit die Aufsicht nicht als Aufsicht über die Ausführung der einfachen Bundesgesetze in Art. 84 GG geregelt ist, ergibt sie sich dieser Auffassung zufolge als Aufsicht über die Beachtung der Verfassungsnormen aus Art. 37 GG selbst. Auf diese Weise muß Frowein jedoch zu einem Begriff der Verfassungsaufsicht gelangen, der jeglichen Verstoß gegen jegliche Verfassungsnorm umfaßt.

Damit ist allerdings ein ganz anderer als der von Heckel geprägte Begriff der Verfassungsaufsicht geschaffen worden.

Heckel hat auf der einen Seite nicht die Beachtung aller, auf der anderen Seite nicht nur die Beachtung der Verfassungsnormen von der Verfassungsaufsicht erfaßt gesehen, vielmehr auf einen materiellen Begriff der Verfassung abgestellt, der das Mark der verfassungsmäßigen Ordnung darstellt[18]. Damit verbunden ist ein ebenso grundlegendes Merkmal: Wenn Heckel scheinbar ganz allgemein als Gegenstand der Verfassungsaufsicht die gliedstaatliche Einordnungspflicht bezeichnet, so doch mit der Einschränkung, daß nur eine schwerwiegende, vor allem eine prinzipielle Negierung der Folgepflicht die Verfassungsaufsicht auf den Plan rufen sollte[19]. Keinesfalls sollte die Ver-

---

[15] *Heckel*, AöR NF 23, 1933, S. 183 ff., insbes. S. 202 ff.; vgl. aber auch *Fröhlich*, insbes. S. 18 ff.

[16] *Heckel*, AöR NF 23, 1933, S. 218.

[17] *Frowein*, S. 40 ff., 50 f. Die Gleichsetzung mit der selbständigen Aufsicht wird unten, S. 45, noch zu erörtern sein.

[18] *Heckel*, AöR NF 23, 1933, S. 212 in Verbindung mit AöR NF 22, 1932, S. 265 ff.

[19] *Heckel*, AöR NF 23, 1933, S. 213, 218.

fassungsaufsicht als Einrichtung des normalen Verfassungslebens angesehen werden, vielmehr auf die „hochpolitischen" — und zwar die
wirklich aktuell hochpolitischen — Aufgaben beschränkt sein. Nur so
erklärt und rechtfertigt sich die Herleitung der Verfassungsaufsicht
aus dem Exekutionsrecht.

Wie immer aber Heckel auch verstanden werden mag, entscheidend
ist, daß ein aus der Bundeszwangskompetenz abgeleiteter Begriff der
Verfassungsaufsicht, der generell jegliche Aufsicht über die Beachtung
der Verfassungsnormen erfaßt und von der Aufsicht über die (verwaltungsmäßige) Ausführung der übrigen Gesetze scheidet, nicht sinnvoll erscheint:

Es ist bereits dargelegt, daß — von der leitenden Aufsicht über die
Verwaltung abgesehen — alle Aufsicht auf die Einordnungspflicht der
Länder zielt[20]. Diese Einordnungspflicht kann demnach sowohl dadurch
verletzt werden, daß Verfassungsnormen als auch dadurch, daß einfache Gesetze nicht richtig ausgeführt bzw. beachtet werden. Der Unterschied zwischen beiden Fällen soll nicht verkannt werden. Während
in den ersteren Fällen sich der Widerspruch direkt gegen eine Verfassungsnorm richtet, wendet er sich in den letzteren zunächst und
eigentlich gegen das auszuführende einfache Gesetz. Auch soll hier
keineswegs der verfehlten Auffassung das Wort geredet werden, das
Grundgesetz unterscheide sich nur durch seine erschwerte Abänderbar-
keit von anderen Gesetzen[21]. Die Frage ist nur, ob für die Systematik und
rechtliche Ausgestaltung der Aufsicht der verschiedene Rang allein schon
Bedeutung gewinnt.

Vielfach wird die Verletzung einer Verfassungsnorm allerdings schon
wegen ihrer Bedeutung als Verfassungsnorm das Bund-Länder-Verhältnis besonders berühren. Aber eben nur vielfach und — wenn man ausnahmslos alle Verfassungsnormen und jeden Verstoß einbezieht —
nicht einmal in der Regel. Auf der einen Seite ist eine Aufsicht gerade
über die Beachtung derjenigen Verfassungsnormen, die unmittelbar
ausführbar sind[22], mit Fällen befaßt, die das Bund-Länder-Verhältnis in konkreto nicht ernsthaft berühren, auch keineswegs prinzipielle Verfassungsleugnungen darstellen. Es wäre durch nichts be-

---

[20] Dieser Ansicht ist auch *Frowein*, S. 52, wenn er die abhängige als Teil
der selbständigen Aufsicht bezeichnet. Vgl. auch *Spieß*, S. 5 f.

[21] So *Bullinger*, AöR 83, 1958, S. 303; ausdrücklich auch *Bayer*, S. 96; dagegen
mit Recht *Frowein*, S. 36.

[22] Daß es auch unmittelbar vollzugsfähige Grundgesetznormen gibt, ist
allgemein anerkannt; vgl. *Scheuner*, vor dem BVerfG, Konkordatsprozeß,
S. 1142; *Krüger*, Gutachten, S. 1072, Fußnote 48; *Frowein*, S. 38; ausführbar ist
beispielsweise Art. 9 Abs. 2 GG nicht weniger als das z. T. einschlägige RG
v. 19. 4. 1908, RGBl., S. 151 (vgl. BVerwGE 4, S. 188, Urt. v. 6. Dez. 1956).

gründet, hier eine im Gedränge der alltäglichen Verwaltung geschehene Säumnis, aber auch eine in einem Einzelfall zu Unrecht angenommene Auslegung einer besonderen, von der übrigen Aufsicht über die
Verwaltung unterschiedenen Verfassungsaufsicht zu unterwerfen. Auf
der anderen Seite gilt gerade in dem versorgungslenkenden Staat der
Gegenwart, daß die Verletzung der Einordnungspflicht infolge man-
gelnder Ausführung eines einfachen Gesetzes sehr viel schwerwiegen-
der sein und alsbald Bundeszwangsmaßnahmen erfordern kann.

Wenn man — zu Recht — für die Systematik der Aufsichtskompetenz die Bedeutung der Pflichtverletzung für das Bund-Länder-Verhältnis für ausschlaggebend erachtet, dann zeigt sich bereits an Hand
dieser Erwägungen, daß es nicht sinnvoll ist, den abstrakten Rang der
Norm für einen engeren Begriff der Verfassungsaufsicht ausschlaggebend sein zu lassen. Sinnvoll ist dann allein, darauf abzustellen,
ob die Pflichtverletzung eine konkrete Gefahr für die bestehende verfassungsmäßige Ordnung darstellt. Diese konkrete Gefährdung tritt
auf der einen Seite nicht stets dann ein, wenn unmittelbar eine Verfassungsnorm verletzt ist, es kann auf der anderen Seite aber auch
dann geschehen, wenn unmittelbar die Ausführung eines einfachen,
aber bedeutsamen Gesetzes in Frage steht.

Erst die konkrete Gefährdung stellt auch den Bezug zur Bundeszwangskompetenz her, die als Grundlage der Verfassungsaufsicht angesehen wird. Erst sie erlaubt Aufsichtsmaßnahmen aus ihr zu begründen, die sonst nicht vorgesehen sind; denn die besondere Situation erfordert besondere Rechtssätze zu ihrer Beurteilung[23].

Art. 37 GG trägt diesen Überlegungen Rechnung, indem er von dem
„Grundgesetz und anderen Bundesgesetzen" spricht, obwohl eigentlich
Schutzobjekt stets die Verfassung selbst ist.

Selbst wenn man diesen Bedenken nicht Rechnung tragen will, erweist sich, daß die Unterscheidung von Verfassungsaufsicht als Aufsicht über die Beachtung aller Verfassungsnormen und sonstiger Aufsicht zu unlösbaren Schwierigkeiten führt:

Frowein rechnet die Aufsicht über die Beachtung der Grundrechte
durch die Verwaltung zur Verfassungsaufsicht[24]. Das scheint konsequent. Aber eine reguläre Aufsicht über die Beachtung der Grundrechte
führt zu einer lückenlosen, bis ins einzelne gehenden Aufsicht über die
Verwaltung. Das wird in anderem Zusammenhang noch zu zeigen
sein[25]. Soll auch diese gesamte Aufsicht in der Bundeszwangskompetenz ihren Grund finden?

---

[23] Das war das Anliegen *Heckels*, AöR NF 23, 1933, S. 202 ff.
[24] *Frowein*, S. 69.
[25] Vgl. unten S. 56 ff.

Unter dem Grundgesetz steht dieser Annahme schon Art. 84 Abs. 3 entgegen: Soweit die Grundrechte bei der Ausführung von Bundesgesetzen Bedeutung erlangen, unterliegt ihre Beachtung der Aufsicht nach Art. 84 Abs. 3 GG. Daran kann kein Zweifel bestehen, und das wird auch von Frowein nicht verkannt[26].

Soll also die Aufsicht über die Beachtung der Grundrechte nur insoweit als Verfassungsaufsicht angesprochen werden, als die Grundrechte bei der Ausführung landeseigener Gesetze oder bei der Verwaltung im nicht gesetzesakzessorischen Bereich Bedeutung erlangen? Frowein rechnet die Aufsicht, solange eine Verfassungsverletzung im Rahmen der Ausführung von Bundesgesetzen nach Art. 84 Abs. 3 GG verbleibt, zur „abhängigen" Aufsicht im Gegensatz zu der von ihm mit der Verfassungsaufsicht identifizierten selbständigen Aufsicht[27]. Aber das ist begrifflich nicht konsequent, wenn man die Verfassungsaufsicht als Aufsicht über die Beachtung der einzelnen Verfassungsnormen ansieht; darüber hinaus hat eine solche Differenzierung eben gegenüber der Aufsicht über die Beachtung der Verfassungsnormen bei der Ausführung landeseigener Gesetze oder im nicht gesetzesakzessorischen Bereich keinen Sinn. Es bleibt nach dieser Begriffsbestimmung nur ein Ausweg: Die Aufsicht über die Beachtung der Grundrechte auch insoweit als Verfassungsaufsicht zu bezeichnen, als sie nach Art. 84 Abs. 3 GG ausgeübt wird. Diese Konsequenz nötigt jedoch dazu, in den Fällen der Aufsicht über die Gesetzesausführung in ein und derselben Aufsichtsmaßnahme sowohl einen Akt der Verfassungsaufsicht wie der regulären Aufsicht zu sehen. Denn einmal ist vielfach die Grundrechtsverletzung erst eine Folge der gesetzwidrigen Ausführung des betreffenden Bundesgesetzes. Schon deshalb ist die Aufsicht über die Beachtung der Grundrechte ununterscheidbar verbunden mit der Aufsicht über die Ausführung des Gesetzes selbst. Zum andern aber muß die Aufsicht über die Gesetzesausführung deshalb notwendig zugleich Verfassungsaufsicht in diesem Sinn sein, weil erst die Beachtung der interpretativen Wirkung der Grundrechte den wirklichen Gesetzesinhalt erkennen läßt.

Diese Schwierigkeiten sind keineswegs technischer Art. Sie lassen sich deshalb auch nicht dadurch lösen, daß der Aufsicht des Art. 84 GG

---

[26] *Frowein*, S. 52.

[27] *Frowein*, S. 53. Auch *Heckel*, AöR NF 23, 1933, S. 218 f., zählt diese Aufsicht zur regulären Aufsicht des Art. 15 WRV. Das ist konsequent! Denn für Heckel ist — anders als für Frowein — das entscheidende Merkmal der Verfassungsaufsicht nicht der Verstoß gegen die einzelne Verfassungsnorm. Für Heckel zählt deshalb auch sonst die Aufsicht über die Beachtung der Grundrechte durch die Verwaltung nicht zur Verfassungsaufsicht — von Fällen der prinzipiellen Negierung abgesehen.

ein Vorrang vor der Verfassungsaufsicht eingeräumt wird[28], offenbaren vielmehr, daß es prinzipiell verfehlt ist, für die Systematik des Aufsichtsrechts den abstrakten Rang der Norm ausschlaggebend sein zu lassen und die Beachtung der Verfassungsnormen schon wegen ihrer Eigenart als Verfassungsnormen der regulären Aufsicht zu entziehen und dem besonderen Institut der Verfassungsaufsicht einzuordnen.

Selbst wenn man gleichwohl die Aufsicht, soweit sie die Beachtung der Grundrechte im Auge hat, theoretisch von der sonstigen Aufsicht über den richtigen Gesetzesvollzug sonderte und auch sonst jegliche Aufsicht über die Beachtung der Verfassungsnormen zur Verfassungsaufsicht rechnete, bliebe die Frage, was mit dieser Begriffsbildung gewonnen wäre.

Das, worauf es Frowein ankommt, nämlich zu zeigen, daß die Verfassungsaufsicht gar nicht in Art. 84, dafür aber in Art. 37 GG geregelt ist, läßt sich bei dieser Begriffsbildung gerade nicht begründen. So richtig es ist, daß Art. 84 Abs. 3 GG nur einen bestimmten Ausschnitt der Länderverwaltung erfaßt[29] und sich aus der dem deutschen Bundesstaat eigentümlichen Inkongruenz von Gesetzgebungs- und Verwaltungskompetenz auf seiten des Bundes erklärt, so wenig richtig ist es, zu dieser Aufsicht eine aus der Bundeszwangskompetenz hergeleitete Verfassungsaufsicht als reguläre Aufsicht über alle einzelnen Verfassungsnormen in einen inhaltlichen Gegensatz zu setzen. Bei dieser Begriffsbildung geht der inhaltliche Gegensatz zwischen der Aufsicht nach Art. 84 und der Verfassungsaufsicht nach Art. 37 GG gerade verloren: Art. 84 Abs. 3 GG umfaßt danach begrifflich auch die Verfassungsaufsicht, insofern nämlich, als bei der Ausführung von Bundesgesetzen Grundgesetznormen, insbesondere Grundrechte, zu beachten sind, andererseits erfaßt Art. 37 GG eine reguläre Aufsicht über die Verwaltung, insofern nämlich, als auch bei der Ausführung landeseigener Gesetze sowie bei der nicht gesetzesausführenden Verwaltung Grundgesetznormen, vor allem Grundrechte, zu beachten sind.

Nach dieser Begriffsbestimmung läßt sich auch nicht sagen, was Heckel in einem ganz spezifischen Sinn sagen konnte, wenn er darauf abstellte, ob die Verletzung das Bund-Länder-Verhältnis ernsthaft beeinträchtigte, daß nämlich die reguläre Aufsichtskompetenz[30] im Gegensatz zur Verfassungsaufsicht auf Interessen außerhalb der Verfassung gerichtet

---

[28] So versucht *Frowein*, S. 53, die begrifflichen Schwierigkeiten zu lösen.

[29] Vgl. dazu ausführlich unten S. 50 ff.

[30] *Heckel*, AöR NF 23, 1933, S. 219, sah sie übrigens keinesfalls auf die Verwaltung beschränkt, wie aus seinen Überlegungen zu Art. 13 WRV geschlossen werden muß. Vgl. oben S. 15, Fußnote 10.

sei. Rein sachlich, d. h. von der beaufsichtigten Tätigkeit her gesehen, wäre die Aufsicht im einen wie im andern Fall mit Tätigkeiten der Verwaltung befaßt, die auf Interessen außerhalb der Verfassung zielen, ja, Art. 37 GG würde weitgehend dazu dienen, jene Lücken der Aufsicht über die Landesverwaltung auszufüllen, die Art. 84 Abs. 3 GG gelassen hat[31]. Die Differenzen, die bei der Ausführung eines Bundesgesetzes und bei der Ausführung eines Landesgesetzes hinsichtlich der Frage entstehen können, ob Grundrechte, etwa der Gleichheitssatz bei der Ermessensausübung, verletzt sind, sind völlig gleichartig; sie sind gleich sachlich und in der Regel ohne nachhaltige Bedeutung für das Bund-Länder-Verhältnis.

Endlich aber fehlt diesem Begriff die innere Beziehung zum Bundeszwang, der doch Grundlage der Verfassungsaufsicht sein soll. Zugleich wird damit auch der Unterschied der regulären Aufsichts- zur außerordentlichen Bundeszwangskompetenz verwischt. Wenn man einen auf die Bundeszwangskompetenz gestützten besonderen Begriff der Verfassungsaufsicht schaffen will, bleibt gar keine andere Möglichkeit, als für diesen Begriff allein den konkreten Grad der Bestandsgefährdung der bundesstaatlichen Ordnung ausschlaggebend sein zu lassen und nicht schon den Rang der Norm, die nicht richtig ausgeführt oder nicht beachtet wurde.

Damit, daß ein besonderer Begriff der Verfassungsaufsicht als Aufsicht über alle einzelnen Verfassungsnormen abgelehnt wird, ist selbstverständlich noch nicht die Frage entschieden, ob und in welchem Sinn Art. 37 GG als Grundlage einer Aufsicht über die Beachtung der Normen des Grundgesetzes neben Art. 84 Abs. 3 GG in Frage kommen kann, insbesondere ob es sinnvoll ist, die Bundeszwangskompetenz weiter reichen zu lassen als die reguläre Aufsichtskompetenz[32]. Diese Frage ist im späteren Zusammenhang zu erörtern. Zurückgewiesen werden soll hier lediglich der Versuch, den Begriff der Verfassungsaufsicht, wie ihn Heckel geprägt hat, umzuwandeln zu einer allgemeinen Aufsicht über die Beachtung der einzelnen Verfassungsnormen und diese Aufsicht von vornherein inhaltlich mit der Bundeszwangskompetenz verbunden zu sehen. Diese inhaltliche Verknüpfung besteht nicht — ganz im Gegensatz zu Heckels Begriff. Sie trifft auch nicht den Kern der Unterscheidung von Art. 37 und Art. 84 Abs. 3 GG.

---

[31] In welchem Ausmaß eine Aufsicht über die Beachtung der Grundrechte zu einer Aufsicht über die Landesverwaltung führen muß oder jedenfalls führen kann, wird unten noch zu zeigen sein. Vgl. unten S. 56 f.

[32] Darin liegt in Wahrheit das punctum pruriens aller aus Art. 37 GG begründeten Deduktionen; vgl. *Schneider*, Gutachten, S. 1027; *Bullinger*, AöR 83, 1958, S. 305; *Frowein*, S. 50.

IV. Bundesaufsicht und Rechtsprechung
durch Bundesgerichte

Vielfach wird auch die Überprüfung einzelstaatlichen Verhaltens durch Bundesgerichte als eine Form der Aufsicht angesehen[33]. So erscheint etwa die Revisionsinstanz in Zivilsachen als Aufsichtsinstanz des Bundes über die Rechtspflege der Länder[34]. Erst recht wird danach die Entscheidung eines Verfassungsgerichtes des Bundes in Verfassungsstreitigkeiten zwischen Bund und Land über eine Pflichtverletzung des Landes als Aufsichtsentscheidung angesehen[35].

Diese Auffassung ist zweifelhaft. Es besteht zwar gerade unter dem Grundgesetz Veranlassung, darauf hinzuweisen, daß Aufgaben, die bislang der Bundesaufsicht zugeschrieben wurden, dem Bundesverfassungsgericht übertragen werden konnten. Aber die durch das Nebeneinander von Aufsicht und Bundesverfassungsgerichtsbarkeit aufgeworfene Frage der verfassungsrechtlichen Koordination läßt das Augenmerk gleich dringlich auf ihre Verschiedenartigkeit gerichtet sein.

Die Entscheidung für eine politischen Organen des Bundes übertragene Aufsichtskompetenz liegt letzten Endes darin begründet, daß mit ihr eine — wie verschieden auch immer geartete — politische Aufgabe verbunden ist, die den Gerichten nicht übertragen werden konnte. Es ist irrig, sie einfach als Emanation der Überordnung des Bundes über die Länder anzusehen[36]. Die strukturell notwendige Überordnung des Bundes läßt ebenso Platz für eine nach beiden Seiten gerichtete verfassungsgerichtliche Kontrolle.

Am ehesten könnte die Verfassungsgerichtsbarkeit des Bundes in föderalen Streitigkeiten als Aufsicht angesprochen werden. Ihrer Aufgabe, verfassungsrechtliche Streitigkeiten zu entscheiden, kommt nicht nur tatsächlich eine politische, vor allem im Bund-Länder-Verhältnis auch eine integrierende Bedeutung zu[37], sie läßt sich auch ohne ein gewisses Maß an gestaltender politischer Entscheidung nicht wahrnehmen. Ausschlaggebend aber ist, daß die Entscheidung durch ein Verfassungsgericht des Bundes in richterlicher Unabhängigkeit von einem Organ gefällt wird, das außerhalb des Verfassungsstreits steht. Die vielfach übertriebene Betonung[38], es handele sich bei der verfassungsge-

---

[33] Vgl. vor allem *Triepel*, Reichsaufsicht, S. 135 ff.

[34] So *Kiefer*, S. 69 ff.; *Cohn*, S. 5, 24 f.

[35] So für die WRV *Poetzsch-Heffter*, Komm. Art. 15, III, 7, S. 137; *ders.*, JöR Bd. 17, 1929, S. 31, e; *Servos*, S. 50; gegenwärtig *Krüger*, Gutachten, S. 1072 ff. (1080).

[36] *Börner*, S. 20; *Kiefer*, S. 2 f.

[37] Vgl. *Smend*, Verf. u. Verf. R, S. 240.

[38] Vgl. etwa *Glocker*, S. 87.

richtlichen Kontrolle eben um eine Kontrolle durch ein Bundesorgan, übersieht den Charakter des Gerichts als eines Verfassungsorgans, das doch in dem Sinne ein „pouvoir neutre" darstellt, als es seiner Aufgabe nach in das politische Kräftespiel zwischen Bund und Ländern nicht einbezogen ist[39]. In dem Kräftespiel zwischen Bund und Ländern muß von jeglicher Bundesgerichtsbarkeit gesagt werden, was *Montesquieu* — freilich mit anderen Vorstellungen — von der Rechtsprechung überhaupt gesagt hat: „Des trois puissances ... celle de juger est en quelque façon nulle[40]." Das bedeutet, daß ihr Bundesorgancharakter nicht in Rechnung gestellt werden darf[41].

Es ist bezeichnend, daß der Verfassungsgerichtsbarkeit auch die Einseitigkeit der Kontrolle, die der Aufsicht innewohnt, fehlt. Sie erstreckt sich in gleicher Weise auf das Verhalten der Länder wie des Bundes[42]. Deutlich wird in ihr nicht wie in der den politisch gestaltenden Organen übertragenen Aufsichtskompetenz das Subordinationsverhältnis, sondern das verfassungsrechtliche Koordinationsverhältnis zwischen Bund und Ländern hervorgekehrt. Seit ihrem Ursprung sind ihr beide Aufgaben gleichermaßen erwachsen: die Kontrolle über die Einzelstaaten wie der Schutz der Einzelstaaten gegenüber dem Bund[43]. Beide Aufgaben mußten zu einer inhaltlichen Einheit verschmelzen, waren sie letzten Endes doch auf das gleiche Ziel gerichtet: die Respektierung der bundesstaatlichen Ordnung. Es scheint jedenfalls heute[44] verfehlt, der Kontrolle nach der Seite der Länder eine besondere Bedeutung beizumessen[45].

Zugespitzt: verfassungsgerichtliche Kontrolle gliedstaatlicher Maßnahmen ist nicht Aufsicht des Bundes über die Länder, sondern „Auf-

---

[39] Rechtsvergleichend zur tatsächlichen Abhängigkeit *Wheare*, pp. 62—64.

[40] *Montesquieu*, De L'Esprit Des Lois, Livre XI, Chapitre VI. Zur Lehre Montesquieus von der dritten Gewalt vgl. *Drath*, Gewaltenteilung, S. 99 ff.

[41] Es ist aber keinesfalls nötig, deshalb auf ein dreigliedriges Bundesstaatsmodell zurückzugreifen und das BVerfG als Organ eines Bund und Länder zusammenfassenden Gesamtstaats anzusehen, so aber *Ermacora*, JöR NF 8, 1959, S. 61.

[42] So bereits § 126 Ziff. a der Verf. v. 28. März 1849 und § 124 Ziff. a des Erfurter Verfassungsentwurfs (Text: E. R. *Huber*, Dokumente I, S. 316, 440).

[43] Vgl. *Scheuner*, DVBl. 1952, S. 295, 1. Sp.; *ders.*, Bereich der Regierung, S. 295 f.

[44] Unter der WRV konnte man wegen Art. 13 Abs. 2 zweifeln. Aber dieser „Trumpf" (*Wittmayer*, S. 210 f.) gegenüber den Ländern auch innerhalb der Verfassungsgerichtsbarkeit wurde durch Art. 19 weitgehend zunichte gemacht, vgl. *Anschütz*, Komm. Art. 15, 9; Art. 19, 12.

[45] *Wheare*, p. 66, sieht in dieser nach beiden Seiten gleichmäßig ausgeübten Kontrolle geradezu ein unerläßliches Erfordernis des föderativen Prinzips: „What is essential for federal government is that some impartial body, independant of general and regional governments, should decide upon the meaning of the division of powers."

sicht" einer neutralen Instanz über die Beachtung der Verfassung, die sowohl gegenüber dem Land wie gegenüber dem Bund geübt wird.

Noch weniger vertretbar erscheint es, die übrige Bundesgerichtsbarkeit, insbesondere die Revisionsgerichtsbarkeit, als Aufsicht über die einzelstaatliche Rechtsprechung zu bezeichnen[46].

Bundesaufsicht und gerichtliche, insbesondere verfassungsgerichtliche, Überprüfung hoheitlicher Akte der Länder sollen deshalb auch terminologisch im folgenden unterschieden werden[47].

V. Zusammenfassung

Die Bundesaufsicht ist ein Mittel, die spezifische Form des Bundesstaates zu gewährleisten und zu aktualisieren. Sie zielt auf die Einordnung der Einzelstaaten in das bundesstaatliche Gefüge. Das gilt auch für die kontrollierende Aufsicht über die Verwaltung. Anderes gilt für die leitende Aufsicht, die mit ihrem durchgreifenden Weisungsrecht auch in Ermessensfragen in die Nähe einer eigenen Verwaltung gerückt ist.

Der besondere Begriff der Verfassungsaufsicht, wie Heckel ihn prägte, zeichnet sich dadurch aus, daß er die Aufsicht in den Fällen einer konkreten Gefahr für die bundesstaatliche Ordnung erfaßt. Eben deshalb ist die Bundeszwangskompetenz die sedes materiae der Verfassungsaufsicht. Es ist nicht sinnvoll, die Verfassungsaufsicht als allgemeine Aufsicht über die Beachtung sämtlicher Verfassungsnormen zu verstehen.

Bundesaufsicht und Rechtsprechung durch Bundesgerichte sind zu unterscheiden.

§ 2: Verfassungsgeschichtliche Wandlungen der Bundesaufsicht

Die Darstellung der Bundesaufsicht unter dem Grundgesetz sieht sich einerseits genötigt, weitgehend an die verfassungsgeschichtliche Überlieferung anzuknüpfen. Auf der anderen Seite ist es jedoch wichtig,

---

[46] Richtig *Krauss*, S. 37 f.

[47] In der älteren Lehre sind denn auch richterliche und aufsehende Tätigkeit des Reichs klar unterschieden worden, vgl. K. F. *Eichhorn*, S. 2. In der jüngeren Literatur vgl. *Laband*, AöR Bd. 26, 1910, S. 364 f.; *Thoma*, Verhandlungen, S. 71; *Forsthoff*, AöR NF 19, 1930, S. 69; *Stier-Somlo*, I, S. 392; *Frowein*, S. 19 und die dort genannten. *Graubaum*, S. 50 mit einer für die Rechtsaufsicht kaum zutreffenden Begründung. Das BVerfG scheint von einem umfassenderen Aufsichtsbegriff auszugehen, vgl. *BVerfGE* 3, S. 49, Beschl. v. 11. Nov. 1953; *Geiger*, Bay. VBl. 1957, S. 307.

darauf zu achten, daß darüber nicht die vielfachen Besonderheiten der gegenwärtigen Regelung verlorengehen. Das gilt nicht nur für die Frage nach dem Umfang der Aufsicht, es gilt ebenso für die Stellung und Aufgabe der Aufsichtsorgane, gerade auch für die Beteiligung des Bundesrates.

Ein kurzer verfassungsgeschichtlicher Überblick, auf den zurückzugreifen sich allerorts als notwendig erweisen wird, erscheint daher erforderlich.

I. Die Bedeutung der Reichsaufsicht unter der RV v. 1871

Die RV v. 1871 kannte in Übereinstimmung mit ihrem im wesentlichen auf eine organisatorische Ordnung beschränkten Gesamtcharakter überhaupt nur eine Aufsicht des Reiches über die Einzelstaaten als eine den politischen Organen des Reiches verliehene Kompetenz.

Die bedeutendste Kompetenz, der Mängelfeststellungs- und damit in einem der Mängelabstellungsbeschluß, war dem Bundesrat übertragen. *Triepel* hat diesen Beschluß — jedenfalls für den Bereich der abhängigen Aufsicht nach Art. 7 Ziff. 3 RV v. 1871 — als „richterliche Feststellung einer mangelhaften Gesetzesausführung und richterlichen Befehl an die Einzelstaaten" bezeichnet[1].

Nun wurde auch unter der RV v. 1871 nicht verkannt, daß der Bundesrat für ein Richteramt denkbar ungeeignet war, insbesondere nicht die Unabhängigkeit besaß, die von einem Gericht gefordert werden muß[2]. Wichtiger ist in diesem Zusammenhang, daß durch eine derartige Charakterisierung die verfassungsrechtlichen Entscheidungen, die durch die Übertragung dieser im Aufsichtsverfahren zentralen Entscheidung auf ein politisches, seiner Herkunft nach föderatives Organ getroffen wurden, leicht verkannt und damit auch Aufgabe und Bedeutung der Aufsicht selbst nicht richtig eingeschätzt werden.

Keinem Verfassungsgesetzgeber kann es entgehen, daß die Kompetenz zur Entscheidung verfassungsrechtlicher Streitigkeiten in der Hand eines politischen Organs die Gewähr der ausschließlichen Bindung an das Gesetz nicht enthält, daß vielmehr damit die politische Lösung der Streitfragen in den Vordergrund gerückt wird. Darin ist nicht eine vom Verfassungsgesetzgeber in Kauf genommene Unvollkommenheit zu sehen. Hätte ihm das Leitbild richterlicher Tätigkeit vor Augen ge-

---

[1] *Triepel*, Reichsaufsicht, S. 141; vor Triepel bereits *Arndt*, Staatsrecht, S. 107, III; *Wunder*, S. 56, 76 f.; *Köhler*, S. 77.
[2] Vgl. insbesondere *Binding*, DJZ 1899, S. 69 ff. (72), der meinte, der Bundesrat stelle „als Richter ein welthistorisches Unikum" dar; *v. Mohl*, S. 270; auch *Hänel*, Staatsrecht, S. 769 f.; *Laband*, Hirths-Annalen 1873, Sp. 486; gegen die Kennzeichnung als Richterspruch überhaupt *Herwegen*, S. 76, Fußnote 4.

standen, wäre es leicht gewesen, es zu verwirklichen. Es ist auch nicht eine gewollte oder nicht gewollte verfassungsrechtliche Anomalie[3]. In Wahrheit enthält jede Zuweisung an ein politisches Organ zugleich den Auftrag, eine politische Aufgabe zu erfüllen, sei es auch im Gewande von Rechtsprechung im streng materiellen Sinne[4].

Auch der Art. 7 Ziff. 3 RV v. 1871 traf nicht nur eine Zuständigkeitsverteilung, sondern enthielt zugleich prinzipielle, das Institut der Reichsaufsicht bestimmende Entscheidungen materiell-rechtlicher Art[5]:

Zunächst machte die Zuweisung der im Aufsichtsverfahren ausschlaggebenden Entscheidungsbefugnis über das Vorliegen einer Pflichtverletzung an den Bundesrat deutlich, daß auch die Lösung von Aufsichtsstreitigkeiten im politischen Bereich und damit auch im Bereich der Macht, aber auch zugleich und vor allem: des Kompromisses und der gegenseitigen Zugeständnisse vorgenommen werden sollte[6].

Es erweist sich damit weiter, daß es nur eine Teilwahrheit ist, wenn gesagt wird, der Bundesrat habe sich bei seiner Entscheidung „wie ein urteilender Richter an die vom Gesetz vorgenommenen Interessenabwägungen" anzuschließen gehabt[7]. Gewiß gilt für alle Verfassungsorgane und insbesondere im föderalen Bereich das Gebot, sich an das bestehende Recht zu halten. Recht und Politik schließen sich nicht aus. Aber in jeder Verfassung stellt sich das Problem der Kollision zwischen dem Integrations- und dem Rechtswert[8]. Die Bismarcksche RV hatte diese Kollision für den föderalen Bereich in Übereinstimmung mit ihrem Gesamtcharakter als ein im wesentlichen auf dem Grundsatz der Vertragstreue basierendes „System funktioneller Integration" ohne detaillierte inhaltliche Bestimmungen[9], unzweideutig zugunsten des Integrationswertes entschieden, auch und gerade indem sie die zentrale Entscheidungsbefugnis in Aufsichtsstreitigkeiten dem Bundesrat zuwies.

In der Ausgestaltung der Aufsicht des Reiches über die Einzelstaaten spiegelte sich danach deutlich die Auffassung des Schöpfers der RV v.

---

[3] Das hat beispielsweise *Seydel*, Komm. S. 189, verkannt, wonach bei einem Streit um den Inhalt des Rechts eine authentische Gesetzesauslegung, mithin ein Akt der Gesetzgebung, notwendig sein sollte.

[4] Vgl. *Smend*, Verf. u. Verf.R, S. 214; oben S. 23.

[5] Über die Herleitung fundamentaler Verfassungsprinzipien aus Kompetenzzuweisungen vgl. *Smend*, Ungeschr. Verfassungsrecht, S. 39 ff.

[6] Vgl. die Äußerungen *Bismarcks* in der Sitzung des Reichstages vom 16. 3. 1869, Ges. Werke Bd. 11, S. 34.

[7] Vgl. *Triepel*, Reichsaufsicht, S. 399.

[8] Vgl. *Smend*, Verf. u. Verf.R, S. 272 f.

[9] Vgl. *Smend*, Verf. u. Verf.R, S. 229; *Scheuner*, Bereich der Regierung, S. 292.

1871 über die Gestaltung des Verhältnisses zwischen Gesamtstaat und Einzelstaaten wider. *Bismarck* lehnte es bereits in der Sitzung des Reichstages vom 16. März 1879 ab, „den Bund in seiner tiefsten prinzipiellen Grundlage durch Anregung der Kompetenzfrage zu beunruhigen"[10]. Die Struktur des Bundesrates, sein föderalistischer Ursprung und seine Zusammensetzung auf der einen, seine Stellung als „wirklicher Souverän in seiner Gesamtvertretung"[11] auf der anderen Seite, ermöglichten jenen besonderen Charakter der Aufsicht, die nicht auf einen streng rechtsgebundenen Richterspruch beschränkt war. Der Bundesrat konnte einerseits Kompromisse schließen, wo ein Gericht den Einzelstaat zur völligen Unterwerfung hätte verurteilen müssen, und andererseits „auch außerhalb der eigentlichen Kompetenzsphäre des Reiches Majoritätsbeschlüsse über gemeinnützige Anordnungen" fassen, um das „politisch Erwünschte" zu erreichen[12].

Im engen Zusammenhang mit dem zuletzt Gesagten enthält die Regelung der Aufsichtskompetenz in der RV v. 1871 eine dritte prinzipielle Entscheidung: Verfassungen sind keine starren Gesetze. Sie sind sowohl im ganzen wie in ihren einzelnen Instituten zum Teil tiefgreifenden Wandlungen unterworfen. Nur so läßt sich ihr Anspruch auf Dauer angesichts der Geschichtlichkeit der Kultur begründen. Alle Verfassungen enthalten deshalb das Ventil einer formellen Verfassungsänderung. Daneben aber vollzieht sich im Verlauf und Vollzug des verfassungsmäßigen Lebens jener stetige Prozeß der Verfassungswandlung, der zu nicht weniger tiefgreifenden Verfassungsänderungen führen kann. Indem die Verfassung von 1871 die letzte Entscheidung über Streitigkeiten im förderalen Bereich dem Bundesrat übertrug, begründete sie damit zugleich seine Zuständigkeit zur Fortentwicklung der Verfassung, mithin — um es zugespitzt zu sagen — eine Möglichkeit inexpliziter, aber nicht unbedeutender Verfassungsänderungen auf einem begrenzten Gebiet[13, 14]. Dazu waren die weitgehenden Ermessensentscheidungen, die der Bundesrat im Rahmen der abhängigen Aufsicht für sich in Anspruch nahm[15], besonders aber die selb-

---

[10] *Bismarcks* Ges. Werke, Bd. 11, S. 35. Vgl. auch die Äußerungen Bismarcks im Reichstag am 17. Nov. 1871, *Bismarcks* Ges. Werke, Bd. 11, S. 214.

[11] *Bismarck* im Reichstag am 27. März 1879, Ges. Werke, Bd. 12, S. 50.

[12] Vgl. — auch zum Vorhergehenden — *Kaufmann*, Bismarcks Erbe, S. 34.

[13] S. *Binding*, DJZ 1899, S. 69 ff. (71), der diese Möglichkeit nachhaltig beklagte.

[14] Treffend bemerkt *Wheare*, Federal Government p. 67: „But it is important that when these alternatives to judical review are discussed, it should be realized clearly that what is involved in the last resort is the method of altering the constitution."

[15] *Triepel*, Reichsaufsicht, S. 399. Als Beispiel für die ganz außerordentlich weitgehende „Exekutionsgewalt", die dem Reich mit der Aufsicht eingeräumt sein sollte, vgl. *Endemann*, S. 43.

ständige Aufsicht, hervorragend geeignet. Darauf ist noch zurückzukommen.

II. Wandlungen der Bundesaufsicht

Es ist nicht möglich, hier die Wandlungen der Reichsaufsicht der RV v. 1871 bis zur Bundesaufsicht des Grundgesetzes vollständig darzulegen. Dazu ist sie zu sehr mit der Verfassungsordnung insgesamt, insbesondere mit der Stellung ihrer Organe im Verfassungsaufbau, verknüpft.

Bereits die vorausgegangene knappe Charakterisierung der Aufsichtsbefugnisse des Bundesrates der RV v. 1871 ist als Versuch eines Vergleichs und damit als eine Methode der schärferen Darstellung[16] der Bundesaufsicht unter dem Grundgesetz auf zwei ihrer wesentlichen Merkmale zugeschnitten:

das Bestehen einer Verfassungsgerichtsbarkeit in föderalen Streitigkeiten neben der Aufsicht — mit der die Kontrolle der Aufsichtsmaßnahmen selbst verbunden ist — und

die grundsätzliche Beschränkung der Aufsicht auf eine Rechtsaufsicht.

Ungeachtet der Frage, in welchem Sinn und in welchem Maße auch den Gerichten, besonders aber dem Bundesverfassungsgericht, eine gestaltende, d. h. im Wege der bloßen Kognition inhaltlich nicht mehr zu verifizierende, Entscheidungsbefugnis eingeräumt ist[17], läßt sich sagen, daß gerade die inhaltlich weitgehende Regelung des Bund-Länder-Verhältnisses den auftretenden Streitigkeiten eine hohe Justiziabilität sichert und es einer gerichtlichen Kontrolle besonders zugänglich macht[18]. Der Maßstab, nach dem das Bundesverfassungsgericht entscheidet, ob eine vom Bund gerügte Rechtsverletzung seitens des Landes vorliegt, ist ein rechtlicher. Dann aber ist auch die Aufsicht selbst in feste, prinzipiell im voraus festliegende und damit kontrollierbare rechtliche Schranken gewiesen[19]. Sie ist zwar nicht schon deshalb auf eine Rechtsaufsicht im spezifischen Sinn beschränkt, allein jener weite Spielraum der Entscheidung und Einflußnahme nach politischen Gesichtspunkten, der den Aufsichtsorganen der RV v. 1871 zur Verfügung stand, mußte schon durch die verfassungsgerichtliche Überprüfung weitgehend eingeengt werden.

---

[16] Über Sinn und Möglichkeit eines historischen Vergleichs und einer Analogie vgl. R. *Wittram*, Das Interesse an der Geschichte, S. 46 ff.

[17] Vgl. neuerdings *Scheuner*, Rechtsstaat, S. 259.

[18] Vgl. *Scheuner*, Der Bereich der Regierung, S. 296, Fußnote 114.

[19] Vgl. *Urteil des StGH* v. 25. Okt. 1932 in „Preußen contra Reich", S. 492 ff., 511 (unten) f. Vgl. auch *Preuß*, Berichte u. Protokolle d. 8. Ausschusses, S. 288.

Damit sind weitreichende Konsequenzen verbunden:

Das Aufsichtsverfahren, insbesondere in seiner zentralen Entscheidung, dem Feststellungsbeschluß des Bundesrates, ist nicht mehr ein Mittel, im Schoße eben des föderativen Organs das Bund-Länder-Verhältnis politisch zu ordnen. Der politische Ausgleich zwischen Bund und Land ist zwar nicht aus dem Bund-Länder-Verhältnis überhaupt verschwunden[20], wohl aber aus den förmlichen Entscheidungen des Aufsichtsverfahrens. Verfassungen, die eine ausnahmslose verfassungsgerichtliche Entscheidung von Streitigkeiten zwischen Bund und Ländern kennen, schließen eine autoritative Aufsichtsentscheidung eines politischen Organs aus. Das Kernstück des Aufsichtsverfahrens der RV v. 1871: die bindende Entscheidung des Bundesrats, was rechtens war, ist damit fortgefallen. Selbst ein beiderseitiges Einvernehmen kann nur dort die wirkliche Rechtslage dahingestellt sein lassen, wo die Möglichkeit ausgeschlossen ist, daß das Bundesverfassungsgericht auf anderem Wege mit der Sache befaßt wird.

Das Aufsichtsverfahren ist kein geeignetes Institut mehr der Verfassungsgestaltung und Verfassungswandlung im föderalen Bereich. Neben der Verfassungsgerichtsbarkeit verliert es seine selbständige Bedeutung und wird zu einer bloßen Vorstufe eines verfassungsgerichtlichen Austrags der Streitigkeit. Nur in der Möglichkeit einer sofortigen Exekution ohne vorheriges verfassungsgerichtliches Urteil äußert sich in der gegenwärtigen Bundesaufsicht noch jene die Aufsicht unter der RV v. 1871 kennzeichnende volle Suprematie des Bundes; und selbst diese Möglichkeit steht unter der Kuratel der verfassungsgerichtlichen Nachprüfung und wird so zu einer nur vorläufigen Zwangsbefugnis.

Nichts wäre verfehlter, als diese Entwicklung zu beklagen. Sie ist lange und immer wieder gefordert[21]. Mit Recht! Denn auch das Verfassungsleben kann sich in den Schranken des Rechts bewegen. Wichtig ist jedoch, diesen Veränderungen bei der Erörterung der Aufsicht im einzelnen Rechnung zu tragen. So erscheint es beispielsweise von vornherein verfehlt, dem Bundesrat im Verfahren nach Art. 84 Abs. 4 GG eine allgemeine, den Bereich der Verwaltung und Gesetzgebung gleichermaßen umfassende politische Ausgleichsaufgabe zuzuweisen[22], obgleich er sie angesichts der Überprüfbarkeit seiner Entscheidung nur in einem sehr begrenzten Umfang wahrnehmen kann.

---

[20] Vgl. die Darlegungen *Scheuners*, Politische Meinung, 1956, Heft 7, S. 31 ff., über die Wandlungen der bundesstaatlichen Ordnung.

[21] *Thudichum*, S. 98; *Binding*, DJZ 1899, S. 69 ff., *Triepel*, Reichsaufsicht, S. 693 ff.

[22] Vgl. *Schneider*, Gutachten, S. 1043; *Bullinger*, AöR 83, 1958, S. 306 f.; *Krüger*, Gutachten, S. 1080, Anm. 70; *Bayer*, S. 96.

Die Einführung der Verfassungsgerichtsbarkeit in Streitigkeiten zwischen Bund und Ländern mußte zwar zu einer rechtlich enger umgrenzten und gerichtlich nachprüfbaren Aufsicht führen, nicht aber auch zur Beschränkung auf eine Rechtsaufsicht. Für die gerichtliche Kontrolle ist es ohne Belang, wer innerhalb der rechtlichen Grenzen letzten Endes die Ermessensentscheidung zu treffen hat, ob Bund oder Land.

Das Grundgesetz hat jedoch, soweit die Länder die Bundesgesetze als eigene Angelegenheit ausführen, die Aufsicht auf eine reine Rechtsaufsicht beschränkt, Zweckmäßigkeitsgesichtspunkte in den Grenzen eines etwaigen Entscheidungsspielraumes kann der Bund nur bei der Bundesauftragsverwaltung kraft ausdrücklicher Anordnung des Art. 85 Abs. 4 S. 1 GG geltend machen.

Das Grundgesetz hat damit die Selbständigkeit der Länder bedeutend gestärkt, da der Bund auch nicht das Recht hat, durch einfaches Bundesgesetz die Ausführung im Auftrag des Bundes anzuordnen. Es hat damit jedoch auf der anderen Seite dem Bund die Möglichkeit abgeschnitten, auf die Ausführung dort Einfluß zu nehmen, wo die Einheitlichkeit der Rechtsanwendung sie dringend erfordert. Das mußte den Bund dazu veranlassen, von den wenigen leitenden Aufsichtsbefugnissen, die ihm auch insoweit, als die Länder die Bundesgesetze als eigene Angelegenheit ausführen, eingeräumt worden sind, einen verstärkten Gebrauch zu machen[23]. Das gleiche gilt für den Rückgriff auf die Kompetenz zur Errichtung von selbständigen Bundesoberbehörden (Art. 87 Abs. 3 GG).

III. Zusammenfassung

Aufgabe und Bedeutung der Aufsicht haben seit der RV v. 1871 einen grundlegenden Wandel erfahren. Die Einführung der Verfassungsgerichtsbarkeit in föderalen Streitigkeiten und die damit verbundene verfassungsgerichtliche Kontrolle der Aufsichtsmaßnahmen haben die Aufsicht rechtlich enger umgrenzt und sie als ein Mittel der Rechts- und Verfassungsgestaltung ausscheiden lassen.

Diesem Wandel ist bei der Erörterung der Ausgestaltung der Aufsicht unter dem Grundgesetz im einzelnen Rechnung zu tragen. Darüber hinaus hat das Grundgesetz die Aufsicht im Bereich der Ausführung der Bundesgesetze als eigene Angelegenheit der Länder grundsätzlich auf eine reine Rechtsaufsicht beschränkt.

---

[23] Das gilt vor allem im Hinblick auf Art. 84 Abs. 5 (vgl. dazu unten S. 93 ff.), weniger für Art. 84 Abs. 2 GG (vgl. dazu unten S. 83 ff.).

Zweites Kapitel

Der Umfang der Bundesaufsichtskompetenz

§ 3: Abhängige und selbständige Aufsicht

I. Der Begriff der abhängigen und selbständigen Aufsicht

Die Unterscheidung von abhängiger und selbständiger Aufsicht gehört zum Bestand einer wissenschaftlichen Systematik des Rechts der Bundesaufsicht, seit Triepel sie in seiner bekannten Monographie prägte[1].

Der Unterscheidung war jedoch von Anfang an eine begriffliche Unsicherheit eigen, die es nicht erlaubt hat, verläßliche Konsequenzen an sie zu knüpfen. Es ist weder klar, wie selbständige und abhängige Aufsicht exakt gegeneinander abzugrenzen sind, noch ob es sich bei der selbständigen Aufsicht um eine Rechtsaufsicht handelt.

Die Unterscheidung geht von der Feststellung aus, daß sowohl nach Art. 4 RV v. 1871 als auch nach Art. 15 Abs. 1 WRV, der Umfang der Aufsichtskompetenz sich mit der Gesetzgebungskompetenz des Reiches deckte. „Abhängig" nannte Triepel jene Aufsicht, die durch die vorausgehende Anwendung des Rechts zur Gesetzgebung bedingt war; „selbständig" hingegen die Aufsicht über solche Gebiete, auf denen dem Reich die Gesetzgebungskompetenz zwar zustand, das Reich aber von ihr noch keinen Gebrauch gemacht hatte[2].

Es ist eine unumgängliche Konsequenz dieser Begriffsbildung, daß in den Bereich der abhängigen Aufsicht nicht die kompetenzregelnden Verfassungsnormen selbst gehören. Da abhängige Aufsicht per definitionem nur dann ausgeübt wird, wenn von der verfassungsmäßigen Gesetzgebungskompetenz Gebrauch gemacht worden ist, können die Normen, deren Ausführung der abhängigen Aufsicht unterworfen ist, nicht die

---

[1] *Triepel*, Reichsaufsicht, S. 370, ausführlich S. 371 ff., 411 ff. Über die Wirkung auf den Verfassungsgesetzgeber vgl. für die WRV *Berichte u. Protokolle des 8. Ausschusses* S. 80, 82; für das Grundgesetz *Füsslein*, JöR NF 1, 1951, S. 628.

[2] *Triepel*, Reichsaufsicht, S. 370. Triepel folgte insoweit einer gerade am Anfang des Reiches naheliegenden und verbreiteten Unterscheidung. Vgl. *Hänel*, Staatsrecht I, S. 305; *Köhler*, S. 29 ff.

kompetenzregelnden Bestimmungen der Verfassung selbst sein; es muß sich vielmehr um die erst auf Grund der Verfassung getroffene (oder übernommene) nähere gesetzliche Regelung einer zur Gesetzgebungskompetenz des Gesamtstaats gehörigen Materie handeln. Die Unterscheidung stellt von vornherein darauf ab, ob neben den Normen der Verfassung noch andere, in Übereinstimmung mit der Verfassung bundesrechtlich geltende Normen vorhanden sind.

Es läge ganz im Sinne dieser Logik, wenn die Ausführungen des Bundesverfassungsgerichtes in der Entscheidung vom 26. März 1957[3] dahin zu verstehen wären, daß die Aufsicht des Bundes über die Beachtung der Normen des Grundgesetzes insgesamt der selbständigen Aufsicht zuzuweisen seien[4].

Verständlich wird von hierher auch, weshalb neuerdings die abhängige Aufsicht mit der Aufsicht über die verwaltungsmäßige Ausführung der Bundesgesetze gleichgesetzt wird[5]. Die wiedergegebene Begriffsbestimmung ist unzweideutig auf die Aufsicht über die Verwaltung zugeschnitten. Für eine Aufsicht über den Gesetzgeber ist es wenig sinnvoll, danach zu unterscheiden, ob bereits ein Gesetz erlassen ist oder nicht. Seine Rechte und Pflichten ergeben sich ganz überwiegend unmittelbar aus der Verfassung[6].

Allein mit den dargelegten Konsequenzen würde zwar dem logischen Gehalt der wiedergegebenen Begriffsbestimmung, nicht aber dem historisch überlieferten Gehalt dessen, was unter selbständiger resp. unter abhängiger Aufsicht zu verstehen ist, Rechnung getragen.

Sowohl unter der RV v. 1871 wie unter der WRV ging die ganz überwiegende Meinung dahin, daß auch die Aufsicht über die Beachtung der Verfassungsnormen der abhängigen Aufsicht zuzuordnen sei[7].

So hat der StGH wiederholt seine Zuständigkeit in einem Streit um die Auslegung einer Verfassungsnorm aus Art. 15 Abs. 3 WRV begründet, der aber unbestritten nur die abhängige Aufsicht erfaßte. In seiner Entscheidung vom 9. Dezember 1929 heißt es:

---

[3] *BVerfGE* 6/309 ff. (329).

[4] Die Annahme, daß das BVerfG dieser Ansicht sei, ist nicht ganz zweifelsfrei. In der Literatur wird sie so aufgefaßt, vgl. *Bullinger*, AöR 83, 1958, S. 298.

[5] *BVerfGE* 6/309 f. Ziff. 5, 329.

[6] Wenn man von dieser Begriffsbildung ausgeht, ist es deshalb auch wenig sinnvoll, unter dem Grundgesetz zwar nur eine (abhängige) Aufsicht nach Erlaß eines Gesetzes zuzulassen, gleichwohl aber eine umfassende Aufsicht über den Gesetzgeber zu bejahen, vgl. etwa *Schäfer*, AöR 78, 1952/53, S. 7, 13. Wenn man aber den Akt der Verfassungsgebung bereits als Erlaß eines Gesetzes in diesem Sinne ansieht, wird diese Unterscheidung überhaupt sinnlos!

[7] Vgl. für die RV v. 1871 *Triepel*, Reichsaufsicht, S. 412, Fußnote 2; für die WRV *Anschütz*, Komm. Art. 15, 1 b, S. 114.

„Indem das Reich geltend macht, daß die Verleihung von Ehrentiteln, wie sie von der Bayerischen Staatsregierung vorgenommen werde, gegen jene Verfassungsvorschrift verstoße, übt es die ihm nach Art. 15 Abs. 1 RVerf. zustehende Aufsicht in einer Angelegenheit aus, in der es von seiner Befugnis zur Gesetzgebung eben durch den Art. 109 Abs. 4 RVerf. bereits Gebrauch gemacht hat"[8].

Allgemeiner noch ist die Zuständigkeit zur Entscheidung nach Art. 15 Abs. 3 WRV gegenüber einem Akt der abhängigen Aufsicht in der Entscheidung vom 11. Juli 1930 (Thüringische Schulgebete) umschrieben:

„Daß dieses Recht der Aufsicht und des Verlangens der Mängelbeseitigung sich auch auf die Vorschriften erstreckt, die in der Reichsverfassung selbst enthalten sind, versteht sich von selbst, da doch gerade sie die Grundlage und den Rahmen abzugeben bestimmt sind, innerhalb deren sich die Gesetzgebung und die Verwaltung des Reiches und der Länder zu halten haben..."[9].

Die Begründung dieser Urteile konnte kaum überzeugen[10]. Gegenüber dem ersten Urteil vom 9. Dezember 1929 hätte schon geltend gemacht werden können, daß bereits in der Verfassung enthaltene spezielle Regelungen nicht ergangen sind, weil der (Verfassungs-)Gesetzgeber von seiner Gesetzgebungskompetenz einen ersten Gebrauch gemacht hat, sondern weil der Verfassungsgesetzgeber ungeachtet, ja möglicherweise entgegen aller übrigen Kompetenzverteilung diese Materie in bestimmter Weise vorweg regeln wollte. Immerhin wäre es vertretbar gewesen, die Beachtung einer inhaltlich so begrenzten, in sich abgeschlossenen und unmittelbar ausführbaren Norm wie Art. 109 Abs. 4 WRV der Ausführung einfacher Gesetze gleichzustellen und damit in den Bereich der von der abhängigen Aufsicht kontrollierten Tätigkeit einzubeziehen. Die Ansicht des StGH ging jedoch, wie vor allem die Entscheidung vom 11. Juli 1930 zeigt, dahin, unterschiedslos die Beachtung aller Verfassungsnormen der abhängigen Aufsicht zu unterwerfen. Diese Auffassung war aber nach der auch vom StGH übernommenen oben wiedergegebenen Unterscheidung von abhängiger und selbständiger Aufsicht inkonsequent. Wenn diese Begriffsbestimmung einen Sinn haben, d. h. für die systematische Erfassung des Aufsichtsrechts von Bedeutung sein sollte, dann konnte sie nur darauf abzielen, ob außer den im wesentlichen organisatorischen Verfassungsnormen noch andere, die Materie näher regelnde Normen erlassen worden waren. Ein anderer Gegensatz läßt sich, wenn man darauf abstellt, ob der Gesetzgeber von seinem Recht bereits Gebrauch gemacht hat oder nicht, gar nicht denken.

---

[8] *Lammers-Simons*, Bd. 2, 1930, S. 25 ff. (28) = *RGZ* 127, Anhang S. 25 (30).

[9] *Lammers-Simons*, Bd. 4, 1932, S. 104 ff. (111) = *RGZ* 129, Anhang S. 9 ff. (18).

[10] Im Ergebnis zu Recht bereits unter der WRV kritisiert von *Fröhlich*, S. 14, gegenwärtig von *Frowein*, S. 36.

Man muß dem Staatsgerichtshof allerdings zugute halten, daß Triepel selbst sich um die seiner anfänglichen Begriffsbestimmung innewohnende Logik nicht gekümmert hat. Ausdrücklich bezieht er auch die Überwachung der Verfassungsartikel in den Bereich der abhängigen Aufsicht ein. So äußert er:

„Wenn es ein solches (selbständiges Aufsichtsrecht) gibt, so bezieht es sich gerade auf Dinge, die noch gar nicht gesetzlich, gleichviel ob in der Verfassung oder sonstwo, geregelt sind"[11].

Triepel hat daher endlich als Fälle selbständiger Aufsicht nur die angesehen, bei denen das Verhalten des Landes allein an der ungeschriebenen „verfassungsmäßigen Bundespflicht, die Interessen des Reiches oder andere von der Reichsverfassung anerkannte Gemeininteressen" zu wahren, gemessen wurde[12].

Damit erst war das eigentlich unterscheidende Kriterium beim Namen genannt. Die Aufsicht vor Erlaß einer die Materie regelnden Reichsgesetzes war als Maßstab auf die allgemeine verfassungsrechtliche Pflicht, die Interessen des Reichs zu beachten, verwiesen[13]. Das war auch der Anknüpfungspunkt für Triepel. Die letztere Begriffsbestimmung ist jedoch insofern weiter, als nach ihr die Aufsicht darüber, daß die Länder das Interesse des Reiches beachten, in Wahrheit an die Gesetzgebungskompetenz nicht gebunden ist. Denn durch dieses bundesstaatliche Prinzip ist schlechthin jede Kompetenz beschränkt[14]. Die selbständige Aufsicht der letzteren Prägung ist letztlich nichts anderes als das bereits von *Kiefer* aus dem allgemeinen bundesstaatlichen Prinzip hergeleitete „allgemeine Aufsichtsrecht"[15]. Die Aufsicht auf den Gebieten, auf denen dem Reich eine Gesetzgebungskompetenz zwar zustand, es von ihr aber noch keinen Gebrauch gemacht hatte, war nur ein Teil, wenn auch der wesentlichste[16].

---

[11] *Triepel*, Reichsaufsicht, S. 412, Fußnote 2.
[12] *Triepel*, Reichsaufsicht, S. 451.
[13] So bereits — als erster — *Wunder*, S. 68 f.; die Ansicht *Hänels*, Staatsrecht I, S. 305 — ebenso *Köhlers*, S. 31, unter der WRV noch *Hubrichs*, S. 38 — Maßstab sei in diesem Fall das Landesrecht, hat *Triepel*, Reichsaufsicht, S. 438 ff., überzeugend widerlegt.
[14] So der Sache nach bereits Herwegen, S. 77, 83 f., freilich noch ohne die Pflicht als grundlegende bundesstaatliche Verfassungsnorm klar zu erkennen. *Triepel* selbst, Reichsaufsicht, S. 363 ff., insbes. 368 f., hat verkannt, daß diese Pflicht nicht nur als bloße kompetenzregelnde Norm, wie die übrigen in Art. 4 RV v. 1871 genannten Materien, zu verstehen ist. Deshalb geht seine Kritik an Kiefer (s. Fußnote 15) letztlich fehl. Treffend bereits *Fröhlich*, S. 13; gegenwärtig *Frowein*, S. 31 f.
[15] *Kiefer*, S. 37 ff., 40 ff., hat zutreffend die Frage, ob dem Reich schon vor Erlaß eines Reichsgesetzes auf den Gebieten seiner Gesetzgebungskompetenz nach Art. 4 RV v. 1871 eine Aufsichtskompetenz zustehe, von der anderen unterschieden, ob es ein allgemeines Aufsichtsrecht auch außerhalb dieses Bereiches ausüben könne. Bemerkenswert klar bereits auch *Wunder*, S. 68 f.
[16] Zutreffend *Wollenberg*, S. 36.

II. Bedeutung der Unterscheidung
von abhängiger und selbständiger Aufsicht

Die Bedeutung der selbständigen Aufsicht zeigt sich, wenn man das eigentlich unterscheidende Kriterium, den Maßstab, näher ins Auge faßt.

Die verfassungsrechtliche Pflicht der Einzelstaaten, die Interessen des Reiches zu beachten, entspricht im wesentlichen dem, was seit *Smend* als die Bundestreuepflicht bezeichnet wird[17]. Sie äußert sich in dreifacher Richtung[18]:

Einmal verbietet sie den Ländern, nur scheinbar eigene Kompetenzen wahrzunehmen, in Wirklichkeit aber in den Kompetenzbereich des Bundes einzudringen. — In diesem Sinn dient sie lediglich dazu, das Land auf die Grundlage des Bundesstaats, die Pflicht zur Respektierung der Kompetenzverteilung, hinzuweisen, erlangt aber sonst keine eigenständige Bedeutung, nicht einmal als Auslegungsregel. Sie ist hier nicht weiter von Interesse. Zum anderen gebietet sie den Ländern, bei der Ausübung unzweifelhaft eigener Kompetenzen die Auswirkungen auf den Bundesbereich in Rechnung zu stellen[19]. Man mag die Pflicht in dieser Ausprägung deshalb als eine „unselbständige Nebenpflicht" bezeichnen, weil sie Bedeutung nur im Zusammenhang mit der Ausübung anderweitig verliehener Kompetenzen erlangt[20]. Das darf aber nicht darüber hinwegtäuschen, daß erst der Inhalt dieser Pflicht die nähere Abgrenzung der interdependenten Kompetenzen zwischen Bund und Ländern bringt; aus der bloßen Kompetenzverteilung allein folgt sie noch nicht. In diesem Sinn ist sie selbständiger Rechtsgrund. Das rechtfertigt auch, sie prozessual selbständig geltend zu machen[21].

Schließlich aber gebietet die Treuepflicht den Ländern in besonderen Fällen sogar, von eigenen Kompetenzen Gebrauch zu machen, um Bundesinteressen in Schutz zu nehmen. In diesem Fall ist sie unzweifel-

---

[17] Die Treuepflicht äußert Rechtswirkungen auch für den Bund. Hier interessiert aber vorwiegend die Pflichtseite der Länder.
Über die Unterscheidung gegenüber der (umfassenderen) Pflicht zum bundesfreundlichen Verhalten vgl. *Scheuner*, vor dem BVerfG, Konkordatsprozeß, S. 1645 f.

[18] Vgl. außer *Smend*, Ungeschriebenes Verfassungsrecht, S. 39 ff., insbes. S. 42 f., 51 f. *Krüger*, Festgabe für E. Kaufmann, S. 240 f.; *ders.*, Gutachten, S. 1081 (aber entschieden zu eng); *Kaiser*, Z.f.ausl.ö.R.u.VR, Bd. 18, 1957/58, S. 542 ff.; *Spanner*, DÖV 1961, S. 481 ff.; *Hertl*, S. 17 ff.; *Bayer*, insbes. S. 55 ff., der aber die Bedeutung der Treuepflicht als selbständiger Rechtsgrund verkennt.

[19] Vgl. *BVerfGE* 4/115 ff. (140 f.), Urt. v. 1. Dez. 1954.

[20] So *Schüle*, vor dem BVerG, Konkordatsprozeß, S. 1616 f.; *Bayer*, S. 63 ff.

[21] Vgl. bereits *Scheuner*, vor dem BVerfG, Konkordatsprozeß, S. 1644 f.

haft selbständiger Rechtsgrund wie die geschriebenen Verfassungsnormen auch[22].

Die Aufsicht darüber, daß die Einzelstaaten in dieser Weise die Interessen des Reiches beachteten, gaben dem Bundesrat eine außerordentliche Einwirkungsmöglichkeit auf die Einzelstaaten an die Hand. Zwar sollten die Bestimmungen der RV den Anhalt dafür bieten, um festzustellen, welches überhaupt Reichsinteressen sein konnten, allein was im einzelnen mit dem Interesse des Reiches vereinbar war oder nicht, ließ sich außerhalb einer gesetzlichen Fixierung nur dann sagen, wenn die nächstliegenden konkreten Entscheidungen und Ziele der politischen Entwicklung zugrunde gelegt wurden. Offensichtliche, in der Verfassung selbst erklärte oder vorausgesetzte Wertungen, so das Interesse des Reiches an seinem Bestand, an der Funktionsfähigkeit der Organe, an der politischen Geheimsphäre, erfaßten nur Grenzsituationen. Der Bundesrat war aber keinesfalls darauf beschränkt, nur offenbar schädliches Verhalten abzustellen. Es stand — wenn man Triepel glauben darf[23] — im Belieben des Bundesrates, wann er einschritt, und es lag in seiner Macht, zu bestimmen, welche Maßnahmen im Einzelfall zu ergreifen waren. Die selbständige Reichsaufsicht, die für die Beachtung der Interessen des Reiches auch außerhalb einer gesetzlichen Regelung Sorge trug, war damit das Mittel, auch politische Entscheidungen des Reiches gegenüber den Einzelstaaten zur Geltung zu bringen.

Es wäre gewiß verfehlt, die Vorstellung zu hegen, unter der RV v. 1871 habe das Reich mittels der selbständigen Aufsicht schrankenlos in den Bereich der Einzelstaaten hineinregieren können. Die Stellung der Einzelstaaten war so stark, daß daran nicht zu denken war. Insbesondere aber lagen der Reichsregierung derartige Absichten fern. Die wiederholt aufgezeigte Inkonsequenz, mit der sie in einem Fall von einem selbständigen Aufsichtsrecht Gebrauch machte, während sie es im anderen verneinte[24], ist Ausdruck dieser klugen Zurückhaltung. Entscheidend aber ist, daß dem Reich mit der selbständigen Aufsicht jedenfalls die Möglichkeit dieser Einflußnahmen nach politischen Gesichtspunkten geschaffen worden war[25]. Die Fälle, in denen das Reich

---

[22] In dieser Ausprägung wird sie überhaupt verkannt von *Schüle,* vor dem BVerfG, Konkordatsprozeß, S. 1616 f.; *Bayer,* S. 63 ff. Bereits die Rechtsprechung des BVerfG bietet dafür eine Reihe von Beispielen, vgl. die Zusammenstellung bei *Geiger,* Bay. VBl., S. 338 ff.; außerdem treffend *BVerfGE* 8/122 ff. (138 f.), Urt. v. 30. Juli 1958; vgl. auch das Beispiel unten S. 47.

[23] *Triepel,* Reichsaufsicht, S. 451; vgl. auch *Vonficht,* S. 29.
Über die so gut wie ausnahmslose Anerkennung einer selbständigen Aufsicht unter der RV v. 1871 in der Literatur vgl. *Triepel,* Reichsaufsicht, S. 436, Anm. 2; über die zwiespältige Handhabung in der Praxis ebd., S. 416 ff.

[24] Vgl. *Triepel,* Reichsaufsicht, S. 416 ff.

[25] Unmißverständlich in diesem Sinn *Kiefer,* S. 45.

— vorwiegend in den Anfängen, als es die eigene Gesetzgebungskompetenz noch wenig ausgeübt hatte — von ihr Gebrauch gemacht hat, sind bekannt[26].

Die bis heute offene Frage[27], ob es sich bei der selbständigen Aufsicht um Rechts- oder Zweckmäßigkeitsaufsicht handelte, ist von hierher zu entscheiden. Triepel selbst hat einerseits die selbständige Aufsicht als Rechtsaufsicht bezeichnet, er hat andererseits erklärt, daß es sich bei der selbständigen Aufsicht „niemals um eine bloße Kontrolle der Legalität, sondern ganz ausschließlich um eine Überwachung der Zweckmäßigkeit des gliedstaatlichen Verhaltens" handele[28].

Dieser scheinbare Widerspruch läßt sich kaum damit erklären, Zweckmäßigkeitsgesichtspunkte hätten hier nicht anders als bei der abhängigen Aufsicht nur insoweit geltend gemacht werden können, als die Zweckmäßigkeit Inhalt der Pflicht sei[29]. Dort, wo die Frage zweckmäßigen Handelns überhaupt Bedeutung gewinnt, wie vor allem bei der Ausübung des Handlungsermessens, ist zweckmäßiges Handeln immer Inhalt der Pflicht; die Frage ist lediglich, wer darüber entscheidet, was zweckmäßig ist. Wichtiger aber ist, daß der Maßstab der selbständigen Aufsicht den Einzelstaaten einen Raum für Zweckmäßigkeitserwägungen in der Weise, wie vorzugsweise beim Handlungsermessen der abhängigen Aufsicht, nicht einräumte. Die selbständige Aufsicht überwachte nicht die Einhaltung eines Ermessens, sondern die Beachtung eines — freilich unbestimmten — Rechtsbegriffs[30]. Triepel hatte daher Recht, wenn er argumentierte, die Erfüllung der Treuepflicht sei „Erfüllung der Reichsverfassung selbst, genauer: ... der verfassungsmäßigen Bundespflicht, die Interessen des Reiches ... zu achten", die Aufsicht über ihre Beachtung deshalb Rechtsaufsicht[31]. Die selbständige Aufsicht war Rechtsaufsicht. Der Inhalt der Pflicht wies jedoch eine Besonderheit auf: er war noch unbegrenzt und verwies zu seiner Konkretisierung auf die Entscheidung des Reiches und damit des maßgeblichen Aufsichtsorgans, des Bundesrates, selbst. Was Inhalt dieses unbestimmten Rechtsbegriffs war, wurde im Einzelfall vom Reich festgelegt. Dem Reich — und nur dem Reich — stand die Entscheidung zu, was seinem Interesse entsprach. Den Einzelstaaten konnte in keinem

---

[26] Vgl. die Beispiele bei *Triepel*, Reichsaufsicht, S. 424 ff.

[27] S. *Bullinger*, AöR 83, 1958, S. 299 ff.; *Frowein*, S. 25 f.

[28] *Triepel*, Reichsaufsicht, S. 451, Anm. 2, 453 einerseits und S. 706 f. andererseits. Im letzteren Sinne auch *Wittmayer*, S. 210, 249 f.

[29] So *Frowein*, S. 25.

[30] Der strukturelle Unterschied zwischen beiden ist gut herausgearbeitet bei *Jesch*, AöR 82, 1957, S. 163 ff., 204 ff.

[31] *Triepel*, Reichsaufsicht, S. 451 f. Zumindest ungenau deshalb *Nawiasky*, Grundgedanken, S. 43. Zutreffend *Frowein*, S. 26.

Fall ein Spielraum in der Beurteilung darüber eingeräumt sein, was das Interesse des Gesamtstaates verlangte.

Wenn man deshalb darauf abstellt, inwieweit die Einzelstaaten an die von Fall zu Fall ergehenden politischen, im Gegensatz zu inhaltlich bereits gesetzlich festgelegten, Entscheidungen gebunden waren, so läßt sich kaum eine stärkere Form der „Zweckmäßigkeitsaufsicht" denken[32]. Das kommt nicht nur in den scheinbar widersprüchlichen Äußerungen Triepels deutlich zum Ausdruck; aus eben diesem Grunde suchte Triepel auch die selbständige Aufsicht der Verfassungsgerichtsbarkeit zu entziehen bzw. richtiger, sie auf eine Nachprüfung von Willkürmaßnahmen zu begrenzen[33].

Die Bedeutung der selbständigen Aufsicht liegt auf der Hand: das Reich sicherte sich damit nicht nur das Recht einzuschreiten, solange es von seiner Gesetzgebungskompetenz noch keinen Gebrauch gemacht hatte, sondern angesichts seiner beschränkten Zuständigkeiten die Möglichkeit, Einfluß auch auf den Gebieten auszuüben, die an sich in den Kompetenzbereich der Länder fielen, auf denen aber — nach Ansicht des Bundesrates — Gemeininteressen berührt werden konnten. Insofern kannte auch die RV v. 1871 als „monarchischer Bundesstaat" ein Hineinwirken des Gesamtstaates in die Sphäre der Einzelstaaten[34]. Gerade die selbständige Aufsicht umschloß danach jene Möglichkeiten, die notwendig waren, um das sehr empfindliche Verhältnis zwischen Reich und Einzelstaaten gestaltend zu entwickeln[35]. Deutlich trat darin der Integrationscharakter der Aufsicht zutage[36]. Es bestätigt sich damit nur, was jedenfalls im Hinblick auf die selbständige Aufsicht fast rechtslogisch hätte deduziert werden können, daß sie als ein Mittel, die Beachtung der Bundestreuepflicht durch die Einzelstaaten zu gewährlei-

---

[32] *Rosin*, S. 108, hat im Hinblick auf die insoweit vergleichbare Staatsaufsicht über die Genossenschaften die strukturelle Besonderheit der „Pflicht zur Wahrung der öffentlichen Interessen" trefflich erkannt, wenn er feststellt, daß die Aufsicht über ihre Beachtung es an der „Abgrenzung der Staatsaufsicht gegenüber der Selbstbetätigung" fehlen lasse.

Frowein, S. 23 ff., schätzt die Bedeutung dieser strukturellen Andersartigkeit der von der selbständigen Aufsicht überwachten Pflicht gegenüber anderen, inhaltlich bestimmten Normen nicht richtig ein, wenn er meint, mit dem Nachweis, daß die selbständige Aufsicht Rechtsaufsicht gewesen sei, verbiete sich eine Unterscheidung gegenüber den anderen Verfassungsnormen. Die selbständige Aufsicht war Rechtsaufsicht, aber nicht alle Rechtsaufsicht selbständige Aufsicht (so aber *Frowein*, S. 52).

[33] *Triepel*, Reichsaufsicht, S. 706; ders., Streitigkeiten, S. 100; *Wittmayer*, S. 249 f. Bereits unter der WRV wurde dieses Verhältnis von Rechtsaufsicht und Zweckmäßigkeitserwägung häufig verkannt, was zu Unklarheiten über die selbständige Aufsicht führte, vgl. etwa *Braasch*, S. 69, 73 f.

[34] Vgl. *Smend*, Ungeschr. Verf. Recht, S. 58.

[35] Vgl. im einzelnen oben S. 27 ff.

[36] In dieser Sicht erweist sich als das eigentliche Pendant zu der Beteiligung der Einzelstaaten an der Gesamtwillensbildung; s. aber *Smend*, Verf. u. Verf. R., S. 239.

sten, eben denselben Charakter tragen mußte wie der Rechtssatz selbst, nämlich — nach einem Wort Smends[37] — Schlußstein des Integrationssystems zu sein.

Es ist nicht zweifelhaft, daß Triepel diese Bedeutung der selbständigen Aufsicht als Kern der Unterscheidung von der abhängigen ansah. Von Anfang an[38] hat Triepel die Verfassung nur insoweit als Gegenstand der selbständigen Aufsicht angesehen, als die Erfüllung der verfassungsmäßigen Bundespflicht, die Interessen des Reiches zu achten, in Frage stand[39]. Die strukturelle Verschiedenartigkeit dieser Pflicht gegenüber allen übrigen Verfassungsnormen ließ Triepel auch zögern, ihre Beachtung als Ausführen eines Reichsgesetzes i. S. der Art. 7 Ziff. 3, 17 RV v. 1871 (Art. 15 Abs. 3 WRV) anzusehen[40]. Zwar waren auch die übrigen Verfassungsnormen mehr oder weniger unbestimmt, aber jede war doch auf die Regelung einer sachlich umschriebenen Materie begrenzt, ganz im Gegensatz zu dieser Pflicht, die das Verhältnis des Reiches zu den Einzelstaaten in seiner Gesamtheit erfaßte. Eben deshalb behandelte er die selbständige Aufsicht als Aufsicht über die Beachtung dieser zentralen Pflicht lediglich in Analogie zu den genannten Vorschriften, während er die Aufsicht über die Beachtung der übrigen Verfassungsnormen ohne jeden Zweifel dort mit geregelt sah[41]. Aber selbst denjenigen Autoren, die sich entschieden gegen eine selbständige Aufsicht wandten, war es ebensowenig zweifelhaft, daß die Aufsicht über die Beachtung der einzelnen Normen der RV v. 1871 selbst zur (abhängigen) Aufsicht des Art. 7 Ziff. 3 gerechnet werden mußte[42]. Die Literatur unter der WRV ist ihm darin weitgehend gefolgt[43].

---

[37] *Smend*, Verf. u. Verf.R., S. 203.

[38] *Triepel*, Reichsaufsicht, S. 412, Anm. 2 (oben S. 35, Fußn. 11), S. 451; *Frowein*, S. 27, irrt, wenn er wohl mit Bezug auf *Triepel*, Streitigkeiten, S. 73, meint, die Einschränkung sei erst nachträglich erfolgt.

[39] Nachdrücklich klargestellt: *Triepel*, Streitigkeiten, S. 73. Von dieser Begriffsbestimmung ist auszugehen, wenn man dem Sinn der selbständigen Aufsicht nähertreten will. *Frowein*, S. 26 und öfters, versäumt das, indem er die selbständige Aufsicht an die Konsequenzen der anfänglichen Begriffsbestimmung bindet, wonach die Aufsicht über die Beachtung der Verfassungsnormen allerdings nicht zur abhängigen gezählt werden könnte (vgl. oben S. 32 f.).

[40] So unter der RV v. 1871 noch *Smend*, DJZ 1913, Sp. 1347 ff.

[41] Vgl. *Triepel*, Reichsaufsicht, S. 544; *ders.*, Streitigkeiten, S. 75. Dabei war es Triepel am wenigsten fraglich, daß es sich im einen wie im andern Falle um die Beachtung einer Rechtspflicht handelte.

[42] So *Dambitsch*, S. 104 ff., 232; vgl. im übrigen *v. Roenne* I, S. 216; *Arndt*, Komm. Art. 7, 5, S. 107; *ders.*, Staatsrecht, S. 109.

[43] Vgl. *Anschütz*, HdbDStR I, S. 368, 3a, ausdrücklich; *Poetzsch-Heffter*, Komm. Vorbem. Art. 15, 3, S. 132; sehr deutlich auch *Cohn*, S. 47 f.; *Höchst*, S. 76 ff.; auch *Wittmayer*, S. 209, 234 f., betonte zwar, daß es sich um die Kontrolle der Reichsverfassung, aber doch eben nur dieses zentralen Satzes handelte.

Auch der Staatsgerichtshof rechnete die Aufsicht über die einzelnen Verfassungsnormen zur abhängigen Aufsicht[44]. Nur vereinzelt wurde der Kern der Unterscheidung verkannt[45] und die Aufsicht über die Beachtung der Verfassungsnormen insgesamt zur selbständigen Aufsicht gerechnet.

III. Die selbständige Aufsicht im Grundgesetz

Das Grundgesetz hat die Bestimmung des Art. 4 RV v. 1871 und des entsprechenden Art. 15 Abs. 1 WRV nicht aufgenommen. Es bedient sich in Art. 84 Abs. 3 S. 1 eben jener Formel, die in der RV v. 1871 in Art. 7 Ziff. 3 und in der WRV in Art. 15 Abs. 2 u. 3 enthalten war und dort nach ganz überwiegender Lehre nur für die abhängige Aufsicht galt[46]. Damit sollte nach der bereits im Zuständigkeitsausschuß geäußerten Auffassung zum Ausdruck gebracht werden, daß die in Art. 84 GG begründeten Aufsichtsbefugnisse enger sein und jedenfalls die selbständige Aufsicht nicht mit umfassen sollten[47].

Nach einer von *Zinn* und neuerdings von Frowein geäußerten Ansicht soll allerdings die gegenüber Art. 4 RV v. 1871 und Art. 15 WRV veränderte Fassung des Art. 84 GG diese Folgerung nicht rechtfertigen. Während Zinn die selbständige Aufsicht unmittelbar aus dem Bundesstaatsprinzip herzuleiten sucht[48], sieht Frowein die sedes materiae der selbständigen Aufsicht in Art. 37 GG[49]. Da, so folgert Frowein, weder Art. 4 RV v. 1871 noch Art. 15 Abs. 1 WRV in Wahrheit Grundlage für die von der Gesetzgebungskompetenz ganz unabhängige selbständige Aufsicht hätten sein können, so könne auch der Fortfall einer dem Art. 4 RV v. 1871 und dem Art. 15 Abs. 1 WRV vergleichbaren Fassung in Art. 84 GG nicht den Sinn haben, eine selbständige Aufsicht unter dem Grundgesetz nicht anzuerkennen.

Diese Argumentation ist zunächst in der Begründung fraglich:

Art. 4 RV v. 1871 und Art. 15 Abs. 1 WRV erfaßten die selbständige Aufsicht wenigstens insoweit, als sie auf Gebieten ausgeübt wurde, auf

---

[44] Vgl. oben S. 34.

[45] So *Giese*, Reichsverfassung, Art. 15, II, S. 86. Ihm schloß sich *Krebs*, S. 35 ff. an, jedoch ohne Einsicht in die Problematik. Das letztere gilt auch für *Groscurth*, S. 89 ff. Wie Giese auch *Hatschek*, I, S. 94.
Es ist danach nicht richtig, wenn *Frowein*, S. 27, meint, Triepels Begriff der selbständigen Aufsicht habe sich nicht durchgesetzt.

[46] Vgl. für die RV v. 1871 *Hänel*, Staatsrecht I, S. 315; für die WRV *Anschütz*, Komm. Art. 15, 12, S. 124; *Lammers*, S. 65; aber auch *Triepel*, Streitigkeiten, S. 75.

[47] *Füsslein*, JöR NF Bd. 1, 1951, S. 628.

[48] *Zinn*, DÖV 1950, S. 524; zustimmend *Werr*, S. 55 f. Unter der RV v. 1871 in diesem Sinne *Zorn*, Staatsrecht I, S. 140 f.; ders., Hirths Annalen 1884, S. 476; auch *Kiefer*, S. 40 ff.

[49] *Frowein*, S. 40 ff.

denen dem Reich die Gesetzgebungskompetenz zustand, und zwar die selbständige Aufsicht über die Landesverwaltung so gut wie über die Landesgesetzgebung. Diese Annahme darf, wie ein Vergleich der Art. 7 Ziff. 3, 17 mit der weiteren Fassung des Art. 4 RV v. 1871 und des Art. 15 Abs. 3 mit Art. 15 Abs. 1 WRV zeigt, als gesichert gelten[50]. Auch wenn man danach dem Umstand Rechnung trägt, daß Art. 84 GG im Abschnitt über die Verwaltung steht, müßte danach dem absichtlichen Wegfall einer dem Art. 4 RV v. 1871, Art. 15 Abs. 1 WRV entsprechenden Bestimmung die Bedeutung zugemessen werden, das Grundgesetz kenne eine (selbständige) Aufsicht über die Verwaltung auf Gebieten seiner Gesetzgebungskompetenz vor Erlaß eines Bundesgesetzes nicht.

Entscheidend aber ist, daß trotz der systematischen Bedenken zumindest seit Triepels Monographie Art. 4 RV v. 1871 und wenig später Art. 15 Abs. 1 WRV im vollen Umfang als Grundlage der selbständigen Aufsicht angesehen wurden. Unter der WRV konnte nach der Entstehungsgeschichte kein Zweifel sein, daß diese Auffassung auch dem Willen des Verfassungsgesetzgebers entsprach, der damit die unter der RV v. 1871 noch umstrittene Frage[51] klären und der in der Literatur entwickelten Unterscheidung Rechnung tragen wollte[52].

Von dieser überlieferten Verfassungsrechtslage mit samt ihrer Interpretation ging der Grundgesetzgeber aus. Daran ist die verfassungsgeschichtliche Interpretation gebunden. Sie läßt danach erkennen, daß die Fassung des Art. 84 GG, die eine dem Art. 4 RV v. 1871, Art. 15 Abs. 1 WRV vergleichbare Vorschrift nicht kennt, den Sinn hat, die selbständige Aufsicht nicht in das Grundgesetz zu übernehmen. Dieser deutlich zum Ausdruck gebrachte Wille des Verfassungsgesetzgebers steht auch dem Versuch Zinns entgegen, die selbständige Aufsicht aus ungeschriebenem Bundesstaatsrecht herzuleiten.

Eine andere Frage ist, ob und inwieweit Art. 37 GG diesem in Art. 84 GG zum Ausdruck gebrachten Willen deshalb zwingend im Wege steht, weil eine selbständige Aufsicht in dem Exekutionsrecht notwendig enthalten ist. Auch andere Verfassungsnormen stehen untereinander in einem Spannungsverhältnis und bedürfen der ausgleichenden Interpretation.

Zunächst ist hier ebenso wie bei der Erörterung der Verfassungsaufsicht der Auffassung Froweins entgegenzutreten, die selbständige Auf-

---

[50] Vgl. *Laband*, Staatsrecht, I, S. 108.
[51] *Dambitsch*, S. 104 ff. und *Seydel*, Blätter für administrative Praxis, Bd. XLV, 1895, S. 93, ließen vor einer näheren gesetzlichen Regelung eine Aufsicht nur zum Zwecke der Unterrichtung über die bestehenden Verhältnisse zu. So auch *Thudichum*, S. 241. Vgl. im übrigen *Triepel*, Reichsaufsicht, S. 416 ff.
[52] Vgl. *Anschütz*, Komm. Art. 15, 1a, S. 113; *Cohn*, S. 43; *Wittmayer*, S. 234.

sicht finde als Aufsicht über jede einzelne Verfassungsnorm in Art. 37 GG ihren Grund. Es ist bereits dargelegt, daß nicht nur Triepel die selbständige Aufsicht zu keiner Zeit als Aufsicht über die einzelnen Verfassungsnormen verstanden hat, ebensowenig die ihm ganz überwiegend folgende Literatur, daß vielmehr damit der Sinn der Unterscheidung völlig verkannt wird. Es ist aber für die systematische Erfassung des Aufsichtsrechts auch nicht sinnvoll, einen derartigen Begriff der selbständigen Aufsicht zu schaffen. Er ist allen Einwänden ausgesetzt wie der gleiche Versuch, den Begriff der Verfassungsaufsicht in dieser Weise zu bestimmen; es fehlt ihm vor allem der innere Bezug zur Bundeszwangskompetenz[53].

Gleichwohl ist ein Teil Wahrheit in der Ansicht, das Grundgesetz kenne eine selbständige Aufsicht in Art. 37:

Der Grundgesetzgeber hat aus gutem Grund das Exekutionsrecht nicht auf die Verletzung bestimmter Pflichten beschränkt. Jede Pflichtverletzung, gleich aus welchem Anlaß sie geschehen und in welchem Gesetz sie ihren nächstliegenden Grund findet, kann zur Anwendung des Bundeszwanges führen. Kein Bereich der Landestätigkeit ist danach der Aufsicht vollständig entzogen, auch nicht die Beachtung der Bundestreuepflicht. Die Bundeszwangskompetenz schafft ein Aufsichtsrecht, das über jeder Staatshandlung der Länder schwebt.

Aber der Bundeszwang ist gedacht als ein Aufsichts- und Eingriffsrecht für den Notfall. Er ist neben einer Bundesverfassungsgerichtsbarkeit mehr denn zuvor ein Mittel für den „casus extremus", in dem die bundesstaatliche Ordnung im ganzen oder in ihren einzelnen tragenden Grundlagen auf dem Spiele steht. Es genügt nicht die allgemeine Störung der bundesstaatlichen Ordnung, die in jeder Pflichtverletzung liegt. Es genügt danach auch nicht die abstrakte Möglichkeit, daß die Pflichtverletzung sich zu einer ernsthaften Störung entwickeln kann. Notwendig ist vielmehr eine sichtbar konkrete Gefährdung der Geltung der bundesstaatlichen Ordnung[54]. Auf die Abwehr dieser äußersten Gefahren ist auch die Ausübung des „logischen Rechts zur ständigen Überwachung"[55] beschränkt, sofern es zu irgendwelchen Maßnahmen gegenüber dem Land führen soll.

---

[53] Vgl. oben S. 16 ff.

[54] Vgl. *Heckel*, AöR NF 23, 1933, S. 226 f.; nachdrücklich *Triepel*, DJZ 1932, Sp. 1503; auch *Bilfinger*, DJZ 1933, Sp. 145; vgl. unten S. 122 ff. Renitente Weigerung, eine verfassungsgerichtlich festgestellte Pflicht zu erfüllen, ist stets eine schwerwiegende, weil prinzipielle Pflichtverletzung. Das übersieht *Spieß*, S. 7 f.

[55] *Maunz* in Maunz-Dürig, Komm. Art. 37, III, Rdnr. 8. — Maunz betont übrigens ebenfalls, daß aus Art. 37 GG eine Erweiterung der sonst vorhandenen Aufsichtsrechte nicht hergeleitet werden könne. — *Lechner*, Bay. Bgmstr. 1949, S. 171.

Art. 37 GG legt allerdings ein Argument nahe, das für die Auffassung, er begründe ein sehr viel umfassenderes Recht zur selbständigen Aufsicht, letztlich ausschlaggebend ist: das argumentum a maiore ad minus. Bereits *Schneider* hat gefolgt, da der Zwang zulässig sei, müßten alle schwächeren Mittel ebenfalls zulässig sein[56]. Darauf fußt auch *Frowein*[57].

Dagegen ist kaum etwas einzuwenden. Wenn der Bund zum Bundeszwang schreiten will, steht ihm als schwächeres Mittel auch die Mängelrüge zur Verfügung, ja er muß sie sogar zunächst erheben — wie gegenüber anderslautenden Ansichten noch zu zeigen sein wird[58].

Fraglich ist jedoch die damit verbundene Konsequenz, soweit das Recht zur Anwendung des Zwanges für den Notfall reiche, müßten die schwächeren Aufsichtsmittel auch schon dann zur Verfügung stehen, wenn eine ernsthafte Störung noch nicht drohe, an die wirkliche Anwendung des Bundeszwanges deshalb auch nicht gedacht sei.

Diese Auffassung besagt, wenn sie wirklich sein will, was sie vorgibt: zwingend, nicht weniger, als daß der Grundgesetzgeber, wollte er nicht widersinnig handeln, die Aufsichtskompetenz gar nicht beschränken konnte, solange er nicht gleichermaßen die Bundeszwangskompetenz beschränkte. Es wäre weder möglich gewesen, eine selbständige Aufsicht auszuschließen, noch — worauf noch einzugehen ist — eine Aufsicht über den Landesgesetzgeber. Es ist fast immer bedenklich, der Gestaltungsfreiheit des Verfassungsgesetzgebers derartige Fesseln anzulegen. Entscheidend aber ist, daß dieses Argument a maiore ad minus ein anderes, gewiß nicht weniger elementares Gebot jeder Interpretation außer acht läßt: Ausnahmekompetenzen nicht zur Regelkompetenz auszudehnen[59]. Der Verfassungsgesetzgeber von 1871, 1919 und 1949 folgte einer sehr richtigen Einsicht, wenn er die Bundeszwangskompetenz von der regulären Aufsichtskompetenz unterschied[60]. Und es muß ihm freistehen, die reguläre Aufsichtskompetenz enger zu fassen als das Notrecht des Bundeszwanges.

Art. 37 GG kann danach als Grundlage einer selbständigen Aufsicht in Frage kommen; aber eben nur als Bundeszwangsmaßnahme und nur

---

[56] *Schneider*, Gutachten, S. 1027; ebenso *Bullinger*, AöR 83, 1958, S. 305; zuvor bereits *Graubaum*, S. 104.

[57] *Frowein*, S. 44, 50.

[58] Vgl. unten S. 128 f.

[59] Richtig *Schaub*, S. 92 f.

[60] Dies auch gegen *Triepel*, Reichsaufsicht, S. 374, 490, 666; ders., Kompetenzen, S. 288; dort findet sich der Schluß a maiore ad minus ebenfalls, gewann freilich noch keine Bedeutung.

in dem vorgesehenen Verfahren[61], also mit Zustimmung des Bundesrates. In den übrigen Fällen bleibt allein die Möglichkeit eines verfassungsgerichtlichen Austrags der Streitigkeiten. Es ist sowohl verfehlt, jegliche Streitigkeit entweder in die Bundeszwangskompetenz
nach Art 37 GG oder in die Aufsichtskompetenz nach Art. 84 GG einzuordnen als auch bei einer engeren Begrenzung dieser Kompetenzen die
verfassungsgerichtliche Kontrolle in gleicher Weise einzuengen[62].

Darin, daß allen aus Art. 37 GG begründeten Maßnahmen, auch den
schwächeren als der Zwang selbst, dieses Tatbestandsmerkmal der Bestandsgefahr zugrunde liegen muß, weist sich die aus der Bundeszwangskompetenz abgeleitete Aufsicht als Verfassungsaufsicht aus[63]. Die
selbständige Aufsicht ist dagegen keineswegs stets zur Verfassungsaufsicht zu zählen[64]. Sie kann auch auf Fälle im Verwaltungs- wie im Ge-
setzgebungsbereich gerichtet sein, die von untergeordneter Bedeutung
sind und bleiben[65]. Die Verfassungsgeschichte kennt zahlreiche Fälle
selbständiger Aufsicht, in denen das Verhältnis zwischen Reich und Einzelstaat als solches gar nicht ernsthaft berührt wurde und eine Gefahr
für die bundesstaatliche Ordnung weder eingetreten ist noch auch nur
einzutreten drohte[66].

Für Verfassungsaufsicht und Exekutionsrecht ist nicht die Norm maßgebend, deren Ausführung kontrolliert wird, sondern der konkrete
Grad der Gefährdung der bundesstaatlichen Ordnung. Für die selbständige Aufsicht dagegen ist nicht die Bestandsgefährdung maßgebend,
sondern die Norm, deren Beachtung sichergestellt werden soll. Zu Recht
hat daher Heckel Verfassungsaufsicht und selbständige Aufsicht nicht
identifiziert, vielmehr die letztere in Art. 15 Abs. 1 WRV begründet
gesehen, obwohl er Art. 15 in scharfen Gegensatz zur Verfassungsaufsicht des Art. 48 Abs. 1 WRV stellte[67].

---

[61] Im gleichen Sinn treffend für die WRV *Heckel*, AöR NF 23, 1933, S. 221;
für das Grundgesetz vgl. *Spieß*, S. 30 f. — Gegenüber der Ansicht *Froweins*,
S. 56, der Bundesrat habe das Vorliegen der Pflichtverletzung ohnehin nicht zu
prüfen, vgl. unten S. 125 ff.

[62] Im letzteren Sinn aber *Schüle*, vor dem BVerfG, Konkordatsprozeß,
S. 1615 ff. (1621); dagegen mit Recht *Scheuner*, ebd., S. 1646 ff.; *ders.*, ZevKR,
7, 1959/60, S. 260.

[63] Vgl. oben S. 16 ff.

[64] So aber *Frowein*, S. 40 ff. (43 f.), infolge der unzutreffenden Gleichsetzung sowohl von Verfassungsaufsicht als auch von selbständiger Aufsicht mit
der Aufsicht über alle einzelnen Verfassungsnormen.

[65] Treffend *Heckel*, AöR NF 23, 1933, S. 208, Fußnote 94. Vgl. auch *Triepel*,
Reichsaufsicht, S. 441, Fußnote 2.

[66] Vgl. den ersten Fall der selbständigen Aufsicht bereits zur Zeit des Nord-
dt. Bundes bei *Triepel*, Reichsaufsicht, S. 424 f.

[67] *Heckel*, AöR NF 23, 1933, S. 208, insbes. Fußnote 94.

In der Literatur ist der Ausschluß der selbständigen Aufsicht weitgehend anerkannt[68]. Wenn man den Darlegungen folgt, wonach der Sinn der Unterscheidung von abhängiger und selbständiger Aufsicht nur dann erfaßt wird, wenn den inhaltlich bestimmten, gleich ob in einem einfachen Gesetz oder in der Verfassung enthaltenen Normen die Generalnorm der Bundestreuepflicht entgegengestellt wird[69], so ist es nicht zweifelhaft, daß mit diesem Ausschluß nur die Beachtung der letzteren Pflicht der Aufsicht des Art. 84 GG entzogen worden ist, damit zugleich allerdings der Aufsicht außerhalb der nur in außerordentlichen Fällen anwendbaren Bundeszwangskompetenz überhaupt[70].

IV. Sinn des Ausschlusses der selbständigen Aufsicht

Es liegt nahe, den Ausschluß der selbständigen Aufsicht darauf zurückzuführen, daß der Verfassungsgesetzgeber dem Bund jene in der selbständigen Aufsicht begründeten Einwirkungsmöglichkeiten in den Landesstaatsbereich[71] nicht gewähren wollte.

Bullinger hat die Auffassung vertreten, der Grundgesetzgeber habe überhaupt nur die in der selbständigen Aufsicht enthaltene Möglichkeit, Zweckmäßigkeitserwägungen zur Geltung zu bringen, treffen, im übrigen aber die Aufsicht über die Beachtung der Bundestreuepflicht nicht ausschließen wollen[72]. Zu Unrecht! Die überlieferte Begriffsbestimmung von abhängiger und selbständiger Aufsicht läßt sich keineswegs in den Gegensatz von Rechts- und Zweckmäßigkeitsaufsicht pressen[73]. Zweckmäßigkeitsaufsicht im eigentlichen Sinn war die selbstän-

---

[68] Vgl. Nachweis bei *Frowein*, S. 30, Fußnote 1; außerdem *v. Mangoldt*, Komm. Art. 84, 4, S. 455; *Jerusalem*, Zentralismus, S. 48; *Krüger*, Gutachten, S. 1073; *Spieß*, S. 9, 28; *Haas*, S. 15 f., aber ohne Einsicht in die Problematik; *Hertl*, S. 89 ff.

[69] Deutlich erkannt von *Spieß*, S. 9, Fußnote 22 (der aber übersieht, daß deshalb die Begrenzung auf den Bereich der Gesetzgebungskompetenz des Reiches in Wahrheit fortgefallen war, S. 29 f.).

[70] Die weitgehenden Unklarheiten über das Wesen der selbständigen Aufsicht haben dazu geführt, daß von vielen zwar der Ausschluß der selbständigen Aufsicht anerkannt, die Beachtung der Bundestreuepflicht aber gleichwohl der Aufsicht unterworfen wird. Vgl. *v. Mangoldt*, Komm. Art. 84, 4, S. 455 f.; *Schneider*, Gutachten, S. 1028 f.; *Bullinger*, AöR 83, 1958, S. 295 ff. (303); 305; *Bayer*, S. 92 ff.; *Wessel*, DV 1949, S. 328. Vgl. auch *Schröcker*, DVBl. 1954, S. 488; s. auch die Äußerungen des *Abg. Dr. Menzel*, Sten. Ber. HA, S. 433. Verläßliche Schlüsse lassen sich aus den Materialien nicht gewinnen, wenn man nicht den Fehler begehen will, die eine oder andere Äußerung der Abg. als Willen des Gesetzgebers auszugeben.

[71] Vgl. oben S. 37 ff., auch S. 27 ff.

[72] *Bullinger*, AöR 83, 1958, S. 295 ff. Auch *Schäfer*, AöR 78, 1952/53, S. 14, scheint auf diesen Gegensatz abzustellen.

[73] Dagegen auch *Anschütz*, HdbDStR I, S. 368 f. u. Komm. Art. 15, 1b, Fußnote 1, S. 114, freilich ohne Klarheit zu schaffen, wie die Verbindung von Rechts- und Zweckmäßigkeitsaufsicht zustande kam. Vgl. dazu oben S. 38 f.

dige Aufsicht nie[74]. Soweit aber in der ausfüllungsbedürftigen Norm, die Interessen des Reiches zu beachten, die Möglichkeit enthalten ist, die Einzelstaaten an die wechselnden, gesetzlich nicht manifestierten politischen Entscheidungen des Bundes zu binden, ist unter dem Grundgesetz diese Möglichkeit in Anbetracht der umfassenden Verfassungsgerichtsbarkeit in föderalen Streitigkeiten ohnehin enger begrenzt. Denn justiziabel sind nur von vornherein inhaltlich begrenzte Normen. Die Frage ist lediglich, ob diese Grenzen enger oder weiter zu stecken sind; eine Entscheidung, die je nach der mehr oder weniger betont föderalen Struktur verschieden ausfallen kann[75].

Auf der anderen Seite aber können, soweit die Bundestreuepflicht reicht, auch gegenwärtig Zweckmäßigkeitserwägungen in dem Sinn mit ihr verknüpft sein, daß der Bund für die Länder bindend entscheidet, was seine Interessen verlangen. Denn auch unter dem Grundgesetz besteht die Bundestreuepflicht, sich mit den fundamentalen Grundsätzen der vom Bund getroffenen politischen Entscheidungen nicht in Widerspruch zu setzen[76].

Ein Beispiel mag das verdeutlichen:

Es ist eine Verletzung der Bundestreuepflicht, wenn eine Landesregierung nicht gegen politisch aktive Emigranten nach Maßgabe der Ausl.Pol.Vo. vom 22. 8. 1938 (RGBl. I S. 1053) vorgeht, obwohl sie die Außenpolitik der Bundesregierung erheblich stören[77]. Ob sie aber die Politik der Bundesregierung erheblich stören, richtet sich nach ihren außenpolitischen Beziehungen. So kann ihr die Betätigung der Emigrantengruppe eines Landes genehm und die gleiche Betätigung der eines anderen Landes nicht genehm sein. Insoweit ist das Land an die Feststellung seitens des Bundes gebunden; selbst das Bundesverfassungsgericht kann die Feststellung des Bundes zwar überprüfen, müßte sie aber insoweit, als es sich darum handelt, welchem Staat gegenüber der Bund sich mehr oder weniger freundlich verhalten will, seiner Entscheidung zugrunde legen.

Die Frage, inwieweit die Länder an die politischen Entscheidungen gebunden sind, ist demnach neben einer Verfassungsgerichtsbarkeit

---

[74] Vgl. oben S. 38.

[75] Das BVerfG hat erklärt, es sei bei der Prüfung, ob ein Land sich bundestreuewidrig verhalten habe, auf die Kontrolle der äußersten Grenzen beschränkt, BVerfGE 4/115 ff. (140); ebenso BVerfGE 6/309 (361); es hat damit genau genommen die Bundestreuepflicht als Rechtspflicht insoweit eingeengt.

[76] Vgl. BVerfGE 4/115 ff. (140) = DVBl. 1955, S. 50 ff. (56). Das BVerfG hat zutreffend festgestellt, daß diese Pflicht insbesondere soweit, als es die auswärtigen Beziehungen des Bundes betrifft, besonders ernst zu nehmen ist, BVerfGE 6, 309 (362). Zur Kritik an der Entscheidung vgl. die Literaturangabe bei Kaiser, Z. f. ausl. ö. R. u. VR, 18, 1957/58, S. 526, Fußnote 3.

[77] Gegenüber etwaigen Bedenken aus Art. 5 GG vgl. Ridder, S. 269, der zutreffend Nicht-Deutschen (i. S. des Art. 116 Abs. 1 GG) das Grundrecht der Teilnahme am Prozeß der politischen Willensbildung nicht zugesteht.

ganz unabhängig von der Frage, ob eine selbständige Aufsicht als eine den politischen Organen verliehene Kompetenz besteht oder nicht. Dieses Argument vermag danach den Sinn des Ausschlusses der selbständigen Aufsicht nicht zu erklären.

In Wahrheit kommt dem Ausschluß der selbständigen Aufsicht eine ganz andere Bedeutung zu: Interessen des Bundes können auch dort berührt werden, wo der Bund sein Gesetzgebungsrecht bislang noch nicht ausgeübt hat oder ihm ein Gesetzgebungsrecht nicht zusteht. Diese Möglichkeit ist um so größer, je umfangreicher die Gesetzgebungszuständigkeit des Bundes ist. Die selbständige Aufsicht hätte mithin als Titel dienen können, jeglichen Vorgang im Bereich der Länderhoheit einer Kontrolle zu unterwerfen. Zwar wäre auch in diesen Fällen Maßstab der Aufsicht Bundesrecht gewesen. Aber nicht auf den Maßstab, sondern auf das Objekt der Aufsicht kommt es in diesem Zusammenhang an. Zum Objekt der Aufsicht aber hätte prinzipiell jedes Verhalten des Landes gemacht werden können. Die Befürchtung, das Land werde sich nicht bundesfreundlich verhalten, wäre ein kaum jemals versagender Titel gewesen[78].

Wenn also das Grundgesetz die selbständige Aufsicht auch insoweit ausgeschlossen hat, als sie als eine, wenn auch gegenüber der RV v. 1871 dezimierte, Rechtsaufsicht hätte weiter bestehen können, so enspricht das der starken Betonung ihres föderalen Charakters. Es ist ein notwendiger Schritt zu dem, wie noch zu zeigen sein wird, auch sonst verfolgten Ziel, die Aufsichtskompetenz einzuschränken und den Ländern einen autonomen, von der regulären, d. h. außerhalb der außerordentlichen Bundeszwangskompetenz bestehenden, Aufsicht freien Raum zu sichern.

Die Beachtung dieser bedeutenden verfassungsrechtlichen Pflicht ist deshalb nicht ungesichert. Es ist bereits darauf hingewiesen, daß dem Bund in jedem Fall der direkte Weg vor das Bundesverfassungsgericht offensteht[79]; äußerstenfalls kann er zum Bundeszwang greifen[80].

Anderes und mehr kann aus dem Wegfall der selbständigen Aufsicht nicht hergeleitet werden. Insbesondere ist es nicht richtig, daraus die Beschränkung der Aufsicht auf die verwaltungsmäßige Ausführung

---

[78] Vgl. *Herrfahrdt*, BK Art. 84, II, 1; *Hertl*, S. 92; eine unrichtige Akzentverschiebung bedeutet es aber, wenn *Hertl*, S. 89 ff., entscheidend auf den Gegensatz von geschriebenen und ungeschriebenen Pflichten abstellt; ähnlich unscharf auch *Maunz*, Staatsrecht, S. 206.

[79] Vgl. auch *Scheuner*, Erfolge und Schwächen, Schweizer Monatshefte, 39, 1959, S. 725; *Maunz*, DÖV 1959, S. 1.

[80] Auf diese beiden Wege weist auch *Mosler*, Z. f. ausl. ö. R. u. VR 16, 1955/ 1956, S. 33 hin; vgl. auch *Scheuner*, Gutachten, Konkordatsprozeß, S. 710.

herzuleiten[81]. Zu keiner Zeit sind die Begriffe abhängige und selbständige Aufsicht im Sinne eines Gegensatzes von Aufsicht über Verwaltung und Gesetzgebung verstanden worden. Richtigerweise ist die Frage vielmehr die, ob nicht der Grundgesetzgeber neben dem Wegfall der selbständigen Aufsicht auch die abhängige Aufsicht noch weiter eingeengt hat. Das gilt insbesondere im Hinblick auf die Frage, ob die Beachtung der übrigen Normen des Grundgesetzes der Aufsicht unterliegt. Diese Untersuchung erfolgt zunächst im Rahmen der Erörterung der Aufsicht über die Verwaltung (§ 4). Zu berücksichtigen ist dabei auch jene exekutive Tätigkeit, die zum Bereich der Regierung gerechnet werden muß.

Die weitere Frage, ob das Grundgesetz eine Aufsicht auch über den Landesgesetzgeber kennt, ist davon zu unterscheiden. Sie wirft jedenfalls dann, wenn man die Möglichkeit offenläßt, daß das Grundgesetz selbst in mancher seiner Vorschriften als Bundesgesetz i. S. des Art. 84 Abs. 3 und 4 anzusehen ist, durchaus eigene Fragen auf und macht besondere Überlegungen notwendig (§ 5).

V. Zusammenfassung

Die begriffliche Unklarheit der Unterscheidung von abhängiger und selbständiger Aufsicht ist zu einem großen Teil auf die doppelte, in ihren logischen Konsequenzen inkongruente Begriffsbestimmung bei Triepel zurückzuführen. Zweckmäßigerweise sollte die anfängliche Begriffsbestimmung, wonach es darauf ankommt, ob der Bund von dem Gesetzgebungsrecht bereits Gebrauch gemacht hat oder nicht, fallengelassen werden. Der entscheidende Unterschied ist im Maßstab zu sehen: inhaltlich bestimmte, auf die Regelung eines umgrenzten Sachverhalts gerichtete Pflichten auf der einen, das allgemeine bündische Prinzip, der Bundestreuepflicht Rechnung zu tragen, auf der anderen Seite.

Das Grundgesetz bringt in Art. 84 zum Ausdruck, daß es eine selbständige Aufsicht nicht kennt. Es verfolgt damit den Zweck, den Ländern einen eigenen Wirkungsbereich zu schaffen, der von einer Einwirkungsmöglichkeit der den politischen Organen des Bundes übertragenen Aufsichtskompetenz frei ist.

Art. 37 GG durchbricht den Ausschluß der selbständigen Aufsicht für die Fälle, in denen eine konkrete sichtbare Bestandsgefahr für die bundesstaatliche Ordnung insgesamt oder ihrer wesentlichen Grundlagen vorliegt. In diesem Sinne ist Art. 37 GG Grundlage der Verfassungsaufsicht Heckelscher Prägung, die jedoch von der selbständigen Aufsicht sorgsam zu unterscheiden ist.

---

[81] So *BVerfGE* 6, S. 309, 329 Ziff. 10; *BVerfGE* 8, S. 122, 131, Urt. v. 30 Juli 1958.

Mit dem Ausschluß der selbständigen Aufsicht ist nur die Aufsicht
über die Beachtung der Bundestreuepflicht ausgeschlossen, soweit sie
als selbständiger Pflichtgrund anzusehen ist. In einem solchen Fall
bleibt dem Bund der direkte Weg an das Bundesverfassungsgericht. Im
übrigen ist zu fragen, ob nicht aus anderen Gründen auch die abhängige Aufsicht noch weiter eingeengt worden ist.

§ 4: Umfang und Maßstab der Aufsicht des Bundes
über die Verwaltung der Länder

Die Verwaltungskompetenz der Länder greift weit in den Bereich
hinein, in dem dem Bund die ausschließliche oder konkurrierende Gesetzgebung zusteht. Auch unter dem Grundgesetz ist die Verwaltungstätigkeit der Länder deshalb die Domäne der Aufsichtskompetenz des
Bundes. Im einzelnen ist allerdings sehr zweifelhaft, wie weit das Aufsichtsrecht reicht.

Art. 84 Abs. 3 S. 1 GG, die Grundlage der Bundesaufsichtskompetenz,
räumt dem Bund nur ein Aufsichtsrecht darüber ein, daß die Länder
die Bundesgesetze dem geltenden Recht gemäß ausführen. Die Kern-
frage lautet demnach: Was ist unter „Bundesgesetz" i. S. dieser Vorschrift zu verstehen? Genauer wird man fragen müssen: Welche Bundesgesetze werden i. S. dieser Vorschrift ausgeführt[1]? Denn wenn überhaupt, dann soll gerade in diesem Merkmal das einschränkende Kriterium liegen.

I. Die überwiegende Ansicht in der Literatur

Ausgeführt im Sinne des Art. 84 Abs. 3 S. 1 GG wird nach der in der
Literatur ganz überwiegend vertretenen Ansicht jede Bundesnorm, die
als Maßstab für die Verwaltung überhaupt in Frage kommt. Bundesgesetze im Sinne dieser Vorschrift sind danach nicht nur die vom Bundesgesetzgeber erlassenen einfachen Bundesgesetze sowie die Rechtsverordnungen, sondern ebenso generell die Normen des Grundgesetzes
selbst[2].

---

[1] Die von *Triepel*, Reichsaufsicht, S. 371 ff., insbesondere S. 378 ff., geprägte
und in der Literatur übernommene Unterscheidung von Handhaben und Erfüllen der Reichs-(Bundes-)Gesetze wird für den Maßstab praktisch nicht rele-
vant. Auch bei der Handhabung von Gesetzen ist Maßstab das Gesetz selbst.
Nur so läßt sich beurteilen, ob die allgemeine verfassungsrechtliche Pflicht
zur richtigen Ausführung verletzt ist. Treffend jetzt *Frowein*, S. 21, Fußn. 23.

[2] Vgl. *Schneider*, Gutachten, S. 1026 ff.; *Wessel*, DV 1949, S. 328; *Bayer*,
S. 97; *Graubaum*, S. 96; *Ahlert*, S. 42 f.; *Krause*, S. 65 ff.; *Werr*, S. 84 f.; *Haas*,
S. 15.

Die Konsequenz dieser Ansicht ist, daß die gesamte Verwaltung des Landes der Aufsicht insoweit unterworfen wäre, als Bundesnormen für das Verwaltungshandeln Bedeutung erlangen oder auch nur erlangen können. Ohne Bedeutung wäre es danach, ob die Maßnahme ihre unmittelbare Rechtsgrundlage im Bundes- oder im Landesrecht findet. So wäre beispielsweise die gesamte Landesverwaltung der Aufsicht darüber unterworfen, daß sie die Grundrechte beachtet. Denn ausgeführt würden nach dieser Begriffsbestimmung insoweit auch die Grundrechte.

Im gleichen Maße wäre außer der Verwaltung jene exekutive Tätigkeit der Länder, die zum Bereich der Regierung gerechnet werden muß, der Bundesaufsicht nach Art. 84 Abs. 3 GG unterworfen[3].

II. Kritische Stellungnahme

1. Wortinterpretation

Geht man zunächst von einer Wortinterpretation des Begriffs „Ausführen" aus, so kann es sich bei den Gesetzen, die ausgeführt werden, nur um solche handeln, die ein bestimmtes Tun des Landes zur Verwirklichung fordern und damit ausführungsbedürftig und ausführungsfähig sind. Ausgeführt werden sie dann und nur insoweit, als das Verwaltungshandeln darauf abzielt, diesen erstrebten Erfolg zu realisieren. Genauer wird man sagen müssen: ausgeführt werden Gesetze insoweit, als sie als unmittelbare Rechtsgrundlage des Verwaltungshandelns dienen. Wo die fragliche Norm nicht als Rechtsgrundlage des konkreten Verwaltungshandelns, sondern lediglich als begrenzender Auslegungsmaßstab in Frage kommt, kann man lediglich davon sprechen, daß sie beachtet, nicht aber, daß sie ausgeführt wird[4].

Dieser Sprachgebrauch liegt etwa der herkömmlichen Unterscheidung in „gesetzesausführende" und „schöpferische" Verwaltung[5] zugrunde. Auch dort, wo die Verwaltung aus eigener Initiative selbst schöpferisch tätig wird, ist sie nicht frei von gesetzlichen Bindungen, aber sie führt keine Gesetze aus, ist nicht Werkzeug legislativer Gestaltung, sondern beachtet sie lediglich als Schranke und Auslegungsmaßstab bei ihrer eigengestaltenden Tätigkeit.

Prinzipiell gleichgültig für die Frage, ob es sich um die „Ausführung" einer Norm oder nur um ihre „Beachtung" handelt, ist, ob sie in einem einfachen Bundesgesetz oder im Grundgesetz selbst enthalten ist. So-

---

[3] Gegen diese weite Auslegung vor allem *Herrfahrdt*, BK, Art. 84, 1; neuerdings entschieden *Maunz* in Maunz-Dürig, Komm. Art. 83, Rdnr. 22 ff., *ders.*, bereits zuvor in Staatsrecht, S. 206; *Frowein*, S. 35 ff.

[4] Vgl. *BVerfGE* 6, S. 309 ff. (329).

[5] Vgl. *Laforet*, DÖV 1949, S. 221.

fern eine Norm des Grundgesetzes als unmittelbare Rechtsgrundlage
des Verwaltungshandelns in Frage kommt, wird auch sie in diesem
Sinne ausgeführt. Ebensowenig ist es von Bedeutung, ob das Gesetz sich
lediglich an das Land wendet oder Außenwirkung gegenüber dem Bürger äußert[6].

2. Historisch vergleichende Interpretation

Die juristische Begriffsbildung ist an die gewöhnliche Bedeutung des
Begriffes nicht gebunden, die dargelegte Lehre mit einer nur philologischen Interpretation mithin noch nicht widerlegt.

Eine historisch vergleichende Interpretation scheint denen Recht zu
geben, die als „Ausführen eines Bundesgesetzes" auch die bloße Beachtung einer Verfassungsnorm ansehen. Sowohl Art. 7 Ziff. 3 der RV v.
1871 als auch Art. 15 Abs. 3 S. 1 WRV wurden in diesem Sinne verstanden[7]. Zwar sah man in ihnen nur die abhängige Aufsicht geregelt; das
beeinträchtigte die Lehre jedoch nicht, da nach ganz überwiegender
Lehre die Aufsicht über die Beachtung der Verfassungsnormen von
der abhängigen Aufsicht erfaßt wurde — mit Ausnahme der allgemeinen Pflicht, die Interessen des Reiches zu beachten. Verfassungsgeschichtlich gesehen ist es danach auch keineswegs zutreffend, daß jene
Aufsicht, die aus der vor allem dem deutschen Bundesstaat eigentümlichen Inkongruenz von Gesetzgebungs- und Verwaltungskompetenz
auf seiten des Bundes resultiert, von der sonstigen Aufsicht getrennt
worden wäre — jedenfalls nicht nach der völlig unbestrittenen Auffassung ihrer damaligen Interpreten[8].

3. Die Unterscheidung von Gesetz und Recht

Die Frage ist jedoch, ob nicht die gegenüber Art. 7 Ziff. 3 RV v. 1871
und Art. 15 Abs. 3 WRV gleichwohl veränderte Fassung des Art. 84
Abs. 3 GG die Berufung auf die historische Kontinuität verbietet.

Art. 84 Abs. 3 S. 1 GG zwingt in der Gegenüberstellung von Gesetz und
Recht dazu, scharf zwischen dem Gegenstand und dem Maßstab der
Aufsicht zu unterscheiden. Das Grundgesetz umschreibt den Gegenstand und damit den Umfang der Aufsichtskompetenz dadurch, daß es
die Aufsicht nur auf die Ausführung von Bundesgesetzen erstreckt,

---

[6] Anders *Maunz*, in Maunz-Dürig, Komm. Art. 83, Rdnr. 25.

[7] Vgl. für die RV v. 1871 oben S. 40, Fußnote 41, 42. — Bedenken bestanden wegen des gleichen Begriffs in Art. 7, Ziff. 2, vgl. *Rosenberg*, Reichseisenbahnen, S. 14 f., auch wegen Art. 36 Abs. 3 RV v. 1871. — Vgl. für die WRV
oben S. 40, Fußnote 43, sowie S. 33 f.

[8] Vgl. für viele *Smend*, DJZ 1913, Sp. 1349 und oben S. 40 f.

während es als offenbar umfassenderen Maßstab das geltende Recht bezeichnet[9].

Die logische Prämisse dieser Unterscheidung ist, daß es neben dem ausgeführten Gesetz Bundesnormen geben muß, die zwar zu beachten sind, die aber damit ihrerseits noch keine Aufsichtskompetenz begründen. Denn wenn jede Bundesnorm auch insoweit, als sie im dargelegten Sinn nur zu beachten ist, zugleich selbst im Sinne dieser Vorschrift ausgeführt würde, dann unterläge ihre Beachtung schon für sich allein genommen der Aufsicht, und es wäre nicht nötig, sie bei der Ausführung eines anderen Gesetzes durch einen ausdrücklichen Hinweis (Recht) eigens heranzuziehen. Bei einer Auslegung, die als Ausführen eines Bundesgesetzes die Beachtung jeglichen Bundesrechts ansieht, würde demnach die mit Bedacht gewählte Formulierung des Grundgesetzes sinnlos. Der Verfassungsgesetzgeber hätte dann richtiger formuliert: Die Bundesregierung übt die Aufsicht darüber aus, daß die Länder das geltende Bundesrecht beachten.

4. Die Bedeutung des Art. 84 Abs. 5 GG
für die vorliegende Frage

Art. 84 Abs. 5 GG verwendet den fraglichen Begriff ebenfalls. Die Entstehungsgeschichte des Art. 84 Abs. 5 GG zeigt ebenso wie die ihm immanente Logik, daß der Grundgesetzgeber jenen engeren Begriff der Aufführung von Bundesgesetzen gemeint hat. Art. 84 Abs. 5 GG muß deshalb insoweit bereits hier herangezogen werden[10].

Die auf Vorschlag des Abg. Dr. *Strauß* vom Zuständigkeitsausschuß in seiner 20. Sitzung vom 2. 12. 1948 als Art. 114 a beschlossene und vom Hauptausschuß in der 16. Sitzung vom 13. Dezember 1948 übernommene erste Fassung verfolgte den Zweck, der Bundesregierung in Krisenzeiten gerade dann eine Eingriffsmöglichkeit zu verschaffen, wenn noch kein vom Bundesgesetzgeber erlassenes Gesetz vorhanden war[11]. Konsequenterweise war demnach von einem Weisungsrecht „zur Ausführung von Bundesgesetzen" nicht die Rede; vielmehr war alleinige Voraussetzung, daß dem Bund das Recht der Gesetzgebung auf dem fraglichen Gebiet zustand. In der zweiten Lesung des Hauptausschusses lag eine Fassung des Redaktionsausschusses — als Art. 114 — vor, wonach

---

[9] Der konkrete Anlaß dieser auf einen Vorschlag des *Abg. Dr. v. Mangoldt* zurückgehenden Formulierung (Sten. Ber. HA, S. 435) war der Einbezug der allgemeinen Verwaltungsvorschriften des Art. 84 Abs. 2 GG als Maßstab der Aufsicht, vgl. *Sten. Ber. HA, S. 432 ff.*; es sollten damit aber zugleich „sämtliche Rechtsnormen, die der Bund zu dieser Materie ... erlassen konnte und erlassen hat" einbezogen werden, *Abg. Dr. Schmidt*, ebd., S. 433.

[10] Vgl. im übrigen unten S. 93 ff.

[11] Vgl. *Füßlein*, JöR, NF 1, 1951, S. 630; *Sten. Ber. HA*, S. 194.

die Möglichkeit, Einzelweisungen an die Länder zu richten, eingeschränkt war. Sie sollte nur „zur Ausführung von Bundesgesetzen" erteilt werden dürfen[12]. Der Unterschied gegenüber der ersten Fassung
liegt auf der Hand. Während mit der ersten Fassung ein selbständiges
Weisungsrecht begründet werden sollte, um Krisen — etwa im Bereich
der Gesundheitspolizei — begegnen zu können, wurde mit dem Weisungsrecht dieser Fassung nach ein ganz anderer Zweck verfolgt: die
Effektivität der Ausführung der legislativen Anordnungen sicherzustellen[13]. Es konnte daher nur ausgeübt werden, um ein bereits auf
eine bundesgesetzliche Norm gestütztes Verwaltungshandeln zu diri-
gieren und nur, soweit dazu die Norm die Möglichkeit bot. Die in der
zweiten Lesung endgültig angenommene Fassung sah dagegen die Begrenzung auf die „Ausführung der Bundesgesetze" nicht vor, ebensowenig die in dritter Lesung angenommene Fassung[14]. In der vierten
Lesung des HA erhielt die Vorschrift auf Antrag des Abg. Dr. *Zinn* den
jetzigen Inhalt des Art. 84 Abs. 5 GG, wonach also die Befugnis nur
„zur Ausführung von Bundesgesetzen" verliehen werden darf[15].

Diese wechselnde Fassung macht deutlich, daß der Verfassungsgesetzgeber sehr genau unterschied zwischen Weisungen „zur Ausführung
von Bundesgesetzen" und solchen, die nicht lediglich dazu dienen sollten, eine bereits vorhandene ausführungsfähige und ausführungsbedürftige Bundesnorm auf den Einzelfall anzuwenden. Soweit in den
Beratungen Wert darauf gelegt wurde, daß sie auch ohne Vorliegen
eines die Materie bereits regelnden Bundesgesetzes ergehen sollten,
wurde diese Begrenzung konsequenterweise weggelassen.

Selbst wenn man die unterschiedlichen Vorstellungen, die in den verschiedenen Fassungen zum Ausdruck kamen, außer acht lassen, ja im
Gegenteil die wechselnden Fassungen als Beweis dafür ansehen wollte,
daß der Verfassungsgesetzgeber einen unterschiedlichen Sinn mit ihnen
nicht verbunden habe, so würde doch die notwendige Begrenzung der
Befugnis zum Erlaß von Einzelweisungen dazu zwingen, unter den
Bundesgesetzen im Sinne dieses Begriffes nur solche zu verstehen, die
als unmittelbare Rechtsgrundlage einer fraglichen Landesmaßnahme
dienen:

Das Gesetz, das die Bundesregierung zu Einzelweisungen ermächtigt,
hat keine andere Aufgabe, als die Entscheidungsbefugnis über die Ausführung des fraglichen Bundesgesetzes im Innenverhältnis zwischen

---

[12] *Füsslein*, JöR, NF 1, 1951, S. 632; *Sten. Ber. HA*, S. 436—441, 445; in
die gleiche Richtung zielte der Vorschlag des *Abg. Dr. Greve*, Sten. Ber. HA,
S. 441.
[13] Vgl. *Füsslein*, JöR, NF 1, 1951, S. 632.
[14] Vgl. *Sten. Ber. HA*, S. 593, 661.
[15] S. *Sten. Ber. HA*, S. 756.

Bund und Land ausnahmsweise vom Land auf den Bund zu übertragen. Rechtsgrundlage des Verwaltungshandelns bleibt nach außen hin immer das Gesetz, zu dessen Ausführung die Einzelweisung ergeht. Da aber der Bund in gar keinem Fall die Entscheidungsbefugnis aus Landesnormen für sich in Anspruch nehmen kann, muß in jedem Fall, in dem er von einem Weisungsrecht Gebrauch macht, das Bundesgesetz, zu dessen Ausführung die Weisungen ergehen, die unmittelbare Rechtsgrundlage für das angewiesene Handeln abgeben. Nur solche Gesetze sind danach „auszuführen". Würde man die Befugnis zu Einzelweisungen auch auf den Gebrauch von Landesnormen erstrecken, so würde sie damit einen ganz unbeabsichtigten und unzulässigen Grad der Allgemeinheit erreichen.

Jedenfalls im Sinne des Art. 84 Abs. 5 GG können demnach nur solche Maßnahmen als „Ausführung von Bundesgesetzen" angesehen werden, die darauf zielen, ausführungsfähige und ausführungsbedürftige Bundesnormen zur Geltung zu bringen; ausgeführt werden mithin nur solche Normen, die unmittelbar als Rechtsgrundlage des fraglichen Handelns anzusehen sind. Nichts spricht aber dafür, daß der Begriff „Ausführung von Bundesgesetzen" in Abs. 5 des Art. 84 GG anders zu verstehen ist als in Abs. 3 desselben Artikels.

5. Ausführen als eigene Angelegenheit und im Auftrag des Bundes

Die Annahme, daß nur solches Verwaltungshandeln als Ausführung eines Bundesgesetzes zu verstehen ist, das seine unmittelbare Rechtsgrundlage in einem Bundesgesetz findet, wird weiter dadurch erhärtet, daß der VIII. Abschnitt des Grundgesetzes, soweit die Bundesgesetze durch die Länder ausgeführt werden, beherrscht wird von der Unterscheidung zwischen der Ausführung als eigener Angelegenheit und der Ausführung im Auftrage des Bundes. Eine dieser beiden Formen ist gemeint, wenn das Grundgesetz von einem Ausführen der Bundesgesetze durch die Länder spricht[16]. Auch die Regelung über die Bundesaufsicht ist in diesen Gegensatz einbezogen[17]. Die Unterscheidung von Ausführen als eigener Angelegenheit und im Auftrag des Bundes hat aber offensichtlich solche Gesetze im Auge, auf deren Ausführung die Tätigkeit der Verwaltung primär zielt. Sofern man es allein auf den Begriff des „Ausführens" abstellt, ließe es sich noch als eine spezifisch juristische Begriffsbildung vertreten, als „Ausführen" i. S. des

---

[16] Vgl. *Abg. Dr. Laforet,* Sten. Ber. HA, S. 432.

[17] Das wurde ausdrücklich betont in dem Vorschlag des Redaktionsausschusses in der 16. Sitzung des HA vom 13. Dezember 1948: *Füsslein,* JöR, NF 1, 1951, S. 631; *Sten. Ber. HA,* S. 193; vgl. auch *BVerfGE* 6/309 (329), *BVerfGE* 8/122 ff. (131).

Art. 84 Abs. 3 GG auch die Beachtung der Normen des Grundgesetzes, insbesondere der Grundrechte, zu verstehen. Die Merkmale der „Ausführung als eigene Angelegenheit" oder „im Auftrage des Bundes" verlieren aber ihren Sinn, wenn sie auf solche Normen angewendet werden, die bei einer auf die Ausführung anderer Normen gerichteten Tätigkeit nur beachtet werden. Es hat keinen Sinn, ja ist geradezu falsch, zu sagen, die Verwaltung führe, wenn sie bei der Ausführung landeseigener Gesetze die Grundrechte beachtet, diese als eigene Angelegenheit aus.

Auch an diesen Merkmalen erweist sich demnach deutlich, daß die Beachtung der Normen des Grundgesetzes, insbesondere der Grundrechte, soweit sie nur als Auslegungsnormen bei einem primär auf eine anderweitige gesetzliche Ausführung gezielten und rechtlich gestützten Verwaltungshandeln in Frage kommen, nicht selbst als „Ausführung von Bundesgesetzen" im Sinne des Art. 84 Abs. 3 GG zu verstehen ist.

III. Bundesaufsicht und autonomer Bereich

Bei der Erörterung der Frage, welchen Umfang der Aufsichtskompetenz beizumessen ist, hat seit je der Anspruch der Einzelstaaten auf einen sog. „autonomen Wirkungsbereich" eine Rolle gespielt. Dabei soll — bis zu einer genaueren Klärung — als autonomer Wirkungsbereich jener Bereich verstanden werden, in dem dem Bund entweder überhaupt keine Gesetzgebungskompetenz zusteht oder aber eine konkurrierende, von der er aber noch keinen Gebrauch gemacht hat. Welche Bedeutung einer Aufsicht über die Beachtung des Grundgesetzes in seinen einzelnen Bestimmungen in diesem Zusammenhang beizumessen ist, soll am Beispiel der Grundrechte erörtert werden, da sie zuvörderst und ganz überwiegend als solche Normen anzusehen sind, die nur zu beachten, nicht aber auszuführen sind.

Im gesetzesausführenden Bereich der Verwaltung erlangen die Grundrechte Bedeutung dadurch, daß die mit der Ausführung verbundene Interpretation des auszuführenden Gesetzes von den Grundrechten beeinflußt wird. Die Bindung der Verwaltung an die Grundrechte bedeutet hier aber endlich zugleich eine Bindung an das — richtig verstandene — Gesetz. Auch dort, wo die Grundrechte nicht eine lediglich interpretative Bedeutung erlangen, wie etwa der Gleichheitssatz für die Ermessensausübung, ist ihre Bedeutung eng mit der gesetzlichen Regelung verknüpft. Soweit demnach die Tätigkeit der Landesverwaltung darauf gerichtet ist, ein Gesetz in jenem spezifischen Sinne „auszuführen", stellt eine Aufsicht über die Beachtung der Grundrechte streng genommen zugleich eine Aufsicht der zutreffenden Ausführung des Gesetzes selbst dar.

Diese Aufsicht über die Beachtung der Grundrechte ist gänzlich unproblematisch, sofern es sich um die im engeren Sinn des Begriffs verstandene Ausführung von Bundesgesetzen handelt, ja mit der Aufsicht über die Ausführung der Bundesgesetze selbst muß die Aufsicht über die damit inhaltlich zusammenhängenden anderen Bundesnormen notwendig verbunden sein, gleich welcher Art diese Normen sind. Der Inhalt des ausgeführten Gesetzes läßt sich ohne Beachtung der interpretativen Wirkung der die gleiche Materie berührenden Normen nicht feststellen.

Problematisch wird die Aufsicht über die Beachtung der Grundrechte erst dort, wo die Tätigkeit der Landesverwaltung primär darauf gerichtet ist, landeseigene Gesetze auszuführen. In diesen Fällen müßte eine Aufsicht über die Beachtung der Grundrechte dazu führen, unmittelbar die richtige Ausführung der Landesgesetze zu kontrollieren. Denn auch insoweit gilt, daß erst die unrichtige Ausführung eines (verfassungsmäßigen) Landesgesetzes ein Grundrecht verletzen kann.

Es ist unrichtig, demgegenüber zu betonen, daß Maßstab der Aufsicht auch in diesen Fällen ausschließlich Bundesrecht sei. Einmal wird dabei übersehen, daß für den Umfang der Aufsichtskompetenz der Gegenstand und nicht der Maßstab maßgebend ist. Gegenstand der Aufsicht wäre aber in diesen Fällen die Verwaltung bei der Ausführung landeseigener Gesetze, ja selbst bei der Betätigung in dem ihr zur eigenen gestaltenden Tätigkeit überlassenen Wirkungsbereich. Hinzukommt, daß vielfach die Frage, ob eine Grundrechtsverletzung vorliegt, sich von der anderen, ob zugleich ein Landesgesetz verletzt ist, nicht trennen läßt, die Verletzung des Landesrechts vielmehr konstitutiv ist für die Verletzung des Bundesrechts, eben der Grundrechte. Das gilt beispielsweise nicht nur für Art. 2 Abs. 1 GG, wenn man der Entscheidung des Bundesverfassungsgerichtes folgt, wonach Art. 2 Abs. 1 S. 1 GG jegliche Freiheit von jedweder unberechtigter staatlicher Beschwer garantiert[18], es gilt ebenso für Art. 3, wenn man der Auffassung folgt, wonach das Grundrecht der Gleichheit die Bindung der Verwaltung an Gesetz und Recht in sich beschließt[19], jede Rechtsverletzung mithin zugleich eine Verletzung des Gleichheitssatzes darstellen soll. Nichts anderes würde schließlich in all den Fällen gelten, in denen Landesgesetze ausgeführt werden, die Vorbehaltsgesetze zu einem Grundrecht sind.

Wie immer man aber auch die der Rechtsprechung entlehnten Beispiele beurteilen mag, daran kann kein Zweifel bestehen, daß die gesamte Landesverwaltung einer lückenlosen Aufsicht unterworfen würde, wenn der Bund mit der Aufsicht über die Beachtung der Grundrechte Ernst machte.

---

[18] *BVerfGE* 9, S. 83 ff. (88), Beschl. v. 8. Jan. 1959.
[19] Vgl. *OVG Lüneburg*, Verw. Rspr. Bd. 4, 1952, Nr. 204, S. 894 ff. (896).

Die letzte Frage, der die Auslegung des Art. 84 Abs. 3 GG durch die noch überwiegende Lehre, abgesehen von allen übrigen Bedenken, ausgesetzt ist, ist demnach, ob es im Sinne des Grundgesetzes liegt, durch einen uneingeschränkten Einbezug der Normen des Grundgesetzes in die Bundesgesetze des Art. 84 Abs. 3 GG die Landesverwaltung in dieser Weise in toto der Aufsicht zu unterwerfen.

Triepel betonte entschieden, die Aufsicht habe vor der Autonomie der Länder haltzumachen[20]. Allerdings stellte er zugleich fest, soweit auch hier bundesrechtliche Schranken beständen, könne von einem autonomen Bereich nicht die Rede sein; ihre Beachtung unterliege daher ebenfalls der Aufsicht[21]. Dieses Argument ist prinzipiell zutreffend. Unter der an inhaltlichen Bestimmungen sparsamen RV v. 1871 blieb den Einzelstaaten gleichwohl ein weiter unbeaufsichtigter Raum. Zu bedenken ist aber, daß unter einer Verfassung mit einem Grundrechtskatalog die gleiche Argumentation[22] dazu führen muß, einen von Aufsicht freien Bereich überhaupt wegfallen zu lassen[23]. Die Aufsicht über die Beachtung der Grundrechte würde die Verwaltung zumindest potentiell in jeder ihrer einzelnen Maßnahmen der Einflußnahme des Bundes aussetzen.

Wenn der Kernsatz der Triepelschen Lehre, daß ein aufsichtsfreier Raum bestehenbleiben muß, weitergelten soll, dann muß in einer an inhaltlichen Bestimmungen reichen Verfassung mit einem Grundrechtskatalog jede Aufsicht, soweit sich die Verwaltung primär auf die Ausführung von Landesgesetzen richtet oder sich im Bereich der nicht gesetzesausführenden Verwaltung bewegt, verwehrt sein. Auch unter der Flagge einer Aufsicht über die Beachtung der Grundrechte darf sie nicht geübt werden[24]. Anders als die RV v. 1871 mußte das Grundgesetz von vornherein nach diesem Ausgleich des Spannungsverhältnisses von Autonomie und Aufsicht suchen. Aus eben diesem Grunde

---

[20] *Triepel*, Reichsaufsicht, S. 359 ff.

[21] *Triepel*, Reichsaufsicht, S. 364 f. Bündiger noch hat *Zorn*, Staatsrecht I, S. 140 f., *ders.*, Hirths Annalen 1884, S. 476, mit weiteren Nachweisen, erklärt, die Totalität der Staatsaufgaben erfordere ein Oberaufsichtsrecht auch im verbliebenen autonomen Wirkungskreis.

[22] Unter der WRV *Cohn*, S. 37 ff.; *Servos*, S. 11 f.; gegenwärtig *Schneider*, Gutachten, S. 1028 f.; ebenso *Bullinger*, AöR 83, 1958, S. 304; *Frowein*, S. 44 f.

[23] Diese Konsequenzen werden aber von den Autoren übersehen, die zwar einerseits eine Aufsicht im autonomen Bereich der Länder ablehnen, aber gleichwohl eine Aufsicht über die Beachtung der Verfassungsnormen, insbes. der Grundrechte, bejahen. S. *v. Mangoldt*, Komm. Art. 84, 2, S. 453, 456; *Seifert-Geeb*, Art. 84, S. 152; *Werr*, S. 52, 79 ff., 84 f.

[24] Über die Gefährdung der Staatlichkeit der Länder bei einem Übergewicht an Aufsichtskompetenzen vgl. *Bornhak*, AöR, Bd. 26, S. 373 ff. (393 f.); wobei allerdings zwischen Aufsicht und Rechtsprechung gerade in diesem Zusammenhang hätte unterschieden werden müssen.

hat es eine reguläre allgemeine Aufsicht über die Beachtung der Verfassungsnormen, insbesondere der Grundrechte, ausgeschlossen. Es konnte das um so unbedenklicher, als der einzelne Bürger in der Verwaltungsgerichtsbarkeit einen weitgehenden Schutz findet, der Bund selbst aber in Fällen schwerer offenkundiger Mißachtung auf Grund des Art. 37 GG einzugreifen berechtigt ist.

Mehr denn zuvor kann gegenwärtig die Frage nach einem aufsichtsfreien Bereich der Länder erst auf der Grundlage der Erkenntnis gestellt werden, daß auch insoweit bundesrechtliche Schranken bestehen. — Eben deshalb unterwirft die abgewogene Fassung des Art. 84 Abs. 3 GG nur die Ausführung von Bundesgesetzen und nicht schlechthin die Beachtung jeglichen Bundesrechts der Aufsicht.

Letzten Endes dient danach der Ausschluß der Aufsicht über die Beachtung der einzelnen Vorschriften des Grundgesetzes, soweit sie nicht bei der Ausführung anderer Bundesgesetze Bedeutung erlangen oder selbst als unmittelbare Rechtsgrundlage der Verwaltungstätigkeit anzusehen sind, demselben Zweck wie der Ausschluß der selbständigen Aufsicht: nicht jede Tätigkeit einer Einflußnahme von seiten des Bundes auszusetzen.

IV. Aufsicht im Bereich der Rahmengesetzgebung

Mit dieser Begrenzung der Aufsicht ist zugleich die Antwort auf die Frage gegeben, ob eine Aufsicht auch im Bereich der Rahmengesetzgebung zulässig ist[25].

Rahmengesetze des Bundes engen den Gestaltungsspielraum des Landesgesetzgebers ein, aber sie schließen ihn nicht aus. Im Gegenteil! Sie sind darauf angelegt, erst im Zusammenhang mit einer weiteren landesgesetzlichen Regelung eine Ordnung der betreffenden Materie herbeizuführen[26].

Die Frage, ob eine Aufsicht über die Beachtung der in Rahmengesetzen enthaltenen Normen erlaubt ist, ist demnach in erster Linie eine Frage nach der Zulässigkeit der Aufsicht über den Landesgesetzgeber. Darüber ist alsbald zu handeln (§ 5).

Es ist dem Bund allerdings nicht verwehrt, in einem Rahmengesetz einzelne sofort ausführbare Bestimmungen mit unmittelbarer rechtlicher Wirkung zu treffen, sofern nur das, was den Ländern zu regeln

---

[25] Unter der WRV wurde die Frage der Aufsicht über die Grundsatzgesetzgebung viel diskutiert, vgl. *Cohn,* S. 42 f., 44 f.; *Wittmayer,* S. 235; *Burkhardt,* S. 62 f.

[26] Vgl. *BVerfGE 4,* S. 115 ff. (129); *BVerfGE 8,* S. 186 ff., (193), Beschl. v. 14. Okt. 1958.

übrigbleibt, von substantiellem Gewicht ist[27]. Auch hier gilt der oben entwickelte Grundsatz, daß eine Aufsicht nur insoweit und über solche Maßnahmen der Verwaltung ausgeübt werden darf, die ihre unmittelbare Rechtsgrundlage in den Rahmenvorschriften finden. Unzulässig ist eine Aufsicht danach über solche Maßnahmen der Landesverwaltung, die ihre unmittelbare Rechtsgrundlage im Landesrecht finden, das in Übereinstimmung mit dem von der Bundesgesetzgebung vorgezeichneten Rahmen erlassen worden ist[28].

Die gegenteilige Ansicht, die eine Aufsicht daraufhin für zulässig erachten wollte, ob die Bestimmungen der Rahmengesetze auch bei der Ausführung der in Übereinstimmung mit ihnen erlassenen Landesgesetze von der Verwaltung beachtet werden, würde auch hier dazu führen, daß zwar der Maßstab der Aufsicht Bundesrecht wäre, nämlich die Rahmenvorschriften; Gegenstand der Aufsicht würde dagegen die Verwaltung bei der Ausführung landeseigener — wenn auch unter Berücksichtigung der Bundesrahmengesetze erlassener — Gesetze sein.

V. Die Bedeutung des Art. 37 GG für eine Aufsicht über die Beachtung des Grundgesetzes

Das umfassende Recht zur Anwendung des Bundeszwanges wird vielfach als Beweis dafür angesehen, daß der Umfang der Aufsichtskompetenz in Art. 84 Abs. 3 GG ebensoweit gespannt sei.

1. Die Feststellung der Pflichtverletzung durch den Bundesrat

Es liegt nahe, diesen Schluß von dem Umfang der Bundeszwangskompetenz in Art. 37 GG auf die Bundesaufsichtskompetenz in Art. 84 GG damit zu begründen, daß auch der Bundesrat das Vorliegen einer Pflichtverletzung festgestellt haben müsse, ehe Zwangsmaßnahmen eingeleitet werden dürften. *Bullinger* ist mit diesem Argument vornehmlich der Auffassung entgegengetreten, wonach eine Aufsicht des Bundes nach Art. 84 Abs. 3 GG über die Gesetzgebung der Länder ausgeschlossen sei[29]. Der Einwand besteht jedoch gegenüber einer jeglichen im Vergleich zu Art. 37 GG einschränkenden Auslegung des Art. 84 Abs. 3 — und damit auch

---

[27] *BVerfGE 4*, S. 115 ff. (129).

[28] Die Frage, ob Landesrecht, welches das in einem Rahmengesetz in einzelnen Vorschriften enthaltene unmittelbar anwend- und ausführbare Bundesrecht wiederholt, trotz Art. 31 GG wirksam ist, möchte ich wegen des untrennbaren Sachzusammenhanges bejahen. Auf die vielfältig umstrittene Auslegung des Art. 31 GG im allgemeinen, vgl. *Maunz* in Maunz-Dürig, Art. 31, Rdnr. 14, kann hier nicht eingegangen werden.

[29] *Bullinger*, AöR 83, 1958, S. 292 f.

des Art. 84 Abs. 4 GG; er ist deshalb bereits an dieser Stelle zu erörtern.

Es wäre in der Tat eine wenig einleuchtende Regelung, würde das Grundgesetz nur in einigen wenigen Fällen eine Feststellung der tatbestandlichen Voraussetzungen für die Anwendung des Bundeszwanges durch den Bundesrat vorsehen, in anderen dagegen nicht. Denn kommt es zum Äußersten, zur Anwendung des Zwanges, wäre die Prüfung der tatbestandlichen Voraussetzungen im einen Fall so wichtig wie im anderen[30]. Aber diese Annahme ist unrichtig, sie wird durch Art. 37 GG selbst widerlegt: Art. 37 GG verlangt, daß der Bundesrat dem Bundeszwang zustimmt. Der Bundesrat wird und darf aber seine Zustimmung nicht geben, wenn er eine Pflichtverletzung verneint[31]. Gerade das Zustimmungserfordernis erlaubt es also, Bundeszwangsmaßnahmen zu ergreifen, ohne daß ein Feststellungsverfahren im Sinne des Art. 84 Abs. 4 GG hätte durchgeführt werden müssen. Bullinger ist allerdings der Meinung, die vor jeder Zustimmung zu einer Exekution notwendige Prüfung, ob eine Pflichtverletzung vorliege, sei nichts anderes als die notwendigerweise vorhergehende Entscheidung gem. Art. 84 Abs. 4 GG. Allein es ist — wie noch näher nachgewiesen wird — zwar richtig, die Zustimmung davon abhängig zu machen, daß eine Pflichtverletzung bejaht wird, aber nicht, daß diese Feststellung in dem Verfahren des Art. 84 Abs. 4 GG erfolgt. Die Notwendigkeit zu prüfen, ob eine Pflichtverletzung vorliegt, ist Bestandteil des Art. 37 GG selbst.

2. Das argumentum a maiore ad minus

Ein unüberwindbares Hindernis für eine Beschränkung der regulären Aufsicht des Bundes über die Länder scheint das aus Art. 37 GG gewonnene argumentum a maiore ad minus zu sein. Das gilt nicht nur für jene Autoren, die Art. 37 GG als Beweis für eine ebenso ausgedehnte Aufsichtskompetenz nach Art. 84 Abs. 3 GG ansehen[32], es gilt ebenso für jene, die die Kongruenz von regulärer Aufsichts- und Bundeszwangskompetenz dadurch herzustellen suchen, daß sie ein reguläres Aufsichtsrecht außerhalb einer für die Anwendung des Zwanges selbst kennzeichnenden Krisensituation als ein Minus in dem Recht zum Bundeszwang selbst enthalten sehen[33]. In welchem Sinn dieses letztere Argument gerechtfertigt ist und in welchem nicht, ist bereits dargelegt. Dar-

---

[30] Vgl. im einzelnen unten S. 127 f.

[31] Der Nachweis dieses von einem Teil der Lehre bestrittenen Rechts kann im einzelnen erst unten S. 125 ff., erbracht werden.

[32] *Schneider*, Gutachten, S. 1027; *Bullinger*, AöR 83, 1958, S. 292 f.

[33] So *Frowein*, S. 44, 50.

auf kann verwiesen werden[34]. Wie notwendig und berechtigt es ist, jegliche auf Art. 37 GG gestützte Maßnahme nur als Mittel zur Bewältigung eines „casus extremus" anzusehen, erweist sich jedoch besonders deutlich an der Aufsicht über die Verwaltung:

Wenn die Verwaltung bei der Ausführung landeseigener Gesetze oder bei der Betätigung in dem ihrer eigenen Initiative überlassenen Bereich im einzelnen Fall rechtswidrig handelt und dabei sehr häufig zugleich Grundrechte verletzt, dann wird dadurch das Bund-Länder-Verhältnis in der Regel nicht berührt. Der Bürger selbst genießt aber einen ausreichenden Schutz durch die Verwaltungsgerichtsbarkeit. Es ist also nur konsequent, wenn das Grundgesetz in solchen Fällen eine Aufsicht des Bundes im Interesse der Selbständigkeit der Länder nicht zuläßt.

Freilich können aus Grundrechtsverletzungen auch ernsthafte Störungen des Bund-Länder-Verhältnisses entstehen; die wiederkehrende ungleiche Behandlung einer bestimmten Personengruppe wie überhaupt eine prinzipielle Mißachtung eines Grundrechtes rufen das Interesse des Bundes an der Beachtung seiner Normen auf den Plan. Art. 37 GG trifft für diese Fälle Vorsorge. Allein es ist unrichtig, aus der Möglichkeit, daß in Ausnahmefällen aus einer solchen Verletzung eine ernsthafte, zum Bundeszwang berechtigende Störung eintreten kann, bereits vorbeugend eine reguläre Aufsicht außerhalb einer außerordentlichen Gefahrensituation anzuerkennen. Dazu aber verleitet das argumentum a maiore ad minus[35]. Richtig ist vielmehr zu betonen, daß das Grundgesetz außerhalb der Aufsicht über die Ausführung von Bundesgesetzen in jenem engeren Sinn eine Aufsicht unter normalen Verhältnissen nicht kennt. Nur in Fällen einer zum Bundeszwang berechtigenden außerordentlichen Gefahr für die bundesstaatliche Ordnung lassen sich Aufsichtsmaßnahmen auf Art. 37 GG stützen. Ob ein solcher Fall vorliegt oder auch nur deutlich sichtbar droht, ist zunächst der pflichtgemäßen Beurteilung der Bundesregierung überlassen. Jegliche auf Art. 37 GG gestützte Maßnahme bedarf jedoch der Zustimmung des Bundesrates, auch schwächere als der unmittelbare Zwang[36].

Auch wenn man danach dem Bund einen breiten Spielraum hinsichtlich der Entscheidung, ob Maßnahmen nach Art. 37 GG notwendig sind,

---

[34] Vgl. oben S. 42 ff.

[35] Das gilt sicher für jene Autoren, nach denen Art. 84 Abs. 3 GG wegen Art. 37 GG ausdehnend interpretiert werden soll; es ist jedoch auch die Konsequenz, wenn man Art. 37 GG selbst als Grundlage einer Aufsicht über die Beachtung der einzelnen Verfassungsnormen ansieht. Das führt dazu, „jede kleine Abweichung" von ihr der Aufsicht zu unterfen, vgl. *Frowein*, S. 69; unten S. 65.

[36] Die gegenteilige, auch von *Frowein*, S. 56 f. vertretene Auffassung fußt darauf, daß der Bundesrat bei seiner Zustimmungserklärung die tatbestandlichen Voraussetzungen ohnehin nicht zu prüfen habe, vgl. dazu unten S. 125 ff.

einräumt, steht zu erwarten, daß von dieser außerordentlichen Aufsichtskompetenz um so zurückhaltender Gebrauch gemacht wird, je deutlicher bei allen auf sie gestützten Maßnahmen ihr Charakter als ultima
ratio erkannt wird.

VI. Die Bedeutung des Art. 28 Abs. 3 GG für eine Aufsicht über die Beachtung des Grundgesetzes

Ein Einwand gegen die hier vertretene Auffassung wird aus Art. 28
Abs. 3 GG hergeleitet: der Bund habe nicht die Garantie über die Beachtung der dort genannten Verfassungsbestimmungen übernehmen
können, wenn ihm nicht zugleich die entsprechenden Aufsichtsmittel
zur Verfügung gestellt worden wären[37]. Dieser Schluß erscheint zwingend. Strittig ist in der Literatur deshalb auch nur, worauf sich die Gewährleistung des Bundes erstreckt. Die wohl überwiegende Lehre geht
davon aus, der Bund habe nicht nur die Übereinstimmung der nominellen verfassungsmäßigen Ordnung der Länder, sondern auch die der
sog. Verfassungswirklichkeit mit jenen in Art. 28 Abs. 3 GG genannten
Bestimmungen zu gewährleisten[38]. Um die damit vielfach verbundene
Folgerung, die Aufsicht erfasse die gesamte Landesverwaltung, zu
vermeiden, lehren dagegen andere, die Verfassungswirklichkeit werde
von der Garantie nicht erfaßt[39]. Die Beantwortung der Frage, ob nur
die nominelle verfassungsmäßige Ordnung oder auch die sog. Verfassungswirklichkeit gewährleistet werden soll, wird auf diese Weise davon abhängig, wie weit man dem Bund ein Aufsichtsrecht zugestehen
will.

Ein ähnliches Bild zeigten auch die Beratungen im Hauptausschuß des
Parlamentarischen Rates. Bereits dort tauchten Bedenken auf, durch
eine Gewährleistung der Verfassungswirklichkeit die damit verbundene Aufsicht zu einer Aufsicht über die gesamte Tätigkeit der Länder
ausarten zu lassen[40]. Auf Antrag des Abg. Dr. *Laforet* wurden deshalb
in der zweiten Lesung die bisherigen Absätze 3 und 4[41], von denen

---

[37] *v. Mangoldt*, Komm. Art. 84, 2, 4, S. 453, 456; vgl. auch *BVerfGE* 3, S. 45 ff.
(49); *Müthling*, DÖV 1951, S. 34.

[38] *Wernicke*, BK Art. 28, II, 3 b; *v. Mangoldt*, Komm. Art. 28, 5, S. 181; *Giese*,
Komm. z. GG Art. 28, II, 1; *Maunz*, Staatsrecht, S. 175; *Kollmann*, DÖV 1951,
S. 148 (mit Einschränkungen). *Galperin*, RdA 1953, S. 7; *Rohwer-Kahlmann*,
AöR, 79, 1953/54, S. 220.

[39] *v. Mangoldt-Klein*, Komm. Art. 28, III, 1 b, S. 699; *Maunz* in Maunz-
Dürig, Komm. Art. 28, Rdnr. 45.

[40] Vgl. zum folgenden *Sten. Ber. HA*, S. 59 ff.; *Abg. Dr. Laforet* S. 63.

[41] „(3) Die Übereinstimmung der verfassungsmäßigen Ordnungen der Länder mit den Vorschriften dieses Grundgesetzes wird vom Bund gewährleistet.
(4) Der Bund gewährleistet, daß das staatliche Leben der Länder den Grundrechten und den Bestimmungen der Absätze 1 und 2 entspricht." (*Sten. Ber.
HA*, S. 323).

Abs. 3 die geschriebene, Abs. 4 die wirkliche Übereinstimmung gewährleisten sollte, geändert und zu dem jetzigen Art. 28 Abs. 3 GG zusam-
mengezogen[42]. Der Verfassungsgesetz gewordene Text des Art. 28 Abs. 3
GG entspricht danach, soweit er in diesem Zusammenhang interessiert,
eben jenem Absatz 3 der in der ersten Lesung angenommenen Fassung,
nach dem die Garantie auf die geschriebene Verfassung beschränkt
war. Dagegen wurde Absatz 4 der Fassung aus der ersten Lesung, der
zu einer lückenlosen Aufsicht über die Länder in allen ihren hoheit-
lichen Betätigungen hätte führen können, ebenso abgelehnt wie der
Vorschlag des Redaktionsausschusses, nach dem die verfassungsmäßige
Ordnung in den Ländern ganz allgemein und ohne Bezug auf die
Grundsätze des jetzigen Art. 28 Abs. 1 GG gewährleistet werden sollte.

Man mag — wie bei einem Rückgriff auf die Materialien fast stets
— darüber rätseln, welcher Ansicht der Verfassungsgeber wirklich war,
hier, ob er seine in der ersten Lesung geäußerte Meinung, es solle auch
die Verfassungswirklichkeit garantiert werden, überhaupt fallengelassen hat. Es ist aber eine einseitige Auswahl der Materialien, die der
Entwicklung der Gewährleistungsübernahme zu ihrer jetzigen Form in
Art. 28 Abs. 3 GG kaum Rechnung trägt, wenn vielfach ausgerechnet
die Entstehungsgeschichte als Begründung für die Auffassung ange-
führt wird, die Gewährleistung erfasse auch die Verfassungswirklichkeit[43].

Welchen Schluß man jedoch auch immer aus der Entstehungsgeschichte ziehen mag, in Wahrheit bedarf bereits die Frage, ob Art. 28
Abs. 3 GG nur die nominelle oder auch die sog. Verfassungswirklichkeit
erfasse, wenn sie sinnvoll gestellt sein soll, einer Korrektur. Auch die
Entstehungsgeschichte erscheint dann in einem anderen Licht:

Eine Bundesstaatsverfassung, die Wert darauf legt, daß ein gewisses,
in Art. 28 GG näher festgelegtes, Maß an Homogenität zwischen dem
Gesamtstaat und den Gliedstaaten besteht, kann diese Homogenität
nicht auf die nominelle Ordnung beschränken. Es ist ja gerade das Ziel
der nominellen Ordnung als normative Ordnung, die Wirklichkeit in
Einklang mit sich zu setzen bzw. zu halten. Es wäre zutiefst widersinnig, wollte der Bund für die nominelle Übereinstimmung die Garantie übernehmen, sich aber um die tatsächliche nicht weiter sorgen. Aus
eben diesem Grunde ist es letztlich auch nicht überzeugend, darauf zu
verweisen, Art. 28 GG wende sich an den Verfassungsgesetzgeber des
Landes und nicht an die Exekutive[44]. Die Frage ist nicht, ob überhaupt,

---

[42] *Sten. Ber. HA*, S. 325.
[43] So z. B. *Wernicke*, BK Art. 28, II, 3 b.
[44] *v. Mangoldt-Klein*, Komm. Art. 28, V, 2 a, S. 714; *Maunz* in Maunz-Dürig,
Komm. Art. 28, Rdnr. 47.

sondern in welchem Sinne die Verfassungswirklichkeit in die Gewährleistung einbezogen worden ist. Ihre Beantwortung ergibt sich, wenn man die Eigenart des Art. 28 GG näher ins Auge faßt.

Art. 28 GG ist eine Art Kollisionsnorm in Anbetracht der Verfassungshoheit von Bund und Ländern. Er legt die Grundsätze eines einheitlichen Verfassungssystems fest und zieht damit der landesstaatlichen Verfassungshoheit Schranken[45]. Im Hinblick auf dieses Ziel eines gewissen Mindestmaßes an Homogenität der Verfassungsordnungen in Bund und Ländern erscheint eine einzelne Grundrechtsverletzung im Bereich der Verwaltung völlig belanglos. Sie schafft keine Verfassungswirklichkeit, wie sie in diesem Zusammenhang nur in Frage stehen kann; erst die grundsätzliche Negierung durch die Verwaltung könnte als auch für die Homogenität relevante Verfassungsverletzung angesehen werden. Nur sie wäre an Gewicht einer abweichenden normativen Regelung vergleichbar. Die Auffassung, nach der dem Bund nach Art. 28 Abs. 3 GG die Verpflichtung auferlegt ist, „gegen jede Grundrechtsverletzung durch Landesorgane einzuschreiten", weil „die Verfassung bereits jede kleine Abweichung von diesen Grundsätzen als besonders schwerwiegend ansieht"[46], läßt das τέλος des Art. 28 GG außer acht.

Die Aufnahme der Grundrechte in Art. 28 Abs. 3 GG muß in einem ganz anderen Licht gesehen werden als dem, (zusätzliche) Sanktion eines recht- und gesetzmäßigen Handelns der Exekutive darzustellen:

Zunächst hat der Verfassungsgesetzgeber in Art. 28 Abs. 3 GG erneut zum Ausdruck gebracht, welche überragende Bedeutung er den Grundrechten zugemessen hat als solchen Rechtsüberzeugungen, in denen — um mit einem bekannten Worte Smends zu sprechen — das Volk sich einig sein will[47]. Die Grundrechte mußten — so gesehen — in den Artikel aufgenommen werden, der die Homogenität zwischen Bundesverfassung und Länderverfassung zum Gegenstand hat, ungeachtet der Frage, ob damit über Art. 1 Abs. 3, Art. 31 GG hinaus konkrete Rechtsfolgen verbunden waren oder nicht.

Der Verfassungsgeber hatte aber darüber hinaus einen konkreten Anlaß, in Art. 28 Abs. 3 GG ebenfalls die Grundrechte zu nennen. Bevor das Grundgesetz in Kraft trat, hatten bereits die Länder umfangreiche und im einzelnen nicht wenig differierende Grundrechtskataloge in ihre Verfassungen aufgenommen. Das Inkrafttreten der noch ausstehenden Länderverfassungen stand bevor. Die weitgehenden Verschiedenheiten der

---

[45] Unter diesem Gesichtspunkt instruktiv *Gross*, DV 1950, S. 5 ff. Vgl. auch *Dennewitz*, DÖV 1949, S. 341 (342).

[46] So *Frowein*, S. 69 (zurückhaltender allerdings S. 66).

[47] *Smend*, Das Recht der freien Meinungsäußerung, S. 91.

Grundrechtskataloge der Länder drohten der Einheit des Bundes gefährlich zu werden. Zwar traten mit dem Inkrafttreten des Grundgesetzes die den Bundesgrundrechten widersprechenden Landesgrundrechte oder sonstige Landesnormen nach Art. 31 GG außer Kraft; erfahrungsgemäß[48] waren sie deshalb aber noch nicht aus der Welt. Die konkrete Bedeutung der Gewährleistungspflicht liegt darin, daß der Bund nicht nur das Recht, sondern die Pflicht hat, die Feststellung grundrechtswidriger Landesnormen gem. Art. 93 Abs. 1 Ziff. 2 oder Ziff. 3 GG vor dem Bundesverfassungsgericht zu betreiben, bzw. mit dem Bundeszwang gegen das Land vorzugehen[49].

Die gleiche Pflicht mag man aus Art. 28 Abs. 3 GG dann herleiten, wenn die Landesverwaltung die Geltung der Grundrechte prinzipiell negiert. Darüber hinaus ist aber für die Frage, inwieweit eine Aufsicht über die Verwaltung besteht, aus Art. 28 Abs. 3 GG nichst herzuleiten.

Nichts anderes kann gelten, soweit die Garantie der Bestimmungen der Abs. 1 und 2 des Art. 28 GG in Frage steht. Diese grundlegenden Verfassungsprinzipien werden in aller Regel weniger durch die Verwaltung denn durch solche exekutiven Maßnahmen berührt, die dem Bereich der Regierung zuzurechnen sind. Auch ihre Beachtung ist, ebensowenig wie die der übrigen Grundgesetznormen, weder einer regulären Aufsicht aus Art. 84 GG noch aus einer anderen Bestimmung unterworfen. Um gegen Störungen der bundesstaatlichen Homogenität einzuschreiten und der Garantiepflicht nachkommen zu können, reicht in aller Regel die Möglichkeit der Klage vor dem Bundesverfassungsgericht, im äußersten Fall aber der Bundeszwang aus[50].

VII. Zusammenfassung

„Ausgeführt" im Sinne des Art. 84 Abs. 3 und 4 GG wird nur das Bundesgesetz, das als unmittelbare Rechtsgrundlage des Verwaltungshandelns dient. Im übrigen kommt Bundesrecht lediglich als Maßstab der Aufsicht des Art. 84 GG in Betracht, insoweit nämlich, als es bei der Ausführung anderer Bundesgesetze zu berücksichtigen ist. Verwaltungshandeln, das im Landesrecht seine Rechtsgrundlage findet, unterliegt auch insofern nicht der Aufsicht des Art. 84 GG, als dabei Bundesrecht zu beachten ist. Normen des Grundgesetzes werden danach nur inso-

---

[48] Vgl. für die WRV *Gross*, DV 1950, S. 7.

[49] So zutreffend *Maunz*, in Maunz-Dürig, Art. 28, Rdnr. 43.

[50] So zutreffend *v. Mangoldt-Klein*, Art. 28, V, 2 a, S. 714; *Maunz* in Maunz-Dürig, Komm. Art. 28, VI, 1, Rdnr. 42. *Krüger*, DVBl. 1951, S. 367, meint zwar, die Bundesaufsicht sei das Mittel, um die bundesstaatliche Homogenität herzustellen. Doch bezieht Krüger in den Begriff der Bundesaufsicht die Verfassungsgerichtsbarkeit ein (vgl. oben S. 23, Fußnote 35).

weit ausgeführt, als das Verwaltungshandeln unmittelbar auf sie gestützt wird. Dieser Fall ist zwar selten, aber nicht ausgeschlossen.

Zutreffend ist zwar, daß Aufsichtsmaßnahmen auch über die in Art.
84 GG gesteckten Grenzen hinaus auf Art. 37 GG gestützt werden können. Dabei darf jedoch der Bezug — und damit auch die Begrenzung
— auf die ultima ratio des Bund-Länder-Verhältnisses nicht außer acht
gelassen werden. Für alle auf Art. 37 GG gestützten Maßnahmen ist
die Zustimmung des Bundesrates erforderlich.

Aus Art. 28 Abs. 3 GG kann die gegenteilige Ansicht nicht begründet werden. Für die Homogenität der Verfassungsordnungen zwischen
Bund und Ländern ist die einzelne Rechtsverletzung im Bereich der
Verwaltung ohne Belang. Sie wird daher auch nicht von der Gewährleistungspflicht des Bundes erfaßt. Der Bund kann seiner Gewährleistungspflicht dadurch nachkommen, daß er das Bundesverfassungsgericht anruft, im äußersten Fall kann er Bundeszwangsmaßnahmen
ergreifen.

§ 5: Die Aufsicht des Bundes über die Gesetzgebung der Länder

I. Verfassungsgeschichtliche Überlieferung
und überwiegende Lehre unter dem Grundgesetz

Unter der RV v. 1871 erstreckte sich die Aufsicht des Reiches nach
der überwiegenden Meinung auch auf die Gesetzgebung der Einzelstaaten[1].

Auch unter der WRV wurde die Aufsicht des Reiches über die Gesetzgebung der Länder nicht in Zweifel gezogen[2]. Da auch die Beachtung der Verfassungsnormen als Ausführen eines Reichsgesetzes i. S.
der Art. 7 Ziff. 3 RV v. 1871, Art. 15 Abs. 3 WRV angesehen wurde,
stellte sich die Aufsicht über die Gesetzgebung der Länder weithin als
abhängige Aufsicht dar.

Angesichts dieser verfassungsgeschichtlichen Überlieferung ist es verständlich, daß die überwiegende Lehre auch das Gebrauchmachen von
der Gesetzgebungskompetenz als „Ausführen eines Bundesgesetzes",
eben des Grundgesetzes, versteht und auch insoweit ein Aufsichtsrecht

---

[1] Vgl. *Triepel,* Reichsaufsicht, S. 486 ff. Über die Besonderheiten wegen der
mangelnden Einwirkung auf die Landtage ebd., S. 488 f. Siehe aber auch
Seydel, Blätter für administrative Praxis XLV, 1895, S. 92; *ders.,* Komm. Art.
4, II, S. 60.

[2] Vgl. *Anschütz,* Komm. Art. 15, 2 a, S. 115 f.; *Triepel,* Streitigkeiten, S. 65;
Cohn, S. 31 ff.

des Bundes nach Art. 84 Abs. 3 GG bejaht[3], obwohl der übliche Sprachgebrauch nicht als „Ausführen" bezeichnet, was ganz überwiegend der Gestaltungsfreiheit des Beaufsichtigten anheimgestellt ist.

II. Kritik[4]

Die Frage ist jedoch, ob das Grundgesetz nicht trotz des überlieferten Wortlauts eine Abkehr von der verfassungsgeschichtlichen Überlieferung zum Ausdruck gebracht hat.

1. Die Einordnung der Bundesaufsicht in Abschnitt VIII des Grundgesetzes

Der Abschnitt VIII des Grundgesetzes regelt die Zuständigkeiten im Bereich der Verwaltung. Der systematischen Stellung des Art. 84 Abs. 3 GG nach ist daher der Schluß unabweisbar, daß die Aufsicht auf die Verwaltung beschränkt sein soll[5].

Schneider und Bullinger[6] haben dem mit dem Hinweis widersprochen, daß in der Überschrift des VIII. Abschnittes zwar von Bundesverwaltung, nicht aber von Landesverwaltung, sondern allgemein von einer „Ausführung der Bundesgesetze" gesprochen werde. Gerade aus dieser Fassung leiten sie her, daß die Aufsicht auch die Gesetzgebung erfasse.

Für den Wortlaut der Überschrift des VIII. Abschnittes gibt es jedoch eine sehr viel naheliegendere Erklärung: Die Verwaltung erschöpft sich nicht in der Ausführung von Gesetzen. Ihr bleibt vielmehr ein Raum zur eigenen Initiative und Gestaltung überlassen. Während aber die Landesverwaltung nur insoweit erfaßt werden sollte, als sie in Ausführung von Bundesgesetzen tätig wird, war die Verwaltung des Bundes in ihrer Gesamtheit einzubeziehen[7].

Auch in den Beratungen des Parlamentarischen Rates ist man stets davon ausgegangen, daß die Regelung des jetzigen VIII. Abschnittes

---

[3] *Schäfer*, AöR 78, 1952/53, S. 12; *v. Mangoldt*, Komm. Art. 84, 4, S. 456 f.; *Schneider*, Gutachten, S. 1029 ff.; *Reetz*, StuKV, 1957, S. 226; *Graubaum*, S. 90 f.; *Werr*, S. 92.

[4] Es wird im folgenden zunächst die Gesetzgebung im formellen Sinn ins Auge gefaßt.

[5] So BVerfGE 6/309 ff. (329). *Scheuner*, vor dem BVerfG, Konkordatsprozeß, S. 1142 ff.; *Kollmann*, DÖV 51, S. 147, 1. Sp. unten. Zweifelnd *Maunz*, Staatsrecht, S. 206.

[6] *Schneider*, Gutachten, S. 1030 f.; *Bullinger*, AöR 83, 1958, S. 284 f.

[7] Vgl. *Laforet*, DÖV 1949, S. 221, der allerdings zu übersehen scheint, daß die Verwaltung im sog. eigenschöpferischen Bereich nur als Bundesverwaltung in den VIII. Abschnitt einbezogen worden ist. *v. Mangoldt*, Komm. Art. 83, 3, S. 446; *Bettermann*, Veröff. VDStRL, 17, 1959, S. 137. Ausdrücklich jetzt auch BVerfG, Urt. v. 28. 2. 1961, JZ, S. 217 ff. (223 l. Sp.).

sich nur auf die Verwaltung erstrecke. Das beweisen nicht nur zahlreiche Äußerungen[8], es zeigt sich auch daran, daß der ursprünglich
ebenfalls in diesem Abschnitt befindliche Artikel über den Bundeszwang in den Abschnitt „Bund und Länder" eingeordnet wurde, weil
der Bundeszwang auch andere als die Erfüllung von Pflichten der Verwaltung sichern sollte[9]. Eine Einordnung der Regelung über die Bundesaufsicht in den Abschnitt „Bund und Länder", wohin sie bei einer
Aufsicht auch über die Legislative systematisch gehört hätte[10], ist dagegen nicht erfolgt.

2. Ausführen als eigene Angelegenheit und im Auftrag des Bundes

Es muß auch in diesem Zusammenhang darauf hingewiesen werden,
daß die Bundesaufsicht in den Gegensatz zwischen der Ausführung der
Bundesgesetze als eigene Angelegenheit oder im Auftrage des Bundes
einbezogen ist. Dieser Gegensatz ist aber unzweideutig auf die Verwaltung und nicht auf die Gesetzgebung zugeschnitten[11].

3. Die Unterscheidung von Gesetz und Recht

Auch die Unterscheidung von Gesetz und Recht in Art. 84 Abs. 3 u.
4 GG läßt sich zwar für eine Aufsicht über den Landesgesetzgeber ver-
werten, gewinnt aber ihre eigentliche Bedeutung nur im Rahmen der
Aufsicht über die Landesverwaltung[12].

4. Verfassungsgeschichtliche Wandlungen

Bei näherem Hinsehen zeigt sich auch, daß der Verfassungsgesetzgeber guten Grund hatte, die verfassungsgeschichtliche Überlieferung
nicht fortzusetzen.

Es darf nicht übersehen werden, daß eine entscheidende Funktion der
Aufsicht über den Landesgesetzgeber unter der RV v. 1871: die definitive Klärung der Rechtslage, heute auf das Bundesverfassungsgericht
übergegangen ist:

Unter der RV v. 1871 war eine Aufsicht über die Legislative schon
deshalb notwendig, weil eine andere Möglichkeit der Kontrolle und

---

[8] S. beispielsweise *Abg. Dr. Höpker-Aschoff*, Sten. Ber. HA, S. 432.

[9] Vgl. *Matz*, JöR NF 1, 1951, S. 339.

[10] Vgl. Art. 15 WRV, der im ersten Hauptteil im 1. Abschnitt „Reich und
Länder" eingeordnet war.

[11] Vgl. auch *Scheuner*, vor dem BVerfG, Konkordatsprozeß S. 1144 f., der
das gleiche aus dem für die Bundesaufsicht nach Art. 84, 85 GG kennzeichnenden Gegensatz von Rechts- und Zweckmäßigkeitsprüfung hergeleitet hat.

[12] Vgl. oben S. 52 f.

der verbindlichen Entscheidung über eine Verletzung von Bundesrecht durch die Landesgesetzgebung nicht bestand[13]. Die Vorschrift des Art. 2 Abs. 1 RV v. 1871, nach der die Reichsgesetze den Landesgesetzen vorgingen, war mehr verfassungstheoretischer Art. Sie klärte zwar das Rangverhältnis von Reichs- und Landesgesetzen, ließ aber die Frage offen, wer die Streitfrage, ob widersprechendes Landesrecht vorlag, zu entscheiden hatte. Sie schaffte darüber hinaus auch ein reichsgesetzwidriges Landesgesetz praktisch nicht aus der Welt. Diese Aufgabe fiel unter der RV v. 1871 dem im Aufsichtsverfahren ergehenden Beschluß des Bundesrates zu. Heute dagegen würde eine definitive Klärung der Rechtslage im Aufsichtsverfahren nicht erreicht. Sie kann nur durch eine Entscheidung des Bundesverfassungsgerichtes   herbeigeführt werden.

Schließlich ist auch eine andere unter der RV v. 1871 wesentliche Aufgabe der Aufsicht des Reiches über die Gesetzgebung der Einzelstaaten weggefallen: die Interessen des Reiches auf den Gebieten zur Geltung zu bringen, auf denen dem Reich eigene Gesetzgebungskompetenzen nicht zustanden oder zwar zustanden, es von ihnen aber noch keinen Gebrauch gemacht hatte. In Anbetracht dessen, daß die RV v. 1871 nur wenig inhaltliche Bindungen enthielt, erlangte die selbständige Aufsicht über den mit weitgehender Gestaltungsfreiheit versehenen Gesetzgeber besondere Bedeutung. Vor allem als präventive Aufsicht ermöglichte sie dem Reich, seine Interessen rechtzeitig, d. h. vor oder während des Gesetzgebungsverfahrens, zur Geltung zu bringen. Dadurch wurde dem Reich einerseits ein Einfluß eingeräumt, der in Einzelfällen fast schon an die Grenze eines eigenen Bestätigungsrechtes reichte[14], andererseits den Einzelstaaten im Ernstfall ersparte, ein Gesetz zu erlassen, dessen Wirksamkeit alsbald würde vom Reich im Wege der repressiven selbständigen Aufsicht verhindert werden. Es ist bereits dargelegt, daß dem Bund Einwirkungsmöglichkeiten vom gleichen Umfang heute nicht mehr gegeben sind[15]. Sie konnten fehlen, einmal weil die Gesetzgebungskompetenz des Bundes gewachsen ist und der Bund die Gesamtbelange weitgehend auf Grund eigener Kompetenzen wahrnehmen kann, zum andern, weil der Bund die zu seiner Zuständigkeit gehörigen Materien vor allem durch die Übernahme älteren Rechts bereits weitgehend geregelt hat.

---

[13] Auch darauf hat bereits *Scheuner*, vor dem BVerfG, Konkordatsprozeß, S. 1143, hingewiesen.

[14] Vgl. die bei *Triepel*, Reichsaufsicht, S. 627 ff., mit zahlreichen Beispielen belegte Praxis der Einzelstaaten, einen Gesetzentwurf zunächst dem Bundesrat vorzulegen.

[15] Vgl. oben S. 29 ff.

Damit ist ein weiterer Grund für den Fortfall der Aufsicht über den Landesgesetzgeber genannt. Wenn eine Bundesstaatsverfassung sich durch jene spezifische Form der Aufsicht über die Einzelstaaten zu sichern sucht, so deshalb, weil vornehmlich von ihnen die Bedrohung des Bundesstaatsgefüges ausgeht. Das ist so lange zutreffend, als bei ihnen die Fülle der bedeutenden Kompetenzen liegt, wie es in der RV v. 1871 trotz der von *Rehm* und Triepel aufgezeigten unitarischen Tendenzen der Fall war[16]. In diesem Fall bewirkt nicht nur die starke Stellung der Gliedstaaten, daß der jeder Kompetenz und Machtposition innewohnende Drang der Ausdehnung sich leichter realisiert und für den Gesamtstaat gefährlicher verwirklicht, wichtiger ist noch, daß das Übergewicht der Kompetenzen infolge der Interdependenz der verschiedenen Bereiche staatlicher Betätigung notwendigerweise leichter zu einer Kompetenzüberschreitung führt[17]. Liegt jedoch das Übergewicht der gesetzgeberischen Kompetenzen beim Bund und sieht die Verfassung einen nach beiden Seiten gerichteten Schutz der bundesstaatlichen Ordnung durch eine Bundesverfassungsgerichtsbarkeit vor, so fehlt es daneben für eine besondere Form der Aufsicht über die Gesetzgebung der Länder an Aufgaben.

III. Einwände gegen den Ausschluß der Aufsicht über den Landesgesetzgeber

Der Umstand, daß die Funktion der Bundesaufsicht, jedenfalls zu einem Teil, von der Verfassungsgerichtsbarkeit übernommen worden ist[18], wird weitgehend verkannt, soweit Einwände gegen die dargelegte Ansicht geltend gemacht werden.

1. Der Einwand, die Aufsicht richte sich gegen die Länder als geschlossene Einheiten

Einen Einwand gegen die hier dargelegte Ansicht, wonach die Aufsicht des Art. 84 Abs. 3 GG nicht die Gesetzgebung der Länder erfaßt, haben Schneider und Bullinger daraus hergeleitet, daß der Bund sich mit der Aufsicht an das Land als solches wende, es als eine geschlossene Einheit anspreche[19]. Schneider und Bullinger folgern daraus, die Aufsicht könne von der Aufgliederung der Staatätigkeit als von einer

---

[16] *Rehm*, Unitarismus und Föderalismus in der Deutschen Reichsverfassung, Dresden 1898; *Triepel*, Unitarismus und Föderalismus im Deutschen Reiche, Tübingen 1907.

[17] Vgl. *Rümelin*, S. 206.

[18] *Scheuner*, Rechtsstaat, S. 251, Fußnote 102, hat zu Recht betont, daß dem richterlichen Prüfungsrecht auch diese politische Seite zukommt.

[19] *Schneider*, Gutachten, S. 1031; *Bullinger*, AöR 83, 1958, S. 285 ff.

häuslichen Angelegenheit des Landes keine Kenntnis nehmen, ohne die Länder zu Regierungsbezirken zu degradieren.

Man kann zunächst schon den Schluß, die Staatlichkeit der Länder werde um so mehr degradiert, je geringer der Umfang der Aufsicht sei, nur schwer nachvollziehen. Der Grundsatz, daß die Länder dem Bund als geschlossene Einheiten gegenüberstehen, besagt zunächst einmal nur, daß eine Rechtsverletzung durch irgendeine Landesbehörde dem Land als solchem zugerechnet wird, der Bund sich also an die oberste Landesbehörde selbst halten kann und muß. Mehr kann er in diesem Zusammenhang schon deshalb nicht bedeuten, weil das Grundgesetz selbst die Gliederung der Staatstätigkeit des Landes im Verhältnis zur Staatstätigkeit des Bundes sehr wohl zur Kenntnis nimmt. So ist etwa die Aufsicht über die Verwaltung unzweifelhaft verschieden, je nachdem, ob es sich um eine Ausführung als eigene Angelegenheit oder im Auftrag des Bundes handelt, mithin eine Regelung getroffen, die unzweifelhaft die Besonderheiten der verwaltungsmäßigen Ausführung berücksichtigt. Überdies sind gerade insoweit, als eine Aufsicht über die Gesetzgebung der Länder in Frage steht, seit je besondere Formen und Beschränkungen gültig gewesen. Es wäre völlig unverständlich, wenn die Verfassung nicht diesen Besonderheiten Rechnung tragen und die Aufsicht in den Formen und Verfahren des Art. 84 Abs. 3 und 4 GG auf die Verwaltung beschränken dürfte, ohne die Eigenstaatlichkeit der Länder anzutasten. Auch wenn die Aufsicht des Bundes auf die Verwaltung des Landes beschränkt wird, bleibt Adressat aller Aufsichtsmaßnahmen das Land als solches.

Wie wenig begründet die von Schneider und Bullinger vorgetragene Argumentation ist, erweist sich auch, wenn man bedenkt, daß es sich ja nicht um die Frage handelt, ob Kontrolle der Landesgesetzgebung oder nicht, sondern — trotz der grundsätzlichen Verschiedenheiten von Aufsicht und Verfassungsgerichtsbarkeit — um die Frage, ob nicht die Aufsicht über die Gesetzgebung der Länder durch eine verfassungsgerichtliche Kontrolle ersetzt ist. Daß aber für die Kontrolle der Gesetzgebung der Länder nicht die gleichen Mittel und das gleiche Verfahren adäquat sein muß wie für die Verwaltung, jedenfalls aber der Verfassungsgesetzgeber dieser Ansicht sein kann, ohne damit die Eigenstaatlichkeit der Länder im geringsten zu degradieren, sollte nicht bestritten werden.

2. Die Forderung nach einer Beteiligung des Bundesrates

Vielfach wird die Aufsicht über die Gesetzgebung der Länder um deswillen bejaht, weil auch hier der Bundesrat beteiligt werden müsse.

Es ist bereits dargelegt, daß der Bundesrat eine allgemeine Schiedsfunktion gar nicht erfüllen kann[20]. Welche Aufgabe er im Verfahren nach Art. 84 Abs. 4 GG zu erfüllen hat, wird noch zu erörtern sein. Soviel scheint jedoch sicher, daß seine Entscheidung eine verfassungsgerichtlich nachprüfbare Rechtsentscheidung darstellen muß. Würde man auch in den Fällen, in denen streitig ist, ob ein Landesgesetz verfassungsmäßig ist, eine Entscheidung des Bundesrates herbeiführen, so würde das zu nichts anderem führen, als zu einem leerlaufenden Verfahren vor der allein maßgeblichen Entscheidung durch das Bundesverfassungsgericht[21].

Hinzu kommt, daß es gerade unter dem Grundgesetz eine kaum verständliche Regelung wäre, wollte man annehmen, das Grundgesetz habe ein politisches Organ zum erstinstanzlichen „Richter" über den Landesgesetzgeber setzen wollen[22]. Etwas anderes könnte der Bundesrat aber gar nicht sein, wenn man die Entscheidung über die Vereinbarkeit von Landesgesetzen mit dem Bundesrecht in die Aufsichtskompetenz nach Art. 84 Abs. 3 und damit in das Verfahren nach Abs. 4 GG einbezöge.

Schließlich und endlich sollte aber auch nicht verkannt werden, daß die von einer solchen Aufgabe des Bundesrates erhoffte Integrationswirkung bis zu einem gewissen Grade auch von dem Spruch des Bundesverfassungsgerichtes ausgehen kann. Es ist sehr gut möglich, daß dort, wo von vornherein nur über Rechte gestritten wird, die Entscheidung eines unabhängigen Gerichts leichter einen Streit gütlich beendet als der Beschluß eines politischen Organs[23]. Bereits Smend hat darauf hingewiesen, daß die Verfassungsgerichtsbarkeit ebenfalls nur als ein Mittel der Verständigung anzusehen ist[24].

3. Die Bedeutung des Art. 28 Abs. 3 GG
für eine Aufsicht über die Gesetzgebung der Länder

Auch in diesem Zusammenhang könnte darauf verwiesen werden, daß die Aufsichtskompetenz über die Landesgesetzgebung das notwendige Mittel für den Bund darstelle, um seiner Gewährleistungspflicht aus Art. 28 Abs. 3 GG nachzukommen.

---

[20] Vgl. oben S. 30.

[21] Eine Entscheidung des Bundesrates wäre deshalb auch kaum geeignet, dem BVerfG zu ersparen „to take jurisdiction in highly controversial cases" — wie *Cole*, JöR NF 8, 1959, S. 38, anzunehmen scheint.

[22] Vgl. auch die Bedenken *Scheuners*, vor dem BVerfG, Konkordatsprozeß, S. 1144. Wenn man den Umfang der Aufsicht nach Art. 84 Abs. 3 GG so weit spannte, hätte *Graubaum*, S. 70, mit seiner Kritik an der Beteiligung des Bundesrates jedenfalls insoweit Recht, vgl. unten S. 106, Fußnote 5.

[23] So schon *Binding*, DJZ 1899, S. 69 ff. (75), am Beispiel des Lippischen Thronfolgestreits.

[24] *Smend*, Verf. u. Verf.R, S. 240.

Zu Unrecht! Die in der Aufsicht enthaltene Ermittlungskompetenz ist für eine Aufsicht über die Legislative ohne Bedeutung. Die legislativen Akte liegen offen. Selbst im Stadium der Beratung können sie dem Bund nicht verborgen bleiben. Es möchte zwar gelegentlich wünschenswert sein, einen Gesetzesentwurf, der von der Landesregierung zwar verabschiedet, im Landtag aber noch nicht eingebracht worden ist, bereits auf seine Vereinbarkeit mit dem Bundesrecht zu prüfen, doch dürfte ein irreparabler Schaden aus dem Verlust der Zeitspanne bis zum Einbringen des Gesetzesentwurfs in den Landtag nicht entstehen. Diese Fälle sind jedenfalls so exzeptioneller Art, daß sie außer Betracht bleiben müssen.

Soweit aber das bereits geschriebene Recht in Frage steht, ist die einzige Frage, die im Zusammenhang mit der Gewährleistungspflicht auftreten kann, die einer rechtlichen Beurteilung: zu entscheiden, ob der legislative Akt mit den in Abs. 3 des Art. 28 GG genannten Grundsätzen vereinbar ist. Selbst wenn das Grundgesetz eine Aufsicht über die Gesetzgebung der Länder kennte, diese Aufgabe würde letzten Endes vom Bundesverfassungsgericht wahrgenommen werden. Eine Aufsicht, deren Ermittlungskompetenz ohne Bedeutung ist, der aber auch keine definitive Entscheidungskompetenz zukommt, konnte der Verfassungsgesetzgeber mit Fug weglassen.

4. Die Bedeutung des Art. 37 GG
für eine Aufsicht über die Gesetzgebung der Länder

Auch eine Aufsicht über die Gesetzgebung der Länder wird aus Art. 37 GG zu begründen versucht. Es ist bereits dargelegt, in welchem Sinn Art. 37 GG als Grundlage einer Aufsicht angesehen werden kann und in welchem nicht. Entsprechendes gilt auch für eine Aufsicht über die Gesetzgebung der Länder. Auf die Ausführungen kann daher verwiesen werden[25]. Nachdrücklich zu betonen ist jedoch auch in diesem Zusammenhang, daß es neben einer Verfassungsgerichtsbarkeit des Bundes durchaus sinnvoll erscheint, die Bundeszwangskompetenz weiter reichen zu lassen als das Recht einer regulären Aufsicht durch politische Organe[26].

IV. Die Aufsicht über den Erlaß
von Ausführungsgesetzen durch die Länder

Eine Ausnahme von dem Grundsatz, daß das Grundgesetz eine den politischen Organen des Bundes übertragene reguläre Aufsicht über die Gesetzgebung der Länder nicht kennt, kann auch insofern nicht gel-

---

[25] Vgl. oben S. 42 ff., 60 ff.
[26] Vgl. auch unten S. 123.

ten, als die Länder verpflichtet sind, bestimmte „Ausführungsgesetze" zu erlassen[27]. Zwar wäre es möglich, in diesen Fällen deshalb von einem „Ausführen des Bundesgesetzes" i. S. des Art. 84 GG zu sprechen, weil das Gesetz zwingend ein Tun verlangt; aber schon wenn man für den Begriff des Ausführens einen vorgegebenen, fest umrissenen inhaltlichen Rahmen verlangt, bestehen selbst gegenüber dieser nur philologischen Interpretation Bedenken angesichts der auch hier gegebenen gesetzgeberischen Gestaltungsfreiheit. Im übrigen sprechen alle Gründe, die überhaupt der Auffassung, die Aufsicht erstrecke sich auch auf die Gesetzgebung der Länder, entgegenstehen[28], dagegen, insoweit eine Ausnahme zu machen. Auch hier ist — von den Fällen des Bundeszwanges abgesehen — der Bund auf den verfassungsgerichtlichen Austrag der Streitigkeiten verwiesen.

V. Die Aufsicht über den Erlaß von Rechtsverordnungen

Die Frage ist jedoch, ob nicht insoweit, als die Länder Rechtsverordnungen auf Grund bundesgesetzlicher Delegation erlassen, etwas anderes gelten muß.

Rechtsverordnungen sind inhaltlich engere Schranken gezogen als Gesetzen. Ihr Inhalt, Zweck und Ausmaß muß in dem Gesetz festgelegt sein, Art. 80 GG. Es steht danach nichts im Wege, den Erlaß von Rechtsverordnungen auf Grund eines (einfachen) Bundesgesetzes als Ausführung dieses Gesetzes zu bezeichnen[29]. Darauf weisen auch die Termini „Ausführungsverordnung", „Durchführungsverordnung" etc. deutlich hin. Auch die übrigen Argumente, die gegen die Annahme einer Aufsicht über die Landesgesetzgebung sprechen, gelten nicht gleichermaßen für die Rechtssetzungsbefugnis der Exekutive. Wesentlich ist, daß der Zusammenhang zwischen der verwaltungsmäßigen Ausführung und der Verordnungsbefugnis, die sich materiell als Gesetzgebung darstellt, so eng ist, daß es nicht angeht, diese beiden Tätigkeiten auseinanderzureißen[30]. Vielfach wird es zweifelhaft sein, ob die gerügte Gesetzesverletzung nicht schon in der ausführenden Rechtsverordnung ihren Grund hat. Es würde zu einer unnötigen Komplizierung führen, wenn diese Frage nicht im gleichen Verfahren geprüft werden könnte. Richtiger scheint es daher, auch jene Tätigkeit der Exekutive, die sich materiell als Rechtssetzung darstellt, der Aufsicht des Art. 84 GG zu unterwerfen.

---

[27] S. aber *Scheuner*, vor dem BVerfG, Konkordatsprozeß, S. 1142; später jedoch ausdrücklich für eine Beschränkung auf die Landesverwaltung (1144).

[28] Vgl. oben S. 68 ff.

[29] So auch der Allg. Redaktionsausschuß, *Füsslein*, JöR NF 1, 1951, S. 629.

[30] Zutreffend *Bullinger*, AöR 83, 1958, S. 294; dagegen *Maunz* in Maunz-Dürig, Komm. Art. 83 Rdnr. 24, weitere Nachweise ebd.

Soweit dagegen die Landesregierung Rechtsverordnungen erläßt, die nicht auf bundesrechtliche, sondern auf landesrechtliche Ermächtigung zurückgehen, handelt es sich nicht um Ausführung von Bundesrecht, sondern um Ausführung von Landesrecht. Insofern sind die Länder ebensowenig wie in den übrigen Fällen, in denen Rechtsgrundlage der Landesmaßnahmen das Landesrecht ist, der durch die politischen Organe des Bundes ausgeübten Bundesaufsicht unterworfen — auch hier mit Ausnahme der für außerordentliche Gefahren gedachten Bundeszwangskompetenz.

VI. Zusammenfassung

Die Einordnung der Aufsichtskompetenz in den VIII. Abschnitt des Grundgesetzes zeigt, daß das Grundgesetz eine Aufsicht über die Gesetzgebung der Länder nicht kennt. Die Unterscheidung der Ausführung als eigene Angelegenheit und im Auftrage des Bundes bestätigt diese Annahme ebenso wie die Unterscheidung von Gesetz und Recht, die ebenfalls auf die Verwaltung zugeschnitten ist. Auch die Entstehungsgeschichte spricht dafür. Diese Annahme steht im Einklang mit den verfassungsrechtlichen Wandlungen seit der RV v. 1871, insbesondere der Einführung einer umfassenden Verfassungsgerichtsbarkeit.

Die Einwände gegenüber einem Ausschluß der Aufsicht des Bundes über die Gesetzgebung der Länder stellen die Möglichkeit eines verfassungsgerichtlichen Austrags von Streitigkeiten nicht zutreffend in Rechnung:

Der Einwand, die Aufsicht des Bundes richte sich gegen die Länder als geschlossene Einheiten, ist ebensowenig zutreffend wie die Ansicht, es sei ratsam, auch in diesen Fällen zunächst die Entscheidung des Bundesrates herbeizuführen. Der Bundesrat könnte in einem vorrichterlichen Verfahren eigene Aufgaben nicht erfüllen. Weder Art. 28 Abs. 3 noch Art. 37 GG vermag den Schluß zu rechtfertigen, Art. 84 Abs. 3 GG umschließe auch eine Aufsicht über die Gesetzgebung der Länder. Art. 37 GG kann auch nicht selbst als Grundlage einer regulären Aufsicht über die Gesetzgebung der Länder dienen. Eine Kongruenz von Aufsichts- und Bundeszwangskompetenz hinsichtlich ihres Umfanges zu verlangen, hat Sinn, solange die Aufsicht das einzige Mittel der Kontrolle ist, um die Erfüllung der Bundespflichten sicherzustellen. Wo dagegen Aufsicht und Verfassungsgerichtsbarkeit nebeneinander bestehen, da kann ein bestimmter Bereich von der Aufsichtskompetenz ausgespart und allein einer verfassungsgerichtlichen Kontrolle unterworfen werden. Die weitergehende Bundeszwangskompetenz wird dadurch nicht sinnlos.

Auch soweit der Landesgesetzgeber kraft bindender Zuweisung „Ausführungsgesetze" erläßt, ist die Gesetzgebung der Länder der Aufsicht des Art. 84 GG nicht unterworfen.

Soweit dagegen die Landesregierungen ermächtigt werden, zur Ausführung von Bundesgesetzen Rechtsverordnungen zu erlassen, unterliegen sie der Aufsicht des Art. 84 GG.

§ 6: Die Aufsicht über die Rechtspflege der Länder

Sowohl unter der RV v. 1871 wie unter der WRV wurde eine Aufsichtskompetenz des Reiches über die Rechtspflege der Länder bejaht[1]. Übereinstimmend wurden jedoch wegen der Antinomie zwischen einer Aufsicht und der Unabhängigkeit der Gerichte bedeutende Einschränkungen gemacht. Während im Bereich der Rechtsprechung (im materiellen Sinn) die Aufsicht auf eine beobachtende Aufsicht beschränkt sein sollte[2], wurde der Bereich, der sich materiell als Verwaltungstätigkeit darstellt, in vollem Umfang der Aufsicht unterworfen.

Auch unter dem Grundgesetz wird eine Aufsicht über die Rechtspflege in gleicher Weise bejaht[3]. Gegen diese Annahme bestehen keine Bedenken, soweit die Tätigkeit der Rechtspflege materiell der Verwaltung zuzurechnen ist und von dem Grundsatz der Unabhängigkeit nicht erfaßt wird[4]. Darüber hinaus ist aber fraglich, ob das Grundgesetz eine wenn auch nur beobachtende Aufsicht über die Rechtsprechung zuläßt. Auch in diesem Zusammenhang könnten Bedenken aus der Einordnung der Aufsicht in den VIII. Abschnitt hergeleitet werden. Immerhin ließe sich im Sinne der überlieferten Staatsrechtslehre, wonach Rechtsprechung und Verwaltung unter einem Oberbegriff der Vollziehung zusammengefaßt werden, die gesetzesanwendende Tätigkeit der Gerichte durchaus als „Ausführung der Bundesgesetze" bezeichnen[5].

---

[1] Vgl. für die RV v. 1871 *Hänel*, Staatsrecht I, S. 464, Fußnote 1; *Arndt*, Komm. Art. 4, 1, S. 62; *Triepel*, Reichsaufsicht, S. 494 ff.; für die WRV *Anschütz*, Art. 15, S. 116.

[2] Vgl. noch *Thoma*, Verhandlungen, S. 70 f.

[3] Vgl. *v. Mangoldt*, Komm. Art. 84, 4, S. 456 f.; *Schäfer*, AöR 78, 1952/53, S. 13, unter Billigung der von Triepel entwickelten Lehre; ebenso *Reetz*, StuKV, 1957, S. 226.

[4] Es ist nicht die Aufgabe dieser Arbeit, diese Grenzen im einzelnen festzulegen. Hier genügt es, allgemein festzustellen, daß die Aufsicht dort ihr Ende finden muß, wo die Unabhängigkeit der Gerichte beginnt. Das Institut der Unabhängigkeit der Gerichte ist dem der Aufsicht des Bundes verfassungsrechtlich übergeordnet.

[5] Im anderen Zusammenhang ist das auch geschehen, vgl. *Süsterhenn*, DVBl. 1956, S. 741.

Gegen eine beobachtende Aufsicht über die Rechtsprechung sprechen jedoch prinzipielle Bedenken.

Jeder Aufsicht ist begriffsnotwendig das Ziel eigen, das Verhalten des Landes in Einklang mit dem Bundesrecht zu setzen. Auch als beobachtende Aufsicht ist sie niemals nur Kenntnisnahme von Fakten. Präventiv soll die bloße Tatsache einer zunächst nur beobachtenden Aufsicht das Land daran hindern, Bundesgesetze bundesrechtswidrig auszuführen — repressiv aber auch dazu veranlassen, geschehene Gesetzesverletzungen zu beseitigen. Anders als bei einer Beobachtung mit dem Ziel bloßer Kenntnisnahme wohnt demnach der beobachtenden Aufsicht untrennbar die Tendenz der Einwirkung inne[6]. Daraus folgt jedoch, daß auch die beobachtende Aufsicht über die rechtsprechende Tätigkeit der Länder nicht zulässig ist. Denn die Unabhängigkeit der Gerichte verbietet jedwede Einflußnahme auf ihre Tätigkeit.

Die überlieferte Lehre hat denn auch eine beobachtende Aufsicht über die Rechtsprechung nur zu dem Zwecke zugelassen, um Material für eine Aufsicht über die Verwaltung zu sammeln[7]. Die Richtung der Einflußnahme richtete sich also gar nicht gegen die Rechtsprechung, sondern gegen die Verwaltung. — Sie konnte sich ebensogut gegen den Landesgesetzgeber richten, wenn es für die Beurteilung der Vereinbarkeit eines Landesgesetzes mit dem Reichsrecht darauf ankam, welcher Sinn einer Landesnorm durch die Gerichte beigelegt wurde. —

Daraus ergibt sich, daß das, was man als die „beobachtende Aufsicht über die Rechtsprechung" bezeichnet hat, eher als eine beobachtende Aufsicht über die Verwaltung — bzw. die Gesetzgebung — zu bezeichnen ist, allerdings mit der Besonderheit, daß das Material dazu den richterlichen Erkenntnissen entnommen wird.

Die Frage ist danach nicht, ob eine nur beobachtende Aufsicht über die Rechtsprechung zulässig ist — sie ist unzulässig —, die Frage ist vielmehr, ob dem Bund auch ohne eine Aufsichtskompetenz über die Rechtsprechung die Kompetenz zusteht, zum Zwecke der bloßen Materialsammlung für die Wahrnehmung eigener Kompetenzen die Einsichtnahme bestimmter Gerichtsurteile oder auch Berichte über die Rechtsprechung der Landesgerichte in bestimmten Angelegenheiten zu verlangen[8].

Auch wenn man — anders als unter der RV v. 1871[9] — eine ganz allgemeine Offenheitspflicht der Länder unter dem Grundgesetz nicht

---

[6] Vgl. *Triepel*, Reichsaufsicht, S. 121 ff.

[7] *Triepel*, Reichsaufsicht, S. 498 f.; deutlich auch *Dambitsch*, S. 112.

[8] Tatsächlich sind Rechtsprechungsberichte dieser Art sehr häufig.

[9] Vgl. *Triepel*, Reichsaufsicht, S. 123.

für gegeben hält, ist die Frage zu bejahen. Die Bundestreuepflicht gebietet den Ländern auch heute, unterstützend dort einzugreifen, wo
der Bund andernfalls seine Kompetenzen nicht sachdienlich wahrnehmen könnte[10]. Eine Beeinträchtigung der Interessen der Länder kann
darin kaum gesehen werden. Die bloße, nicht einmal in der Absicht
einer Kritik an der Rechtsprechung selbst erfolgende, Kenntnisnahme
durch den Bund beeinträchtigt auch die richterliche Unabhängigkeit
nicht, jedenfalls nicht mehr als die Kenntnisnahme durch die obersten
Landesbehörden. In beider Hinsicht bewirkt die selbständige Stellung
der Gerichte auch hier eine weitgehende Neutralität gegenüber der
bundesstaatlichen Gliederung.

---

[10] Aus Art. 35 GG kann diese Auskunftspflicht nicht hergeleitet werden.
Art. 35 GG ist mehr für Ausnahmefälle gedacht. Vgl. *Dreher*, S. 21 ff. (24),
auch *Kratzer*, DÖV 1950, S. 534.

Drittes Kapitel

Das Aufsichtsverfahren

§ 7: Der äußere Gang und die Organe des Aufsichtsverfahrens

I. Präventive und leitende Aufsicht

Ebenso wie die RV v. 1871 und die WRV kennt auch das Grundgesetz eine präventive wie eine repressive Aufsicht.

Die präventive Aufsicht ist bereits als bloß unterrichtende Mitteilung, wie ein Gesetz nach Ansicht der Bundesregierung auszuführen ist, möglich. Sie ist in diesen Fällen jedoch mehr eine Ankündigung, wie künftig die Aufsicht gehandhabt werden wird, als bereits selbst Aufsicht. Die präventive Aufsicht kann aber auch die Gestalt der Mängelrüge annehmen, dann nämlich, wenn sich die Gefahr einer Rechtsverletzung bereits konkretisiert hat[1].

Das Schwergewicht der präventiven Aufsicht liegt in der leitenden Aufsicht, die in bestimmten Formen auch vorgesehen ist, soweit die Länder die Bundesgesetze als eigene Angelegenheit ausführen:

Art. 84 Abs. 2 GG verleiht der Bundesregierung das Recht, mit Zustimmung des Bundesrates allgemeine Verwaltungsvorschriften zu erlassen. Nach Art. 84 Abs. 5 GG kann der Bundesregierung durch Gesetz, das der Zustimmung des Bundesrates bedarf, die Befugnis verliehen werden, in besonderen Fällen Einzelweisungen zu erteilen. Mit der in beiden Befugnissen[2] enthaltenen Weisungsgewalt gegenüber den Landesbehörden greift der Bund über den Rahmen einer bloß kontrollierenden Aufsicht hinaus[3]. Die Frage liegt deshalb nahe, inwieweit diese Rechte überhaupt zur Aufsicht gezählt werden können.

---

[1] Vgl. *Triepel*, Reichsaufsicht, S. 627 f.; s. auch *Scheuner*, im Konkordatsprozeß, S. 1146 f. Sieht man allerdings in der konkretisierten Gefahr bereits eine Pflichtverletzung, dann läßt sich sagen, die Mängelrüge sei stets repressives Mittel der Aufsicht, so *Forsthoff*, AöR NF 19, 1930, S. 79.

[2] Die Frage, inwieweit die allgemeinen Verwaltungsvorschriften in gleicher Weise wie die Einzelweisungen in das Institut der Aufsicht selbst einzubeziehen, mithin als Mittel und nicht bloß als Maßstab der Aufsicht anzusehen sind, wird unten noch erörtert, s. S. 83 ff.

[3] Trefflich *Köttgen*, JöR NF 3, 1954, S. 99 f.

Für den Einbezug spricht die verfassungsgeschichtliche Überlieferung: Welche Beschränkung man auch immer durch den Gegensatz von positiver und negativer Aufsicht zu fassen suchte[4], es war nicht zweifelhaft, daß der Aufsichtskompetenz nicht nur das Recht innewohnte zu bestimmen, was nicht, sondern auch, was zu geschehen habe. Das Reich hatte also in dem einfachen Aufsichtsakt der Mängelrüge ein Mittel an der Hand, ein Weisungsrecht für den Einzelfall auszuüben. Zwar erweist sich das Wesen des Weisungsrechtes als Leitungsgewalt am deutlichsten dort, wo es auf Ermessensentscheidungen Einfluß nehmen kann, aber auch außerhalb der Ermessensentscheidungen wird mit jeder bindenden Weisung, besonders wenn sie präventiv erfolgt[5], eine gewisse Leitungsbefugnis ausgeübt[6]. Verfassungsgeschichtlich gesehen ist der Aufsichtsbegriff also keineswegs durch eine scharfe begriffliche Trennung von bloßer Kontrolle auf der einen und einer in die Nähe der eigenen Ausführung rückenden Leitungsgewalt auf der anderen Seite gekennzeichnet.

Auch ein systematischer Gesichtspunkt spricht dafür, die an eine Leitungsgewalt heranreichenden Einwirkungsmöglichkeiten nach Art. 84 Abs. 2 u. Abs. 5 GG in den Aufsichtsbegriff einzubeziehen. Es besteht zwar ein qualitativer Unterschied zwischen Maßnahmen nach Art. 84 Abs. 2 u. Abs. 5 GG einerseits und Art. 84 Abs. 3 GG andererseits. Er wird jedoch überdeckt von dem gemeinsamen Zweck, den Vollzug der Bundesgesetze durch die nach außen im einen wie im andern Fall allein zur Ausführung berechtigten Länder sicherzustellen. Eine scharfe Grenze zwischen Aufsicht und eigener Verwaltung des Bundes läßt sich erst dort ziehen, wo der Bund sich mit seiner Tätigkeit unmittelbar nach außen wendet[7].

Das Grundgesetz selbst hat keinen Anstand genommen, auch im Rahmen der Bundesauftragsverwaltung, wo es eine sehr weitgehende Leitungsgewalt vorsieht, den Begriff der Bundesaufsicht zu verwenden. Das in dem Erlaß der allgemeinen Verwaltungsvorschriften enthaltene Mitentscheidungsrecht des Bundes steht dem Einbezug in das Institut

---

[4] Vgl. *Triepel*, Reichsaufsicht, S. 481 ff.

[5] Bereits *Gierke*, Genossenschaftsrecht I, S. 745, hat Querverbindungen zwischen einer repressiven und Rechtsaufsicht einerseits und einer präventiven und leitenden Aufsicht andererseits gezogen. Freilich sind damit nur Akzente gesetzt!

[6] Bis zu einem gewissen Grad zu Recht hat deshalb *Poetzsch-Heffter*, Komm., Vorbem. zu Art. 15, 1, S. 130, die präventive Aufsicht als eine „oberste Leitung der zu erwartenden Landesmaßnahmen" gekennzeichnet; vgl. auch *Triepel*, Reichsaufsicht, S. 622, der eben deshalb vor einem Übermaß an Aufsicht warnt. Die begriffliche Unterscheidung von Aufsicht und Leitung bei *Schoenborn*, S. 34 f., ist letzten Endes ebenfalls eine Frage des Maßes.

[7] Vgl. *Seydel*, Blätter für administrative Praxis, XLV, 1895, S. 91 ff.

der Aufsicht deshalb nicht mehr entgegen als die Zusammenfassung
der kontrollierenden und leitenden Aufsicht unter ein gemeinsames Institut überhaupt[8].

II. Repressive und kontrollierende Aufsicht

Das Schwergewicht der kontrollierenden Aufsicht liegt in den repressiven Maßnahmen. Anders als die WRV, die diese Aufsichtsbefugnisse
vollständig in die Hand der Reichsregierung gelegt hatte[9], hat der
Grundgesetzgeber sich bei der Regelung des Aufsichtsverfahrens näher
an die RV v. 1871 angelehnt.

Nach Art. 17 der RV v. 1871 oblag dem Kaiser die Überwachung, d. h.
das Recht der Kenntnisnahme, der Ermahnung und der Mängelrüge,
nach Art. 7 Ziff. 3 war es Sache des Bundesrates, im Falle eines Kon-
fliktes Beschluß darüber zu fassen, ob ein Mangel vorlag[10].

Nach dem Grundgesetz liegt die Überwachung der Ausführung der
Bundesgesetze in der Hand der Bundesregierung. Sie umfaßt in gleicher Weise nicht nur die rein beobachtende Funktion, sondern ebenfalls das Recht der Mängelrüge. Dabei ist die Überwachung im einzelnen Sache des zuständigen Bundesministers. Es ist dem Bundesminister auch nicht verwehrt, seine Auffassung über die richtige Ausführung eines Bundesgesetzes präventiv wie repressiv den obersten Landesbehörden mitzuteilen. Er ist auch befugt, Beauftragte zu den obersten Landesbehörden zu entsenden. Hilft das Land dem nach Ansicht
des Bundesministers vorliegenden Mangel nicht ab, so muß allerdings
die für die Fortführung des Aufsichtsverfahrens notwendige Mängelrüge auf einem Beschluß der Bundesregierung beruhen[11].

Weigert sich das Land weiterhin, den Mangel zu beseitigen, so kann
die Bundesregierung das Aufsichtsverfahren dadurch fortführen, daß

---

[8] Das übersieht *Maunz* in Maunz-Dürig, Art. 84, Rdnr. 48; vgl. oben S. 15 f.

[9] Eine Beteiligung des Reichsrates wurde weniger für Art. 48 Abs. 1 denn
für den nach vorwiegender Ansicht die Länder ebenfalls betreffenden Art. 48
Abs. 2 WRV gefordert. Vgl. *Nawiasky*, Recht, 1924, Sp. 459 ff.; im übrigen
Cohn, S. 56 f. — Vor allem der Erlaß allgemeiner Verwaltungsvorschriften bedurfte der Zustimmung des Reichsrates, Art. 77 WRV.

[10] Nach *Triepel*, Reichsaufsicht, S. 544, galt das gleiche für die selbständige
Aufsicht; wohl auch *Rümelin*, S. 229; *Börner*, S. 31. Demgegenüber kamen andere zu dem Ergebnis, die selbständige Aufsicht werde durch den Bundesrat
allein ausgeübt; *Hänel*, Staatsrecht, S. 314; *Bornhak*, Berliner Festgabe,
S. 120 ff.; neuerdings *Schäfer*, AöR 78, 1952/53, S. 3; andere zu der ausschließlichen Zuständigkeit des Kaisers, *Köhler*, S. 85.

[11] Diese Ansicht dürfte sowohl den Anforderungen der Praxis als auch der
Bedeutung der Mängelrüge Rechnung tragen. Wie hier unter der WRV bereits
Cohn, S. 53 ff. (55); *Flad*, S. 24; dem näherte sich *Anschütz*, HdbDStR I, S. 374.
Unter dem GG *Schäfer*, AöR 78, 1952/53, S. 17 f., aber zu allgemein.
Auch das BVerfG kann nur durch einen Beschluß der Bundesregierung als
Kollegialorgan angerufen werden, *BVerfGE* 6, 309 ff. (323).

sie den Bundesrat anruft. Ob sie sich statt dessen alsbald an das Bundesverfassungsgericht wenden kann, ist strittig und wird noch zu erörtern sein.

Der Bundeszwang gilt als das letzte Mittel, um die Durchsetzung der Aufsichtsmaßnahmen sicherzustellen. Es ist aber zweifelhaft, ob er deshalb nur nach Abschluß des Aufsichtsverfahrens angewendet werden kann. Darauf ist noch zurückzukommen.

Im folgenden werden die einzelnen Mittel und Stadien des Aufsichtsverfahrens, soweit eine Beteiligung des Bundesrates vorgesehen ist, näher ins Auge gefaßt.

§ 8: Der Erlaß allgemeiner Verwaltungsvorschriften

Art. 84 Abs. 2 und Art. 85 Abs. 2 GG[1] geben der Bundesregierung das Recht, mit Zustimmung des Bundesrates allgemeine Verwaltungsvorschriften zu erlassen.

I. Die allgemeinen Verwaltungsvorschriften als Maßstab und Mittel der Aufsicht

Die Frage, ob die allgemeinen Verwaltungsvorschriften lediglich als Maßstab[2] oder aber als Mittel der Aufsicht anzusehen sind, ist nicht nur von theoretischem Interesse, sondern auch von praktischer Bedeutung.

Die Literatur der WRV hat die allgemeinen Verwaltungsvorschriften, die von der Reichsregierung gemäß Art. 77, 179 Abs. 2[3] erlassen werden konnten, übereinstimmend als Maßstab der Aufsicht bezeichnet. Sie setzte sie in Gegensatz zu den allgemeinen Anweisungen des Art. 15 Abs. 2 S. 1 WRV, die als Mittel der Aufsicht angesehen wurden[4]. Es gelang aber nicht, zwischen den allgemeinen Verwaltungsvorschriften und den allgemeinen Anweisungen einen faßbaren Unterschied im Inhalt festzustellen[5].

---

[1] S. auch Art. 87 b Abs. 2 S. 2 und Art. 129 GG. Zum Sinn des Art. 87 b Abs. 2 S. 2 vgl. *Meyer-Dalheuer*, DVBl. 1957, S. 191.

[2] So etwa *Schäfer*, AöR 78, 1952/53, S. 25.

[3] Zu Art. 179 Abs. 2 WRV vgl. *Jacobi*, AöR Bd. 39, 1920, S. 329 ff. (331, 332).

[4] *Triepel*, Streitigkeiten, S. 84 f.; vgl. auch *Forsthoff*, AöR NF 19, 1930, S. 79; *Poetzsch-Heffter*, Komm. Art. 15, III, 8, S. 137; *Stier-Somlo*, I, S. 390; *Anschütz*, Komm. Art. 15, 5, S. 119 f. (besonders widersprüchlich, da sie auch seiner Ansicht nach die rechtl. Natur allgem. Verwaltungsvorschriften teilen sollten); *ders.*, HdbDStR I, S. 376.

[5] *Schoen*, AöR NF 6, S. 178 ff.; auch *Nawiasky*, Grundprobleme, S. 58, verneinte einen inhaltlichen Unterschied. Ebenso W. *Jellinek*, Verf. u. Verw., S. 25. Vgl. auch *Bornhak*, Verfassung Art. 15; *Wittmayer*, S. 237 f.

Geht man von einer Begriffsbestimmung dessen, was Maßstab und Mittel ist, aus, so läßt sich feststellen: Maßstab der Aufsicht ist jedes im voraus festgelegte Richtmaß, mit dem das Verhalten des Landes übereinzustimmen hat, an dem die Gesetzesausführung mithin im Einzelfall gemessen wird. Mittel der Aufsicht ist jedes Einwirken auf das Verhalten des Landes, das zum Ziel hat, das Land in Übereinstimmung mit einem vorher festgelegten Maßstab zu setzen.

Schon danach wird deutlich, daß die Begriffe Maßstab und Mittel der Aufsicht von einem verschiedenen Blickwinkel aus gesehen werden: der Maßstab von dem ausführenden Landesorgan, das Mittel von dem auszuführenden Gesetz bzw. dem aufsichtführenden Bund her. Es ist danach denkbar, daß Vorschriften, die zur Ausführung eines Gesetzes an die Länder gerichtet werden und sich insofern als Mittel der Aufsicht darstellen, für die weisungsgebundenen Adressaten selbst zum Maßstab der weiteren Ausführung und damit auch zum Maßstab einer späteren Aufsicht werden.

Dieses Verhältnis von Maßstab und Mittel kommt in den allgemeinen Verwaltungsvorschriften sehr deutlich zum Ausdruck. Von ihren verschiedenen Arten interessieren in diesem Zusammenhang in erster Linie solche auf den Gesetzesvollzug gerichteten Ausführungsvorschriften, die bereits bestehende gesetzgeberische Entscheidungen für den verwaltungsmäßigen Vollzug konkretisieren[6]. Verwaltungsvorschriften dieser Art können eine verschiedene Aufgabe haben. Sie dienen einmal dazu, die Ausübung des der Verwaltung vom Bundesgesetzgeber eingeräumten Ermessens einzuengen, indem sie die Landesverwaltung verpflichten, Ermessensentscheidungen in einem bestimmten Sinn zu treffen[7]. Selbständiger Maßstab der Aufsicht sind sie insoweit, als sie für die Landesverwaltung innerhalb der gesetzlichen Ermessensschranken engere Bindungen schaffen, die bis dahin noch nicht bestanden.

Von der Warte des aufsichtführenden Bundes aus gesehen, dient aber der Erlaß derartiger Verwaltungsvorschriften dazu, die Ausführung durch die Landesbehörden sicherzustellen. Er ist danach zugleich auch Mittel der Aufsicht[8, 9]. Hinzu kommt, daß eine das Ermessen der Lan-

---

[6] Zur Typisierung der Verwaltungsverordnungen nach dem praktischen Zweck vgl. *Jacobi*, HdbDStR II, S. 262. Zu den Ausführungsverordnungen vgl. noch G. *Jellinek*, Gesetz und Verordnung, S. 378 ff. — Soweit allgemeine Verwaltungsvorschriften Verfahrensregelungen enthalten, über die das Gesetz nichts sagt (vgl. *Bettermann*, Veröff. VDStRL, 17, 1959, S. 153), sind sie in diesem Zusammenhang von Maßstab und Mittel weniger von Interesse.

[7] Vgl. *Abg. Dr. Schmid*, Sten. Ber. HA, S. 433; *Abg. Dr. Laforet*, ebd., S. 436.

[8] Selbst Verfahrensregelungen, deren Beachtung ebenfalls beaufsichtigt wird und die insofern Maßstab der Aufsicht sind, lassen sich in diesem Sinn zugleich als Mittel verstehen.

desverwaltung einengende Verwaltungsvorschrift des Bundes immer zugleich den Zweck verfolgt, die Überschreitung der Ermessensgrenzen zu verhindern und sich insofern unzweifelhaft als ein präventives Mittel der auf die gesetzestreue Ausführung gerichteten Aufsicht ausweist.

Inhalt und Zweck der allgemeinen Verwaltungsvorschriften als Ausführungsverordnungen ist aber nicht nur, das Verwaltungsermessen zu binden[10]. Ihre Aufgabe ist auch, eine gesetzliche Regelung im ganzen sowie allgemeine und unscharfe Rechtsbegriffe im einzelnen für die Gesetzesausführung erläuternd zu konkretisieren. In dieser Ausprägung sind sie eine Folge der mit jeder abstrakt begrifflichen Regelung verbundenen Mehrdeutigkeit. Stellt man auf ihren Inhalt ab, so brauchten Verwaltungsvorschriften dieser Art nicht in der Form der allgemeinen Verwaltungsvorschriften nach Art. 84 Abs. 2, 85 Abs. 2 GG zu ergehen. Die Bundesregierung ist bereits auf Grund des Art. 84 Abs. 3 S. 1 GG — also ohne Zustimmung des Bundesrates — berechtigt, den Ländern mitzuteilen, in welcher Weise nach ihrer Ansicht Bundesgesetze auszuführen sind. Wenn die Bundesregierung gleichwohl sich auch insoweit der allgemeinen Verwaltungsvorschrift nach Art. 84 Abs. 2, 85 Abs. 2 GG bedient, so vor allem deshalb, weil sie sich nur so unmittelbar verbindlich an die nachgeordneten Landesbehörden wenden kann[11, 12]. Hinzu kommt, daß es zwar theoretisch leicht ist, zwischen den nur nach Art. 84 Abs. 2, 85 Abs. 2 GG möglichen allgemeinen Ermessensbindungen und der auch nach Art. 84 Abs. 3 GG möglichen präventiven Interpretation von Rechtsbegriffen zu unterscheiden, praktisch aber ist es häufig äußerst schwierig festzustellen, ob eine Ausführungsvorschrift zu einem Ermessensbegriff noch Interpretation des Begriffes selbst, mithin Festlegung der Ermessensgrenze, oder bereits Ausübung des Ermessens bedeutet.

Diese interpretativen Verwaltungsvorschriften weisen sich danach unzweideutig als ein präventives Mittel der Aufsicht aus.

---

[9] Das ist auch der Kern der von *Wittmayer*, S. 186 f., angesichts der Grundsatzgesetzgebung wieder aufgegriffenen alten Lehre, Aufsichtsmittel könne auch der Erlaß von Gesetzen sein. Diese Lehre ist allerdings kaum zutreffend. Die rechtsetzende Einigung der Gestaltungsfreiheit des Gesetzgebers durch Grundsatz- oder Rahmengesetze ist sehr verschieden von der verwaltungsmäßigen Einengung des exekutiven Ermessens.

[10] Einseitig *Röhrs*, S. 136 ff.

[11] Die von der Rechtsprechung sanktionierte Praxis hat sich allerdings an diese Verfassungsrechtslage nicht immer gehalten, vgl. *BVerwG*, DVBl. 1956, S. 445 f. (446), Urt. v. 26. 1. 1956; DVBl. 1957, S. 321 f. (322), Urt. v. 18. 10. 1956.

[12] Die Publikation sog. Rundschreiben über die Ausführung von Bundesgesetzen in den Ministerialblättern ist — wie bereits *Köttgen*, JöR NF 3, 1954, S. 87 festgestellt hat — allerdings ein geschickter Versuch einer direkten Einflußnahme; auch sie läßt die allgemeinen Verwaltungsvorschriften zahlenmäßig zurücktreten, vgl. auch *Neunreither*, S. 90.

Es läßt sich allerdings nicht verkennen, daß sowohl die Landesverwaltung wie auch der Bund bei späteren Aufsichtsmaßnahmen auch sie
insofern als Maßstab der Aufsicht ansieht, als die Gesetzesausführung
an ihnen gemessen wird. In Wahrheit bleibt aber auch jetzt Maßstab
das auszuführende Gesetz selbst, nur daß in der bis zur endgültigen
Subsumtion erforderlichen Kette der Konkretisierungen des gesetzlichen Tatbestandsmerkmales die erste Konkretisierung in der bereits
vorliegenden Verwaltungsvorschrift gesehen wird[13]. Auch vom Standpunkt rechtslogischer Gesetzesanwendung zeigt sich deshalb eindrück-
lich, daß die Verwaltungsvorschriften in dieser interpretativen Ausprägung nicht Maßstab, sondern Mittel der Aufsicht sind, nämlich Mittel
zur richtigen Subsumtion des Verwaltungssachverhaltes unter das auszuführende Gesetz[14].

Der neuralgische Punkt der Lehre, die die allgemeinen Verwaltungsvorschriften als bloßen Maßstab und in keinem Fall als Mittel der Aufsicht ansieht, ist darin zu sehen, daß nach ihr nur die Maßnahmen Mittel der Aufsicht sein können, die auf einzelne konkrete Mängel bezo-
gen sind, mögen sie nun einmal oder mehrfach auftreten. Man könnte
mit Fug behaupten, es handele sich hier um eine definitorische Einengung, die im Hinblick auf das Ziel der Aufsicht, das Land in Übereinstimmung mit dem Bundesrecht zu halten, nicht zu vertreten sei. Warum
soll dieses Ziel nur mit einzelnen Verfügungen, Hinweisen im konkreten Fall und nicht präventiv wie repressiv mit allgemeinen Vorschriften
erreicht werden können[15]?

Entscheidend aber ist, daß diese Unterscheidung auch systematisch
nicht haltbar ist.

Anschütz hat zu der Eigenschaft der Verwaltungsvorschriften als „allgemeine" Vorschriften ausgeführt, dieses Merkmal wolle nicht verhindern, die Verwaltungsvorschriften „beliebig zu spezialisieren"[16]. Die
bis ins letzte vorgenommene spezielle, also sachlich begründete, Glie-

---

[13] Über die Notwendigkeit einer speziellen Fassung des Obersatzes bei der
Gesetzesanwendung vgl. *Engisch*, Logische Studien zur Gesetzesanwendung,
2. Aufl., Heidelberg, 1960, S. 13 ff.

[14] Über die Folgen fehlerhafter Verwaltungsvorschriften kann hier nicht
gehandelt werden. *Röhrs*, insbes. S. 136 ff., läßt die Besonderheit, die sich aus
dem Bund-Länder-Verhältnis ergibt, völlig außer Betracht.

[15] Richtig *Wittmayer*, S. 186, wonach das Aufstellen von Grundsätzen ein
vorzügliches Mittel der Aufsicht bedeutet. — Irrig *Graubaum*, S. 72, wonach
die allgemeinen Verwaltungsvorschriften deshalb nicht Mittel der Aufsicht
sein können, weil für ihren Erlaß nicht die fehlerhafte Ausführung der Gesetze Voraussetzung sei. Als gäbe es keine präventive Aufsicht!

[16] *Anschütz*, Komm. Art. 77, 3, S. 412; ebenso für das geltende Recht *v. Mangoldt*, Art. 84 Anm. 3, S. 455; auch *Wessel*, DV 1949, S. 327. Im einzelnen unten
S. 88 f.

derung führt aber zu einer Regelung, deren Generalität nur in ihrer äußeren Fassung besteht, sachlich aber nicht größer ist als die des einzelnen Falles[17]. Die abstrakte Fassung einer vollständig spezialisierten Vorschrift führt zwar dazu, daß nicht nur dieser eine Fall so zu behandeln ist, sondern alle gleichliegenden Fälle jetzt und in Zukunft in gleicher Weise; das gleiche gilt aber bei der Regelung eines einzelnen Falles wegen der interpretativen Wirkung jeder Subsumtion in demselben Maße. Auch durch die Regelung eines Einzelfalles wird im Bereich der gesetzesausführenden Verwaltung — von Ermessensentscheidungen abgesehen — der Inhalt des Gesetzes dahingehend festgelegt, daß fortan in diesen Fällen diese Auffassung des Gesetzes Gesetz sein soll. Auch die Verfügung erschöpft, sofern sie der Gesetzesausführung dient und interpretativer Art ist, ihre Kraft nicht am Einzelfall[18, 19]. — Ja selbst Ermessensentscheidungen sind nicht frei von einer Wirkung für zukünftige gleichliegende Fälle. — Die soweit nur irgend möglich spezialisierte interpretative allgemeine Verwaltungsvorschrift bildet die Nahtstelle zur Weisung für den Einzelfall und macht deutlich, daß das Kriterium von allgemeinen Regelungen und solchen, die der Form nach für den speziellen Fall ergehen, kein geeignetes Merkmal der Abgrenzung zwischen Mittel und Maßstab der Aufsicht ist.

Es wäre auch verfehlt, zwar die interpretativen allgemeinen Verwaltungsvorschriften als Mittel der Aufsicht anzusehen, den ermessensbindenden Verwaltungsvorschriften aber ihre Doppelnatur als Maßstab und Mittel der Aufsicht eben wegen des Merkmals der Allgemeinheit abzusprechen. Auch soweit ermessensbindende allgemeine Verwaltungsvorschriften als Maßstab der Aufsicht anzusehen sind, folgt dieser Charakter nicht daraus, daß sie Bindungen für eine Mehrzahl von Fällen bewirken, sondern daraus, daß sie Bindungen setzen, die bislang noch nicht vorhanden waren. Gerade insoweit besteht aber kein grundsätzlicher Unterschied gegenüber der Einzelweisung, denn auch sie schafft als Ermessensentscheidung eine Bindung und damit einen Maßstab, der bislang nicht vorhanden war — nur vornehmlich im Blick auf den einen Fall. Auch das Merkmal der Allgemeinheit hindert danach nicht, die allgemeinen Verwaltungsvorschriften in dem dargelegten Sinn als Mittel der Aufsicht anzusehen.

---

[17] Über das Verhältnis rechtlicher Allgemeingültigkeit zu sachlicher Differenzierung vgl. auch *Hesse*, AöR 77, 1951/52, S. 167 f. (176).

[18] So aber mit einer wohl auf *Schulze*, Preuß. Staatsrecht II, S. 206, zurückgehenden Formulierung *Anschütz*, Komm. Art. 179, 3, S. 766.

[19] Das ist der richtige Kern der zu Art. 7 Ziff. 3 RV v. 1871 geäußerten Ansicht *Labands*, Hirths-Annalen 1873, Sp. 485, wonach sich die Wirksamkeit der Mängelrüge auch auf alle zukünftigen Fälle und auch auf andere Einzelstaaten erstrecke.

II. Verfassungsrechtliche Voraussetzungen der Zustimmung durch den Bundesrat

Erst die Kennzeichnung der allgemeinen Verwaltungsvorschriften als Mittel der Aufsicht schafft die Grundlage zur Entscheidung der Frage, was im Sinne der Art. 84 Abs. 2, 85 Abs. 2 GG unter den Begriff der „Allgemeinheit" und der „Bundesregierung" zu verstehen ist.

1. Der Begriff der Allgemeinheit

Die Verwaltungsvorschriften nach Art. 84 Abs. 2, 85, Abs. 2 GG sind als „allgemeine" Vorschriften in einen deutlichen Gegensatz zu den Einzelweisungen des Art. 84 Abs. 5 und den Weisungen des Art. 85 Abs. 3 S. 1 GG gesetzt[20]. Allgemein heißt danach sicher Allgemeinheit der Form in dem Sinne, daß die Verwaltungsvorschrift sich begrifflich genereller Merkmale bedienen muß und nicht einen einzelnen Fall direkt regeln darf[21]. Darüber hinaus aber läßt sich das Merkmal nicht im Sinne einer verbotenen sachlichen Differenzierung verstehen. Es trifft allerdings kaum den Kern, den Grund dafür darin zu sehen, daß die Grenze zwischen allgemeinen und speziellen Vorschriften in diesem Sinne ohnehin nicht gezogen werden könne[22]. Entscheidend ist, daß es gerade der Zweck der allgemeinen Verwaltungsvorschriften ist, die Kette der zur Ausführung eines Gesetzes bis zum Vollzugsakt rechtslogisch notwendigen Konkretisierungen aufzuzeigen. Ihnen wohnt daher schon ihrer Aufgabe nach die Tendenz inne, so konkret wie möglich zu sein. Freilich rücken die allgemeinen Verwaltungsvorschriften durch die Möglichkeit einer beliebigen sachlichen Spezialisierung dicht an die Einzelweisungen heran[23]. Sie sind von ihnen aber getrennt durch den ausgesprochen konkreten Bezug auf den Einzelfall, dessen Individualität auch durch weitgehend sachlich spezialisierte allgemeine Verwaltungsvorschriften im voraus nur begrenzt erfaßt werden kann.

Zweifelhaft ist dagegen, ob die Verwaltungsvorschriften nur für alle Länder gemeinsam oder auch für einzelne Länder erlassen werden können.

---

[20] Es ist wenig glücklich, wenn für Art. 85 Abs. 3 GG der alte Gegensatz zwischen allgemeinen Anweisungen und allgemeinen Verwaltungsvorschriften wieder aufgegriffen wird, so *Schäfer*, DÖV 1960, S. 648. Gemeint sind vielmehr auch hier Einzelweisungen. Zutreffend *Maunz* in Maunz-Dürig, Komm. Art. 85, Rdnr. 28.

[21] Unter der RV v. 1871 *Dambitsch*, S. 217; unter der WRV *Anschütz*, Art. 77, 3, S. 412; unter dem GG *Kratzer*, Bayer. Staatsanz. 1950, Nr. 13, B II, S. 5.

[22] So *Anschütz*, Art. 77, 3, S. 412; auch *Schön*, AöR NF 6, 1924, S. 174 f.

[23] Vgl. oben S. 86 f. Ein Formmißbrauch läßt sich nur aus außerhalb der Entscheidung liegenden Umständen ermitteln, vgl. *RGZ* 128, S. 165 ff. (169), Beschluß vom 3. Dezember 1929.

Die Streitfrage ist alt. Unter der RV v. 1871 knüpfte man an Art. 37 Ziff. 2 der Verfassung des Norddeutschen Bundes[24] an und verstand „allgemein" im Sinne einer Geltung für alle Einzelstaaten[25]. Unter der WRV war die Frage ebenso zweifelhaft wie heute[26].

Soweit die einzelnen Verwaltungsvorschriften nur eine interpretative Konkretisierung der gesetzlichen Regelung darstellen, ergibt sich zwingend, daß sie für alle Länder gemeinsam gelten müssen. Bei gleichem Sachverhalt muß der gleiche rechtslogische Subsumtionsschluß hier so gut wie dort gelten. Rechtlich notwendige Differenzierungen können lediglich in den in einzelnen Ländern möglicherweise verschiedenen Sachverhalten ihre Ursache finden und durch eine entsprechende Differenzierung der tatbestandlichen Voraussetzungen auch erreicht werden. Es ist insoweit nicht notwendig, partielle Verwaltungsvorschriften des Bundes zu erlassen — es sei denn, daß das Gesetz selbst partielles Bundesrecht enthält. Im Gegenteil! Sie widersprechen der ratio ihrer verfassungsmäßigen Grundlage, gerade eine einheitliche Verwaltung sicherzustellen.

Ähnliches gilt, soweit die Verwaltungsvorschriften eine Bindung des Ermessens enthalten. Soweit in den einzelnen Ländern gleiche Sachverhalte vorliegen, ist auch das Ermessen der Verwaltung in gleicher Weise zu binden. Soweit dagegen verschiedene Sachverhalte zu regeln sind, ist insofern eine Differenzierung in den Voraussetzungen, unter denen das Ermessen des Landes eingeengt wird, möglich.

Es ist allerdings nicht zu verkennen, daß Situationen in einzelnen Ländern auftreten können, deren Einmaligkeit außer Frage steht. Auch in diesen Fällen den Erlaß für alle Länder fordern, hieße geradezu, einen Formmißbrauch verlangen.

Im Ergebnis ist daher festzustellen, daß die Geltung der allgemeinen Verwaltungsvorschriften für alle Länder die Regel sein muß, aber nicht zwingend ist[27].

2. Der Begriff der „Bundesregierung" in Art. 84 Abs. 2, 85 Abs. 2 GG

Auch für die insbesondere zwischen der Bundesregierung und dem Bundesrat streitige Frage, ob unter dem Begriff Bundesregierung in

---

[24] S. Preuß. GS. 1867, S. 817.
[25] *Arndt,* Verordnungsrecht, S. 92; *Hänel,* Staatsrecht, S. 288 f.
[26] *Anschütz,* Komm. Art. 15, 5, S. 119, vertrat die Ansicht, sie könnten sich auch an einzelne Länder richten; *Triepel,* Streitigkeiten, S. 85, sah dagegen das „Allgemeine" — zumindest in Art. 15 Abs. 2 — in der Geltung für alle Länder; ebenso *Forsthoff,* AöR NF 19, 1930, S. 79; *Hubrich,* S. 40.
[27] Den Erlaß auch für einzelne Länder halten für zulässig: *v. Mangoldt,* Komm. Art. 84, 3, S. 455; *Herrfahrdt,* BK Art. 84, II, 3; *Schulte-Frohlinde,* S. 48.

Art. 84 Abs. 2, 85 Abs. 2 GG nur das Kollegium (Art. 62) oder auch der einzelne Bundesminister zu verstehen ist[28], ist es nicht ohne Bedeutung, die allgemeinen Verwaltungsvorschriften auch als Mittel der Aufsicht anzusehen.

Die Gründe, die für die Auffassung sprechen, unter der „Bundesregierung" in Art. 84 Abs. 2, 85 Abs. 2 GG auch den einzelnen Bundesminister zu verstehen, sind von dem Vertreter der Bundesregierung, Dr. Strauß, in der 79. Sitzung des Bundesrates[29] am 29. Februar 1952 weitgehend dargelegt. Auf sie kann verwiesen werden.

Hier gilt es, zwei Einwänden grundsätzlicher Art zu begegnen:

Der erste Einwand resultiert daraus, daß die Aufsicht das Bund-Länder-Verhältnis betrifft; der Erlaß allgemeiner Verwaltungsvorschriften sei — so könnte man meinen — daher per se von so allgemeiner politischer Bedeutung, daß nur die Bundesregierung als Kollegium zuständig sein könne.

Diese Ansicht verkennt, daß mit der leitenden Aufsicht in Art. 84 Abs. 2 GG die Schranken zwischen einer Ausführung durch den Bund und einer Ausführung durch die Länder durchbrochen worden sind. Der Bund ist im Innenverhältnis zwischen Bund und Länder an der Ausführung selbst beteiligt[30]. Allgemeine Verwaltungsvorschriften und Einzelweisungen dienen nicht wie die lediglich kontrollierenden Aufsichtsmaßnahmen dazu, das Bund-Länder-Verhältnis zu ordnen, die Länder an ihre Bundespflichten zu erinnern, sie sind vielmehr Teil einer laufenden, wenn auch auf das Innenverhältnis zwischen Bund und Ländern beschränkten Ausführung durch den Bund selbst. Für die laufende Verwaltung ist aber nach Art. 65 S. 2 GG der einzelne Minister zuständig, sofern es sich nicht auch dem Inhalt nach um Regelungen von allgemeiner politischer Bedeutung handelt[31].

Der Auffassung, wonach auch der einzelne Minister zum Erlaß allgemeiner Verwaltungsvorschriften zuständig ist, scheint sodann die terminologische Unterscheidung in Art. 85 Abs. 2 S. 1 GG einerseits und Art. 85 Abs. 3 S. 1 GG andererseits entgegenzustehen. Man wird nicht fehlgehen, wenn man annimmt, das Grundgesetz habe mit dieser Unterscheidung dem Umstand, daß allgemeinen Vorschriften in aller

---

[28] Im ersten Sinn *Kratzer*, DÖV 1952, S. 231 ff.; *ders.*, DÖV 1953, S. 172; *Holtkotten*, BK, Art. 119, II, 4 b; *Schäfer*, Bundesrat, S. 121 ff.; *ders.*, DÖV 1960, S. 648; *Maunz*, Staatsrecht, S. 205; *Plaum*, DVBl. 1958, S. 453.
Im letzteren Sinn *v. Mangoldt*, Komm. Art. 84 Anm. 3, S. 455; *Herrfahrdt*, BK Art. 84, II, 3; *Redeker*, DÖV 1952, S. 235 f., *Seifert-Geeb*, Art. 84, S. 152; *Schulte-Frohlinde*, S. 47 f. Zweifelnd *Wessel*, DV 1949, S. 327.

[29] *BR-Sitzungsbericht*, S. 69 ff.

[30] Vgl. oben S. 80 ff.

[31] Vgl. § 15 Abs. 1 Ziff. c GeschOBReg.

Regel eine größere Bedeutung zukommt als Weisungen für den Einzelfall, Rechnung tragen wollen. Allein es ist wenig sinnvoll, eine erhöhte Bedeutung schon in der bloßen Tatsache zu sehen, daß die allgemeinen Verwaltungsvorschriften von vornherein eine Mehrzahl von gleichen Fällen zu regeln suchen, mögen ihre Gegenstände noch so unbedeutend sein. Nicht nur, daß eine Einzelweisung, jedenfalls soweit sie interpretativer Art ist, ebenfalls für alle weiteren Fälle gleicher Art von Bedeutung ist, unbedeutende Einzelheiten, etwa technische Details, erlangen nicht schon dadurch Bedeutung, daß sie sich öfters wiederholen.

Gerade wenn man der Unterscheidung des Art. 85 Abs. 2 und Abs. 3 GG auf den Grund geht, erscheint es danach gerechtfertigt, nur dann den Erlaß der allgemeinen Verwaltungsvorschriften durch das Kollegium für erforderlich zu erachten, wenn es sich um Gegenstände von allgemeiner politischer Bedeutung handelt.

Auch die Interessen der Länder werden durch diese Regelung nicht berührt. Sie sind dadurch genügend gewahrt, daß der Bundesrat ein Mitspracherecht hat.

Der Bundesrat hat sich gleichwohl auf den entgegengesetzten Standpunkt gestellt und einem Entwurf einer Allgemeinen Verfügung des Bundesministers der Justiz aus diesem Grunde die Zustimmung verweigert[32]. In dem Verfahren, das daraufhin von der Bundesregierung vor dem Bundesverfassungsgericht anhängig gemacht worden ist — 2 BVE 2/52 — ist eine Entscheidung nicht ergangen[33], da ein Einvernehmen darüber erzielt werden konnte, daß es sich nicht um eine allgemeine Verwaltungsvorschrift, sondern um einen Organisationsakt innerhalb der Bundesverwaltung handele. Die Streitfrage selbst ist offen geblieben. Unzuträglichkeiten werden dadurch vermieden, daß nach Auffassung des Bundesrats durch ein Zustimmungsgesetz nach Art. 84 Abs. 1 GG auch ein einzelner Bundesminister zum Erlaß allgemeiner Verwaltungsvorschriften ermächtigt werden kann[34].

---

[32] Vgl. Stellungnahme des BR in der 79. Sitzung v. 29. 2. 1952, BR-Sitzungsbericht, S. 68 ff. (71 f.); Gutachten des Rechtsausschusses des BR, Drucks. 377/52 v. 18. Sept. 52, dazu Beschl. in der 92. Plenarsitzung v. 26. 9. 1952, BR-Sitzungsbericht, S. 422; Gutachten des BR-Rechtsausschusses, Drucks. 17/53 v. 14. 1. 53; Plenarbeschluß in der 99. Sitzung v. 30. Jan. 53, BR-Sitzungsbericht, S. 17/18.

[33] Mitteilung des BVerfG v. 27. April 1961 sowie des BMJ v. 3. Juli 1961.

[34] Vgl. etwa § 17 Abs. 3 des Umsiedlungsgesetzes v. 22. Mai 1952 (BGBl. I, S. 350). — Allein als Verfahrensvorschriften läßt sich allenfalls ein Teil der allgemeinen Verwaltungsvorschriften ansehen, vgl. *Bettermann*, Veröff. VDStRL, 17, 1959, S. 153. Über die Bedenken gegen diese Auslegung des Art. 84 Abs. 1 GG vgl. auch *Kratzer*, DÖV 1952 S. 233; *Schäfer*, Bundesrat, S. 123; auch *Köttgen*, DÖV 1952 S. 424; *Maunz* in Maunz-Dürig, Komm. Art. 84, Rdnr. 17, 18. Zur Frage der Abgrenzung des Art. 84 Abs. 1 von Art. 84 Abs. 2 GG kann hier jedoch nicht Stellung genommen werden. — Wenn die

III. Bedeutung des Zustimmungserfordernisses

Hier wie auch sonst ist die Zustimmung des Bundesrates einmal um deswillen eingeführt worden, weil der Bund nicht ohne das Plazet der Länder oder doch ihrer Mehrheit in einen Bereich staatlicher Betätigung eingreifen soll, der grundsätzlich ihnen vorbehalten ist[35]. Gerade der Umstand, daß sich der Erlaß allgemeiner Verwaltungsvorschriften als ein Teil der Ausführung selbst erweist, läßt das deutlich werden. Aber die Aufgabe des Bundesrates ist keinesfalls nur negativer Art; sie besteht nicht nur darin, den Einfluß des Bundes möglichst abzuwehren[36]. Die Mitwirkung des Bundesrates ist vielmehr ebenso sehr als Pendent für den Einbruch in den Aufgabenbereich der Länder anzusehen und hat eine wesentlich positive Aufgabe: dem Bund die administrative Erfahrung der Länder nutzbar zu machen[37]. Indem der Bundesrat den ihm von der Bundesregierung vorgelegten Verwaltungsvorschriften nicht nur en bloc zustimmt oder ablehnt, sie vielmehr im einzelnen seiner Kritik unterzieht und u. U. sehr detaillierte Abänderungsvorschläge macht, nimmt er diese Aufgabe zutreffend wahr.

IV. Zusammenfassung

Soweit allgemeine Verwaltungsvorschriften das der Verwaltung vom Gesetzgeber eingeräumte Ermessen einengen, sind sie zwar Maßstab, vom auszuführenden Gesetz und den auf die richtige Ausführung bedachten Aufsichtsorganen her gesehen zugleich aber auch Mittel der Aufsicht. Soweit sie lediglich interpretativer Art sind, sind sie ausschließlich Mittel der Aufsicht, auch wenn ihnen infolge ihrer stärkeren Konkretheit tatsächlich die Bedeutung eines Maßstabes zukommt.

Die Zustimmung des Bundesrats setzt voraus, daß die verfassungsrechtlichen Voraussetzungen vorliegen. Allgemein sind Verwaltungsvorschriften dann, wenn sie sich nicht auf einen konkreten Fall beziehen, sich mithin genereller Merkmale bedienen. Es muß zwar die Regel sein, ist aber nicht notwendig, daß sie für alle Länder gelten. Bundesregierung i. S. der Art. 84 Abs. 2, 85 Abs. 2 GG ist auch der einzelne Bundesminister.

Die Aufgabe und Bedeutung der Zustimmung des Bundesrates besteht negativ in der Abwehr einer nicht erforderlichen Einwirkung

---

Auffassung *Schäfers*, ebd., „Bundesregierung" sei das Kollegium, richtig wäre, erschiene aber der Versuch, in Art. 84 Abs. 2 selbst einen Vorbehalt für den einfachen Gesetzgeber einzubauen, ebenfalls bedenklich.

[35] Aus diesem Grunde erstreckt sich das Zustimmungserfordernis auch auf Art. 85 Abs. 2 S. 2 GG; vgl. *Schulte-Frohlinde*, S. 48.

[36] So *Haas*, AöR 80, 1955/56, S. 84.

[37] Vgl. *Kern*, DÖV 1951, S. 261.

durch den Bund. Ihre positive Aufgabe besteht darin, dem Bund die Verwaltungserfahrung der Länder nutzbar zu machen. Sie stellt das Pendant für den Einbruch des Bundes in den grundsätzlich den Ländern überlassenen Verwaltungsbereich dar.

§ 9: Die Befugnis zum Erlaß von Einzelweisungen

Der Bundesregierung kann durch Gesetz, das der Zustimmung des Bundesrates bedarf, die Befugnis verliehen werden, zur Ausführung von Bundesgesetzen in besonderen Fällen Einzelweisungen zu erteilen, Art. 84 Abs. 5 GG[1].

I. Die Einzelweisung als Mittel der leitenden Aufsicht

Die in Art. 84 Abs. 5 GG vorgesehenen Einzelweisungen gleichen insofern den allgemeinen Verwaltungsvorschriften, als auch sie dazu dienen, die gesetzgeberischen Entscheidungen im Einzelfall, sei es interpretativ, sei es durch eine Ermessensentscheidung, zu konkretisieren. Es ist auch bereits hervorgehoben, daß durch eine inhaltlich weitgehend spezialisierte „allgemeine Verwaltungsvorschrift" trotz genereller Fassung annähernd derselbe Effffekt erzielt werden kann wie mit der Einzelweisung[2]. Auch noch so spezialisierte Verwaltungsvorschriften versagen jedoch gegenüber der unvorhersehbaren Mannigfaltigkeit der Verwaltungspraxis. Nur die Befugnis zu einer Weisung von Fall zu Fall verschafft hier die Möglichkeit der Einflußnahme.

Das Recht, im einzelnen konkreten Fall zu entscheiden, welche Maßnahme der ratio wie dem Buchstaben des Gesetzes am ehesten gerecht wird, ist der eigentlich schöpferische Anteil an der gesetzesausführenden Verwaltung. Wenn deshalb Art. 84 Abs. 5 GG der Bundesregierung die Möglichkeit eröffnet, durch Einzelweisungen auf solche Entscheidungen einzuwirken, so wird ihr damit auch außerhalb eigentlicher Ermessensentscheidungen eine leitende Aufsichtsbefugnis eingeräumt, die in die Nähe einer durch die bundesstaatlichen Verhältnisse eigenartig modifizierten eigenen Ausführungskompetenz rückt. Art. 84 Abs. 5 GG sieht deshalb auch für die Begründung dieses Rechtes eine besonders erschwerte Form vor: es kann nur durch Bundesgesetz, das der Zustimmung des Bundesrates bedarf, verliehen werden.

---

[1] Vgl. auch Art. 119 und § 34 des BVF-Gesetzes vom 19. Mai 1953 (BGBl. I, S. 201), i. d. Neufass. v. 14. Aug. 1957 (BGBl. I, S. 1215).
Soweit im vorkonstitutionellen, nach Art. 128 GG fortgeltenden Recht Einzelweisungsrechte vorgesehen sind, ist eine Mitwirkung des Bundesrates nicht vorgesehen, so richtig *Schäfer*, AöR 78, 1952/53, S. 29, weitere Nachweise ebd.

[2] Vgl. oben S. 86 f.

II. Verfassungsrechtliche Voraussetzungen der Zustimmung durch den Bundesrat

1. Bundesgesetz i. S. des Art. 84 Abs. 5 GG

Es ist bereits dargelegt, daß die Befugnis, Einzelweisungen zu erlassen, nur erteilt werden kann zur Ausführung solcher Bundesgesetze, die nach außen als unmittelbare Rechtsgrundlage der angewiesenen Vollzugsmaßnahmen in Frage kommen[3]. Ein Weisungsrecht zur Ausführung von Landesnormen — vornehmlich der polizeilichen Generalklausel — kann der Bund nach Art. 84 Abs. 5 GG nicht in Anspruch nehmen. Einem Gesetz, das ein solches Weisungsrecht vorsähe, müßte der Bundesrat die Zustimmung versagen.

2. Die Beschränkung der Weisungsbefugnis auf besondere Fälle

Zu Recht ist allgemein anerkannt, daß in dem Gesetz die „besonderen Fälle" des Art. 84 Abs. 5 GG tatbestandlich festgelegt sein müssen[4]. Nur so wird ein allgemeines Weisungsrecht, das die Grenze zur Auftragsverwaltung verwischt, verhindert. Man wird an die tatbestandliche Fixierung allerdings auch nicht allzu große Anforderungen stellen dürfen. Denn Ausnahmefälle lassen sich im voraus nur schwer erfassen. In Gesetzen von inhaltlich beschränkter Regelung wird man ein allgemeines Weisungsrecht noch am ehesten für zulässig erachten. Das mochte etwa gelten für § 4 der Umsiedlungsverordnung vom 29. November 1949 (BGBl. I, S. 4)[5]. Für zulässig wird man es auch erachten, wenn der Gesetzgeber das Weisungsrecht auf die Ausführung bestimmter Vorschriften beschränkt, gleichwohl aber auch davon nur die Fälle von grundsätzlicher Bedeutung erfaßt wissen will[6].

3. Der Erlaß der Weisungen durch die Bundesregierung

In der Literatur wird unter der Bundesregierung auch in Art. 84 Abs. 5 GG das Kollegium (Art. 62) verstanden[7]. Der Gesetzgeber hat

---

[3] Vgl. oben S. 53 ff.

[4] Im Ergebnis ebenso *Kratzer*, Bayer. Staatsanz. 1950, Nr. 13, S. 5; *v. Mangoldt*, Komm. Art. 84, 5, S. 459; *Katzenstein*, DÖV 1958, S. 602.

[5] Anders *Holtkotten*, BK Art. 119, II, 4 e.
Zulässig deshalb auch § 34 des BVF-Gesetzes i. d. Neufass. v. 14. Aug. 1957 (BGBl. I, S. 1215).

[6] Bedenklich weit aber § 4 des 1. Überleitungsgesetzes v. 28. Nov. 1950 (BGBl. I, S. 773) i. d. Fassung des 4. Überleitungsgesetzes v. 27. April 1955 (BGBl. I, S. 189).

[7] *Holtkotten*, BK Art. 119, II, 4 b; *Zweigert*, DVBl. 1958, S. 734; *Kratzer*, AöR 77, 1952/53, S. 269; *Schäfer*, AöR 78, 1952/53, S. 27; *Köttgen*, JöR NF 3, 1954, S. 86; ebenso der Vertreter der Bundesregierung *Dr. Strauss* in der 79. Sitzung des Bundesrates v. 29. Februar 1952, BR-Sitzungsbericht, S. 69, D. Neuerdings *Maunz* in Maunz-Dürig, Komm. Art. 84, Rdnr. 37, Fußn. 5.

dieser Auffassung überwiegend Rechnung getragen[8], allein nicht immer[9]. Besonders dort, wo er eine Einwirkung in Form einer Genehmigung bzw. eines Einvernehmens vorgesehen hat, ist gelegentlich auch der betreffende Bundesminister für zuständig erklärt worden[10]. Doch ist es fraglich, ob der Gesetzgeber als Rechtsgrundlage dieser Einwirkungen überhaupt Art. 84 Abs. 5 GG angesehen hat.

Gegen die Auffassung, nach der in Art. 84 Abs. 5 GG nur die Bundesregierung als Kollegium gemeint sein soll, sprechen zunächst alle Bedenken, die gegen die gleiche Auslegung in Art. 84 Abs. 2 GG sprechen, vor allem also, daß die Weisungen eine Art eigener Verwaltung des Bundes darstellen, die laufende Verwaltung aber zum Ressort des einzelnen Ministers gehört[11].

Dagegen spricht auch die Parallele zur Bundesauftragsverwaltung: Soweit die Befugnis, Einzelweisungen zu erlassen, reicht, unterscheidet sich die Ausführung des betreffenden Gesetzes nicht von der im Auftrag des Bundes. Hier aber erklärt Art. 85 Abs. 3 S. 1 GG ausdrücklich die obersten Bundesbehörden als weisungsberechtigt. Eine Interpretation, die lediglich auf dem verschiedenen Wortlaut des Art. 84 Abs. 5 GG einerseits und des Art. 85 Abs. 3 S. 1 GG andererseits fußt, ist methodisch unzulänglich, da sie bei einer vergleichenden Wortinterpretation stehenbleibt, und sachlich verfehlt, da sie gleiches verschieden regelt.

Schließlich ist zu bedenken, daß es zwar sinnvoll ist, der Bundesregierung die Rechte nur dort zu gewähren, wo sie notwendig sind, insbesondere durch eine tatbestandliche Umgrenzung eine uferlose Ausdehnung zu verhindern. Darauf zu achten ist die besondere Aufgabe des Bundesrates. Wo aber die Notwendigkeit anerkannt wird, da entspricht es einer falsch verstandenen föderalen Rücksichtnahme, die Ausübung sachwidrig zu erschweren. Der flexibleren Auslegung, wonach die Einzelweisungen nur dann von der Bundesregierung als Kollegium erlas-

---

[8] Als Beispiele vgl. § 6 des Gesetzes für Sicherungsmaßnahmen auf einzelnen Gebieten der gewerbl. Wirtschaft v. 9. März 1951 (BGBl. I, S. 163); § 16 des Umsiedlungsgesetzes v. 21. Mai 1951 (BGBl. I, S. 350); zuvor § 4 der VO v. 29. Nov. 1949 (BGBl. 1950 I, S. 4); § 4 des Gesetzes über das Paßwesen vom 4. März 1952 (BGBl. I, S. 290).

[9] Vgl. z. B. Gesetz gegen Wettbewerbsbeschränkungen v. 27. Juli 1957 (BGBl. I, S. 1081), §§ 44 Abs. 2, S. 2, 102, Abs. 2—4.

[10] Vgl. § 18 Abs. 1 d. Milch- u. Fettgesetzes v. 28. Febr. 1951 (BGBl. I, S. 135); § 4 Abs. 2 des 1. Überleitungsgesetzes v. 21. Aug. 1951, i. d. Fassung des 4. Überleitungsgesetzes v. 27. April 1955 (BGBl. I, S. 189). §§ 44 Abs. 2, 102 Abs. 2—4 des Gesetzes gegen Wettbewerbsbeschränkungen (BGBl. I, S. 1081) v. 27. Juli 1957.

[11] Vgl. oben S. 89 ff.

sen werden müssen, wenn sie von allgemeiner politischer Bedeutung sind, ist daher der Vorzug zu geben[12].

4. Die Genehmigung als gesetzgeberische Modifikation des Weisungsrechtes

Strittig ist in der Literatur, ob die Befugnis zum Erlaß von Einzelweisungen dahingehend modifiziert werden kann, daß für besondere Fälle an Stelle der Einzelweisungen das Recht einer Genehmigung durch die obersten Bundesbehörden tritt.

Der Bundesgesetzgeber hat gelegentlich derartige, im einzelnen noch variierte Formen der Beteiligung an der Ausführung geschaffen[13]. Die grundsätzlich gleiche Frage ergab sich im Rahmen der Bundesauftragsverwaltung in den Fällen, in denen der Gesetzgeber das Weisungsrecht nach Art. 85 Abs. 3, 108 Abs. 2 GG in ein Zustimmungsrecht verwandelte[14].

Lägen hier verfassungsrechtliche Modifikationen vor, die weder von Art. 84 Abs. 5 GG noch sonst gedeckt würden[15], so hätte der Bundesrat die Zustimmung zu diesen Gesetzen nicht erteilen dürfen.

Die Frage, ob auch Genehmigungen unter den Begriff der Aufsicht fallen, ist alt[16]. Begrifflich bestehen keine Bedenken, die Genehmigung als präventive Aufsicht anzusehen[17]. Damit ist aber noch nicht gesagt, daß die Verfassung sie auch als zulässiges Aufsichtsmittel verstanden wissen will.

Die Genehmigung weist als Aufsichtsform Besonderheiten auf. Einmal verpflichtet sie das Land zu einer Selbstanzeige. Die Zulässigkeit dieser Anzeigepflicht ist nicht zweifelsfrei. Als allgemeine Pflicht, den Bund über wichtige oder zweifelhafte Maßnahmen vorher zu unterrich-

---

[12] So im Ergebnis auch *Krönig*, MDR 1952, S. 28 f.; ders., DVBl. 1951, S. 754 f.; *Seifert-Geeb*, Art. 84, S. 153.

[13] Vgl. § 4 Abs. 2 des 1. Überleitungsgesetzes v. 28. Nov. 1950 (BGBl. I, S. 773); § 18 Abs. 1 S. 3 des Milch- und Fettgesetzes v. 28. Febr. 1951 (BGBl. I, S. 135); §§ 6, 13 Abs. 1 des Gesetzes über die Ausübung der Zahnheilkunde v. 31. März 1952 (BGBl. I, S. 221).

[14] Vgl. § 1 Abs. 3 des 2. Finanzverwaltungsgesetzes v. 15. Mai 1952 (BGBl. I, S. 293).

[15] So wohl *Köttgen*, JöR NF 3, 1954, S. 88, 96; *Rohwer-Kahlmann*, AöR 79, 1953/54, S. 223, aber ohne die in Art. 84 Abs. 5 GG beschlossenen Möglichkeiten ersichtlich in Betracht zu ziehen.

[16] *Gierke*, Genossenschaftstheorie, S. 652, Anm. 3, hat sie bejaht. *Rosin*, S. 103, 116, hat sie verneint — aber nur weil er eine Zweckmäßigkeitsüberprüfung mit ihr verbunden sah, die er schon begrifflich für die Aufsicht nicht gelten lassen wollte.

[17] So auch *Triepel*, Reichsaufsicht, S. 624; *Poetzsch*, JöR 13, 1925, S. 43; *Schaub*, S. 189 ff.

ten, wäre sie verfassungswidrig. Art. 84 Abs. 5 GG geht jedoch dadurch,
daß er der Bundesregierung eine Leitungsgewalt verleiht, mit Bedacht
über den Rahmen einer kontrollierenden Aufsicht hinaus. Der Absicht
des Verfassungsgesetzgebers, dem Bund in den Grenzen des Art. 84 Abs. 5
GG weitergehende Einwirkungsmöglichkeiten zu verschaffen, ist auch
hier Rechnung zu tragen. Denn soweit dem Bund nur eine kontrollierende Aufsicht eingeräumt worden ist, erscheint eine ständige Überwachung nicht vonnöten. Soweit ihm aber die Leitungsgewalt zusteht,
muß er auch dafür Sorge tragen können, daß er laufend in Kenntnis
gesetzt wird. In eben dem Umfang und unter den Kautelen, unter denen auch die Befugnis zu Einzelweisungen erteilt werden kann, ist daher auch das Recht der ständigen Überwachung zulässig. Die Regel-
mäßigkeit der Überwachung ist dadurch, daß die Pflicht auf besondere,
tatbestandlich umgrenzte Fälle eingeengt wird, in Grenzen gehalten[18], [19].

Der wesentlichste Einwand gegenüber der Genehmigung als einer
gesetzgeberischen Variante des Weisungsrechtes rührt daher, daß diese
Form der Mitsprache des Bundes einem gemeinsamen Vollzug des Gesetzes durch Bund und Länder sehr nahe kommt. Es ist jedoch die Frage,
ob nicht trotz der grundsätzlichen Trennung der staatlichen Betätigungen von Bund und Ländern in den Grenzen des Art. 84 Abs. 5 GG ein der-
artig kooperatives Handeln vorgesehen werden kann.

Art. 84 Abs. 5 GG hat — ebenso wie das Institut der Bundesauftragsverwaltung — die starre Grenzziehung zwischen dem administrativen
Bereich des Bundes und der Länder zugunsten einer beweglicheren,
den Erfordernissen des modernen Staates angepaßten Regelung durchbrochen. Es kann nicht behauptet werden, daß die Einzelweisung, vor
allem wenn sie präventiv erfolgt, die Schranke zwischen den beiden
administrativen Bereichen weniger außer acht läßt als die Genehmigung.
Die Genehmigung setzt allerdings begrifflich voraus, daß der Ausfüh-
rungsakt von dem Land selbst geformt wird, während die Einzelweisung sich direkt mit einem allein vom Bund geformten Ausführungs-
befehl an das Land wendet. Daher scheint bezüglich der Trennung der
beiden Verwaltungsräume die Einzelweisung die reinere Form darzustellen. Aber der Schein trügt! Entscheidend ist, daß es dem Land im
einen wie im anderen Fall verwehrt ist, allein in eigener Regie das
Gesetz auszuführen. Die Genehmigung verzahnt die beiden Verwal-
tungsbereiche nicht mehr als die Einzelweisung. Die Stellung des Landes ist bei der Genehmigung insofern noch stärker, als auch der Bund

---

[18] Deshalb bestehen gegen § 13 Abs. 1 S. 2 des Gesetzes über die Ausübung der Zahnheilkunde v. 31. März 1952, *(BGBl. I*, S. 221), keine Bedenken.

[19] Auch eine mit einem Weisungsrecht verbundene Anzeigepflicht ist danach zulässig, ebenso *Köttgen*, JöR NF 3, 1954, S. 86 f.

ohne die Zustimmung des Landes die Art der Ausführung nicht bestimmen kann.

Füsslein leitet eben daraus, daß das Weisungsrecht von einem Subor-
dinations-, das Einvernehmen aber von einem Koordinationsverhältnis ausgeht, Bedenken dagegen her, die Genehmigung als mögliche
Form des Weisungsrechts anzusehen[20]. — Die Vorstellung, die übergeordnete Stellung des Bundes, die Art. 84 Abs. 5 GG allerdings zum
Ausdruck bringt, könnte nicht in eine nebengeordnete verwandelt werden, ist jedoch von einer konstruktiven Starre, deren Sinn nicht ersichtlich ist. Dieses Argument läßt vor allem außer acht, daß mit Art. 84
Abs. 5 GG lediglich der Zweck verfolgt wird, dem Bund in bestimmten Fällen eine für notwendig erachtete Möglichkeit des Eingriffs einzuräumen. Wenn aber der Gesetzgeber das schwächere Mittel der Genehmigung für ausreichend erachtet, dann ist nicht einzusehen, weshalb er genötigt sein soll, stets das stärkere Mittel der alleinigen Entscheidung anzuwenden[21].

Die Befugnis zur Genehmigung, zum Widerspruch etc. wird daher
einerseits von Art. 84 Abs. 5 GG gedeckt, kann andererseits grundsätzlich aber auch nur in der Form und dem Umfang wie dort vorgesehen
erlassen werden. Ob eine allgemeine Ausnahme insoweit gemacht werden muß, als die Auswirkungen der Verwaltung nicht auf das Gebiet
eines Landes beschränkt bleiben[22], ist zunächst eine grundsätzliche
Frage der Kompetenzverteilung und bedarf einer differenzierten Lösung. Darauf kann hier nicht eingegangen werden[23].

III. Gegenstand der Zustimmung des Bundesrates

Es ist nicht notwendig, aber die Regel, daß die Befugnis der Bundesregierung, Einzelweisungen zu erteilen, bereits in dem Gesetz enthalten ist, zu dessen Ausführung sie ergehen sollen. Es ist deshalb zu
fragen, ob die Zustimmung des Bundesrates lediglich zu der einen Bestimmung, die der Bundesregierung diese Befugnis einräumt, erforderlich ist oder zu dem Gesetz insgesamt:

---

[20] *Füsslein,* DVBl. 1956, S. 3.

[21] Ein Beispiel für die Vertauschbarkeit ist § 4 Abs. 2 des 1. Überleitungsgesetzes vom 28. Nov. 1950 (BGBl. I, S. 773). Im 4. Überleitungsgesetz vom
27. April 1955 (BGBl. I, S. 189) wurde die bis dahin vorgesehene Zustimmung
der zuständigen Bundesbehörden durch ein Weisungsrecht der obersten Bundesbehörden ersetzt.

[22] Vgl. etwa §§ 8, 18 Abs. 1 S. 3 Milch- und Fettgesetz v. 28. Febr. 1951
(BGBl. I, S. 135); § 3 des Heimarbeitsgesetzes vom 14. März 1951 (BGBl. I,
S. 191).

[23] Vgl. dazu *v. Mangoldt,* Komm. Art. 84, 5, S. 459; *Füsslein,* DVBl. 1956,
S. 3.

Die gleiche Frage ist bei der Auslegung des Art. 84 Abs. 1 GG aufgetreten. Sie ist außerordentlich umstritten. Das Bundesverfassungsgericht hat sich der ersten Ansicht angeschlossen, wonach das Zustimmungserfordernis das ganze Gesetz in allen seinen Vorschriften erfaßt[24].

Es kann in diesem Zusammenhang dahingestellt bleiben, ob die zu
Art. 84 Abs. 1 GG ergangene Entscheidung des Bundesverfassungsgerichtes im Ergebnis deshalb zu bejahen ist, weil materielles und Ver-
fahrens-Recht sich nicht trennen lassen, mithin auch in verschiedenen
Gesetzen nicht geregelt werden könnten, ohne daß der Zusammenhang
zerstört würde. Die formale Begründung dieser Entscheidung, aus
Art. 78 GG ergebe sich, daß „Gesetz" nicht im Sinne einer einzelnen
Norm, sondern als gesetzestechnische Einheit zu verstehen sei, legt jedoch die Befürchtung nahe, daß die Frage für Art. 84 Abs. 5 GG nicht
anders entschieden werden würde. Allein es ist äußerst zweifelhaft, ob
diese Ansicht zutrifft.

In Art. 84 Abs. 5 GG ist die Zustimmung deswegen vorgesehen, weil
der Bund in die Ausführung eines Bundesgesetzes eingreift, obwohl sie
grundsätzlich den Ländern als eigene Angelegenheit vorbehalten ist.
Daraus folgt notwendig, daß die Zustimmung auch nur insoweit erteilt
werden muß, als der Eingriff selbst, also das Recht zu Einzelweisungen,
in Frage steht[25]. Dem Bundesrat soll durch Art. 84 Abs. 5 GG in keiner
Weise ein Einfluß auf den Inhalt des Gesetzes eingeräumt werden, und
zwar auch nicht auf den Inhalt der Normen, zu deren Ausführungen
die Einzelweisungen ergehen sollen. Gewiß ist es für die Zustimmung
nicht gleichgültig, welchen Inhalt eine Vorschrift hat, die durch eine
Weisung ausgeführt werden soll; aber die Zustimmung des Bundesrates nach Art. 84 Abs. 5 GG ist nicht vorgesehen, um Vorsorge gegenüber einer dem Land vielleicht unerwünschten inhaltlichen Regelung
zu treffen. Der Bundesrat könnte auf den Inhalt auch dann keinen
Einfluß nehmen, wenn Einzelweisungen zur Ausführung nicht notwendig oder zweckmäßig erschienen. Nur mit der Ausführungsmodalität
eines inhaltlich feststehenden Gesetzes wird der Bundesrat im Verfahren nach Art. 84 Abs. 5 GG befaßt.

Dagegen kann nicht eingewandt werden, der Bundesrat übernehme
mit der Zustimmung die Verantwortung für das ganze Gesetz[26]. Dieses

---

[24] *BVerfGE* 8, S. 274 ff. (294 f.), Beschluß vom 12. Nov. 1958. Vgl. im übrigen *Held*, AöR 80, 1955/56, S. 57 ff. und die im folgenden Genannten.
[25] Insoweit im Grundsätzlichen überzeugend *Schneider*, DVBl. 1953,
S. 257 ff.; zu der vergleichbaren Frage in Art. 59 Abs. 2 GG vgl. *Backsmann*,
DVBl. 1956, S. 319.
[26] *Kutscher*, DÖV 1952, S. 713.

7*

Argument erweist sich als Zirkelschluß: die Verantwortung des Bundesrates reicht nicht weiter als sein Zustimmungsrecht.

Die ganze Unhaltbarkeit der gegenteiligen Auffassung, wonach sich die Zustimmung auch auf die übrigen Vorschriften erstreckt, zeigt sich darin, daß sie zu einem verfassungsrechtlichen Unterschied kommen muß, je nachdem, ob die Befugnis in eben dem Gesetz enthalten ist, zu dessen Ausführung die Einzelweisungen ergehen sollen, oder in einem davon unterschiedenen Gesetz[27].

Auch wenn man die strikte Begrenzung der Zustimmung des Bundesrates auf die Befugnis zum Erlaß von Einzelweisungen selbst bejaht, darf allerdings nicht übersehen werden, daß sie im äußeren Verlauf des Gesetzgebungsverfahrens keinen sichtbaren Niederschlag finden kann:

Ruft der Bundesrat den Vermittlungsausschuß nur wegen solcher Bestimmungen an, die nicht seiner Zustimmung bedürfen, so steht es ihm frei, wie immer das Vermittlungsverfahren ausgehen mag, am Ende noch seine Zustimmung zu der Befugnis zum Erlaß von Einzelweisungen zu verweigern. Denn einmal läßt sich möglicherweise erst nach Abschluß des Vermittlungsverfahrens feststellen, ob und inwieweit Einzelweisungen zur Ausführung notwendig sind, zum andern ist der Bundesrat, soweit es die zustimmungsbedürftigen Vorschriften betrifft, nicht gezwungen, den Vermittlungsausschuß anzurufen, er kann also nicht dadurch seiner Rechte verlustig gehen, daß er ihn wegen anderer Vorschriften anruft[28]. Da aber der Bundesrat auch nicht veranlaßt werden kann, die wahren Gründe seiner Entscheidung offen mitzuteilen, hat er praktisch in dem Zustimmungsrecht ein Mittel in der Hand, auf die übrigen inhaltlichen Vorschriften einzuwirken. Diese Einwirkungsmöglichkeit ist um so größer, als die Verweigerung der Zustimmung nicht nur die Befugnis zum Erlaß von Einzelweisungen, sondern — letzten Endes aus verfahrenstechnischen Gründen — das Gesetz insgesamt zu Fall bringt. Für den Bundestag, der sowohl über den Inhalt als auch über die Ausführung nach Weisung des Bundes zu entscheiden hat, ist das Gesetz eine Einheit[29]. Diese Einheit der gesetzlichen

---

[27] Widersprüchlich in sich deshalb auch *Haas*, AöR 80, 1955/56, S. 85, wenn er dem Bundesrat das Recht zugesteht, die Zustimmung zu den zustimmungsbedürftigen Vorschriften zu benutzen, um auf die an sich nicht zustimmungsbedürftigen einen Einfluß zu gewinnen.

[28] Im einzelnen mit weiteren überzeugenden Gründen *Wessel*, AöR 77, 1951/52, S. 310 ff.

[29] Das spricht nicht gegen die Ansicht, den Bundesrat auf die Zustimmung zum Erlaß von Einzelweisungen zu beschränken. Denn daß für den Bundestag Inhalt und Ausführung eine Einheit bilden, sagt nichts dagegen, dem Bundesrat nur die Frage vorzulegen, ob er bei dem ihm vorgegebenen Inhalt des Gesetzes Einzelweisungen für notwendig erachtet und der Befugnis daher zustimmen will.

Regelung verbietet es, für den Fall, daß der Bundesrat die Zustimmung verweigert, das Gesetz einfach ohne die Befugnis, Einzelweisungen zu erteilen, auszufertigen und zu verkünden[30]. Die Vorschriften des Grundgesetzes über das Gesetzgebungsverfahren sehen aber weder vor noch nach dem Vermittlungsverfahren des Art. 77 Abs. 2 eine Möglichkeit vor, daß der Bundestag in einer vierten Lesung in eine erneute Debatte über die Annahme des Gesetzes ohne die Befugnis zu Einzelweisungen oder eine anderweitige Änderung eintritt.

Diese mehr verfahrenstechnischen Schwierigkeiten führen dazu, daß trotz der Begrenzung des Zustimmungsrechtes das ganze Gesetz nicht zustande kommt, wenn der Bundesrat die Zustimmung zu den einzelnen Vorschriften, die das Weisungsrecht betreffen, verweigert.

Angesichts dieses Ergebnisses liegt es nahe zu fragen, welche Bedeutung der Begrenzung des Zustimmungserfordernisses noch beizumessen ist.

Einmal wird allein die hier vorgetragene Ansicht dem Sinn des Art. 84 Abs. 5 GG gerecht, der ausschließlich die Ausführung des Gesetzes und nicht die inhaltliche Bestimmung im Auge hat. Sie vermeidet den Widerspruch, für den Fall, daß die Verleihung der Befugnis in dem auszuführenden Gesetz selbst vorgesehen ist, die Zustimmung auf die inhaltliche Regelung zu erstrecken, für den Fall dagegen, daß sie in einem besonderen Gesetz enthalten ist, nur die eine Vorschrift der Zustimmung zu unterwerfen. Zum andern zeigen die Darlegungen nicht nur, daß es ratsam ist, die Befugnis in einem besonderen Gesetz zu verleihen, sie machen vielmehr deutlich, daß damit dem eigentlichen Sinn des Art. 84 Abs. 5 GG Rechnung getragen und nicht etwa die Rechte des Bundesrates umgangen werden würden[31]. Nicht die Bundesregierung würde sich in einem solchen Fall einer Verfassungsverletzung schuldig machen, sondern der Bundesrat, wenn er darauf mit einer grundsätzlichen Verweigerung der Zustimmung reagierte.

Endlich aber zeigt sich, daß jedes Änderungsgesetz, welches das Recht zu Einzelweisungen nicht selbst betrifft, nicht der Zustimmung bedarf[32]. Werden jedoch Vorschriften geändert, zu deren Ausführung Einzelweisungen bislang ergehen konnten, oder Vorschriften, welche die

---

[30] So *Schneider*, DVBl. 1953, S. 261 r. Sp.; gegen Schneiders Vorstellung einer analogen Behandlung zur Teilnichtigkeit zutreffend *Haas*, AöR 80, 1955/56, S. 85, insbesondere Fußn. 13.

[31] So *Kutscher,* DÖV 1952, S. 713, r. Sp.

[32] Spätestens hier sehen sich auch die Vertreter der gegenteiligen Auffassungen genötigt, zwischen „an sich zustimmungsfreien" und „zustimmungsbedürftigen" Vorschriften zu unterscheiden, schon um der Konsequenz zu entgehen, auch solche Gesetze, die nur mittelbare Auswirkungen auf irgendwelche Vorschriften in derartigen Gesetzen haben, als zustimmungsbedürftig anzusehen; vgl. *Kratzer*, AöR 77, 1951/52, S. 269.

Einzelweisungen nach Inhalt, Zeit oder Gelegenheit beeinträchtigen, so wird die alte Zustimmung hinfällig und es bedarf einer erneuten gesetzlichen Ermächtigung mit Zustimmung des Bundesrates.

Es besteht danach Grund genug, auch wegen der praktischen Folgen die Beschränkung der Zustimmung des Bundesrates auf jene einzelnen Vorschriften, die das Weisungsrecht selbst betreffen, deutlich herauszustellen.

IV. Bedeutung der Zustimmung des Bundesrates

Streng genommen bedeutet die Zustimmung des Bundesrates nicht eine Beteiligung an der Bundesaufsicht selbst, sondern an einem legislativen Akt, der der Bundesregierung ausnahmsweise besondere Aufsichtsbefugnisse beimißt[33].

Daraus ergibt sich auch eine andere Bedeutung der Zustimmung als etwa im Rahmen des Art. 84 Abs. 2 GG. Mit der Zustimmung nach Art. 84 Abs. 5 GG ist weder eine Einflußnahme auf die Gestaltung des auszuführenden Gesetzes noch auf die Ausführung selbst verbunden. Die Verwaltungserfahrung des Bundesrates ist nur insofern von Bedeutung, als er zu entscheiden hat, ob ein Weisungsrecht des Bundes erforderlich erscheint. Seine Aufgabe ist hier daher vorwiegend als eine Vorkehrung gegenüber einem zu weitgehenden Gebrauch dieser Einwirkungsbefugnis in den Landesbereich zu verstehen.

V. Zusammenfassung

Wie der Erlaß allgemeiner Verwaltungsvorschriften, so bedeutet auch die Befugnis, Einzelweisungen zu erteilen, eine begrenzte Leitungsbefugnis der Ausführung. Sie darf nur zur Ausführung solcher Gesetze vorgesehen werden, die als Rechtsgrundlage der Ausführungsmaßnahme dienen. Die „besonderen Fälle", in denen eine Weisung zulässig sein soll, müssen tatbestandlich umgrenzt sein. Die Befugnis, Einzelweisungen zu erlassen, kann auch einem einzelnen Bundesminister eingeräumt werden. Statt des Weisungsrechts kann der Bundesregierung in den Grenzen und unter den Voraussetzungen des Art. 84 Abs. 5 GG auch das Recht der Genehmigung oder des Widerrufes eingeräumt werden.

Die Befugnis zu dem Erlaß von Einzelweisungen kann sowohl in dem Gesetz enthalten sein, zu dessen Ausführung die Weisungen ergehen sollen, wie auch in einem besonderen Gesetz. In beiden Fällen erstreckt sich das Recht der Zustimmung nur darauf, ob der Erlaß von Einzelweisungen erlaubt sein soll. Allerdings bringt die Verweigerung der Zustimmung das Gesetz insgesamt zu Fall.

---

[33] Ähnliches gilt für Art. 87 b Abs. 2 S. 2 GG.

Die Bedeutung der Zustimmung erschöpft sich im wesentlichen in einer Abwehr gegenüber einem zu weitgehenden und unnötigen Gebrauch dieses Eingriffs in das grundsätzlich den Ländern zustehende eigenverantwortliche Ausführungsrecht.

§ 10: Die Entsendung von Beauftragten zu den nachgeordneten Landesbehörden

Ein wirksames Mittel, sich die Kenntnis von bestimmten Vorgängen im Bereich der Landesverwaltung zu verschaffen, ist das Recht der Bundesregierung, zu diesem Zweck Beauftragte zu den Landesbehörden zu entsenden. Art. 84 Abs. 3 S. 2 GG hebt es ausdrücklich hervor.

Es entspricht dem Grundsatz, daß die Aufsicht des Bundes über die Länder als Oberaufsicht zu führen ist, daß auch die Beauftragten grundsätzlich zu den obersten Landesbehörden zu entsenden sind[1].

Der Parlamentarische Rat war der Ansicht, die Begrenzung der Aufsicht auf eine Oberaufsicht bedeute insofern eine Gefahr für ihre Wirksamkeit, als der Bund damit auf das Wohlwollen der obersten Landesbehörden angewiesen sei, eine bestimmte Angelegenheit im Bereich der unteren Landesbehörden zu untersuchen und darüber die nötigen Auskünfte zu erteilen[2].

Diese Befürchtung lag insofern nahe, als es zunächst Sache der Bundesregierung ist, den Vorgang aufzuklären. Der Bundesrat besitzt keine eigene Beobachtungs- und Untersuchungskompetenz. Seine Rechte beginnen erst dort, wo die Aufsichtsbefugnisse der Bundesregierung enden. Gleichwohl war die Ansicht, ohne diese Vorschrift sei die Effektivität der Aufsicht gefährdet, kaum begründet.

Die Unterwerfung der Länder unter die Aufsicht des Bundes begründet für die Länder die Pflicht, dem Bund die zur Ausübung seiner Aufsichtskompetenz notwendigen Auskünfte zu erteilen. Kommen die Länder dieser Pflicht nicht nach, klären die obersten Landesbehörden Vorgänge bei den unteren Landesbehörden nicht auf und teilen sie nicht wahrheitsgetreu und vollständig der Bundesregierung mit, so

---

[1] Unter der RV v. 1871 wurde vielfach eine Entsendung von Beauftragten zu den nachgeordneten Behörden ohne Vermittlung des Einzelstaats für zulässig erachtet. Vgl. *Vonficht*, S. 18; *Kiefer*, S. 53; auch sonst wurde der Grundsatz vielfältig durchbrochen, vgl. *Triepel*, Reichsaufsicht, S. 298 ff.

[2] S. die Äußerungen der *Abg. Dr. Menzel* und *Dr. Schmid*, Sten.Ber.HA, S. 433 ff., allerdings mit Bezug auf eine zunächst angenommene Beweislast des Bundes im verfassungsgerichtlichen Verfahren.
Die gleiche Forderung wurde bereits in der Weimarer Nationalversammlung von dem Berichterstatter *D. Dr. Kahl* gestellt, Berichte u. Protokolle des 8. Ausschusses, S. 83.

kann die Bundesregierung die Erfüllung dieser Pflicht im Wege des
Bundeszwanges erzwingen, indem sie sich durch Entsendung von Beauftragten zu den unteren Landesbehörden die Kenntnis selbst verschafft[3]. Die Bundesregierung wäre damit auf keinen anderen Weg verwiesen als auf den, den sie auch dann beschreiten muß, wenn eine
oberste Landesbehörde einer anderen Auskunftspflicht, etwa der, eine
bestimmte Akte vorzulegen, nicht nachkommt. Bei andauernder Reni-
tenz, etwa bei einer durch die obersten Landesbehörden veranlaßten
Weigerung der Auskunftserteilung oder der Akteneinsicht durch die
unteren Landesbehörden, ist die Bundesregierung letzten Endes ohnehin genötigt, zum Bundeszwang zu greifen.

Soweit deshalb die Entsendung von Beauftragten zu den unteren
Landesbehörden angeordnet wird, um der Bundesregierung die Kennt-
nisse zu verschaffen, die ihr auch die obersten Landesbehörden hätten
geben können, aber nicht gegeben haben, ist das Verfahren eine spezielle Form des Bundeszwanges. Gleichwohl ist die besondere Regelung
in Art. 84 Abs. 3 S. 2 GG zu begrüßen. Sie trägt der Bedeutung des
Art. 37 GG Rechnung, der für schwerwiegendere Störungen gedacht
ist. Der Bund würde sich vielfach scheuen, bereits im Vorfeld der Aufsichtsmaßnahmen auf den Bundeszwang selbst zurückzugreifen.

Die Frage liegt nahe, ob die Entsendung von Beauftragten zu den
unteren Landesbehörden gegen den Willen der obersten Landesbehörden nur bei Verletzung der Aufklärungs- und Auskunftspflicht oder
jederzeit erlaubt ist. Die Vorschrift hat nicht den Sinn, den Bund in
die Lage zu versetzen, die Oberaufsicht allgemein zugunsten einer un-
mittelbaren Aufsicht durchbrechen zu können. Sie soll lediglich die
Effektivität der Aufsichtskompetenz sichern. Sofern daher die Bundesregierung die nötigen Auskünfte auch von den obersten Landesbehörden erhalten kann, ist es ihr nicht erlaubt, sie sich durch Entsendung
von Beauftragten zu den unteren Landesbehörden zu verschaffen[4].

Auf der anderen Seite liegt es im Zweck der Vorschrift, dieses Recht
der Bundesregierung nicht nur dann zuzugestehen, wenn das Land tatsächlich eine Auskunftspflicht verletzt hat, sondern schon, wenn die
begründete Befürchtung besteht, die gegebene Auskunft sei unvoll-
kommen oder unrichtig. Auch wird man es ihr in den Fällen zubilligen
müssen, in denen infolge besonderer Umstände nur die unmittelbare
Kenntnisnahme der Vorgänge an Ort und Stelle ein zutreffendes Bild
ergibt. In diesen tatbestandlichen Voraussetzungen geht das der Bun-

---

[3] Vgl. *Triepel*, Reichsaufsicht, S. 669; *Richter*, S. 53.
[4] Bereits *Triepel*, Reichsaufsicht, S. 626, hat die Ansicht vertreten, daß andere und schärfere Aufsichtsmittel verboten seien, wenn Auskunft auf An-
frage genüge.

desregierung in Art. 84 Abs. 3 S. 2 GG verliehene Recht über die Möglichkeit hinaus, die ihr auch der Bundeszwang liefern würde. Praktisch wird man es daher dem pflichtgemäßen Ermessen von Bundesregierung und Bundesrat überlassen müssen, wann sie die Entsendung
von Beauftragten zu den nachgeordneten Behörden gegen den Willen
der betreffenden obersten Landesbehörde für notwendig erachten.

Es ist zu erwarten, daß der Bundesrat seine Zustimmung nur zurückhaltend erteilen wird, um unnötige Eingriffe zu vermeiden. Ebenso
wichtig ist jedoch, die Wirksamkeit der Aufsicht nicht zu beeinträchtigen. Gedacht ist die Beteiligung des Bundesrates als ein ausgleichender
Faktor im Spannungsfeld zwischen Bund und Ländern und keineswegs
als eine einseitig verstandene Interessenvertretung der Länder.

§ 11: Der Beschluß des Bundesrates nach Art. 84 Abs. 4 GG

Das Schwergewicht der Mitwirkung des Bundesrates im Verfahren
der Bundesaufsicht liegt in der Entscheidung, ob ein Land Bundesgesetze
bundesrechtswidrig ausgeführt hat, Art. 84 Abs. 4 GG. Diese Entscheidung ist nur vorgesehen, soweit die Länder die Bundesgesetze als eigene
Angelegenheit ausführen[1].

I. Die Mängelrüge als Vorverfahren

Die Entscheidung des Bundesrates ergeht nur auf Antrag der Bundesregierung oder der Regierung des betreffenden Landes[2]. Wird der Antrag von der Bundesregierung gestellt, so muß sie zuvor die Mängelrüge
erhoben haben. Es wäre ein der Bundestreuepflicht widersprechendes
Verhalten, das Land mit einem Verfahren vor dem Bundesrat zu überfallen und dadurch einen Mangel möglicherweise unnötig aufzubauschen.

Zweifelhafter erscheint, ob auch der Antrag durch das betreffende
Land nicht eher gestellt werden kann, als bis die Bundesregierung die
Mängelrüge erhoben hat. Unter der RV v. 1871 entsprach es Praxis
und Lehre[3], daß ein Einzelstaat ein Aufsichtsverfahren unmittelbar
vor dem Bundesrat gegen sich selbst anhängig machen konnte. Das Be-
mühen, sich vorher zu vergewissern, ob ein bestimmter Staatsakt, vor
allem ein Gesetz, beanstandet werden würde, lag nahe, da der Bundesrat das letztlich entscheidende Organ im Aufsichtsverfahren war.

---

[1] Ob diese Beschränkung sinnvoll ist, kann mit Fug bezweifelt werden.
Die Situation ist kaum anders, wenn die Landesbehörden die Weisungen bei
der Bundesauftragsverwaltung nicht befolgen.

[2] Anders unter der RV v. 1871, wo der Bundesrat auch aus eigener Initiative — auf Antrag irgendeines Bundesgliedes hin — tätig werden konnte.
Vgl. *Triepel*, Reichsaufsicht, S. 528 und 651 f.; *Wunder*, S. 71 f.

[3] Vgl. *Triepel*, Reichsaufsicht, S. 653.

Dieses Entscheidungsrecht ließ den Bundesrat zum bedeutendsten Träger der Aufsichtskompetenz werden. Daraus erklärt sich, daß der Bundesrat auch ohne vorausgegangene Mängelrüge durch den Kaiser über die Frage, ob eine Rechtsverletzung vorlag, entscheiden konnte. Eine ganz andere Stellung und Aufgabe hat der Bundesrat heute. Er ist zwar am Aufsichtsverfahren beteiligt, aber nicht eigentlich Träger der Aufsichtskompetenz, nicht einmal neben der Bundesregierung. Träger der Aufsichtskompetenz ist die Bundesregierung. Sie allein ist der eigentliche Widerpart des Landes in Aufsichtsstreitigkeiten. In ihrer Hand muß danach auch Beginn und Fortgang des Aufsichtsverfahrens Dieses Entscheidungsrecht ließ den Bundesrat zum bedeutendsten Träger der Aufsichtskompetenz werden. Daraus erklärt sich, daß der Bunliegen. Nur so wird für die Bundesregierung die Gefahr vermieden, bei jeder vorerst noch rein beobachtenden Maßnahme ganz gegen ihren Willen einem Verfahren vor dem Bundesrat ausgesetzt zu werden und bei ungünstigem Ausgang einen Prestigeverlust zu erleiden. Wenn also der Art. 84 Abs. 4 S. 1 GG von Mängeln spricht, die „die Bundesregierung ... festgestellt hat", so ist unter dieser Feststellung weder die Äußerung des Verdachtes noch die Stellungnahme des zunächst zuständigen Ministers zu verstehen. Gemeint ist vielmehr, daß in jedem Fall die von der Bundesregierung als Kollegialorgan beschlossene Mängelrüge erhoben worden sein muß. Sofern das nicht der Fall ist, muß der Bundesrat den Antrag aus formellen Gründen zurückweisen.

II. Art und Aufgabe des Feststellungsverfahrens nach Art. 84 Abs. 4 GG

In der Literatur wird das Verfahren nach Art. 84 Abs. 4 GG als ein gerichtliches Verfahren[4] vor einer letztinstanzlichen Entscheidung durch das Bundesverfassungsgericht angesehen. Aus eben diesem Grunde wird für die Bundesratsmitglieder in diesem Verfahren die Freiheit von Weisungen entgegen Art. 51 Abs. 3 S. 2 GG verlangt[5].

Der Wortlaut des Art. 84 Abs. 4 GG, der den Bundesrat auf eine reine Rechtsentscheidung verpflichtet, legt diese Ansicht nahe. Gleichwohl lassen sich gegen die Charakterisierung als richterliches Verfahren schon aus der Ausgestaltung dieses Verfahrens eine Reihe von Einwendungen erheben:

Selbst wenn man von einem Verbot an die Landesregierungen, Weisungen in diesem Verfahren zu erteilen, ausginge, stände die für ein

---

[4] So nachdrücklich *Scupin*, BK vor Art. 50, 3.

[5] *v. Mangoldt*, Komm. Art. 84 Anm. 4, S. 458; *Giese*, Komm. Art. 84, II, 8, S. 138; s. auch *Lechner*, Komm. zum BVerfGG, § 70; *Haas*, S. 33 (aber unklar). Folgerichtig sieht *Graubaum*, S. 70, in der Zuständigkeit des Bundesrates eine Entgleisung der sonst auf „Rechtsstaatlichkeit" bedachten Verfassung.

richterliches Verfahren unerläßliche Unabhängigkeit auf schwachen Füßen. Dazu sind die Mitglieder des Bundesrates in ihrer Stellung als Mitglieder der Landesregierung zu stark politisch engagiert[6]. Zwar hat sich im Bundesrat nicht eine gleich starke parteipolitische Gliederung ergeben wie im Bundestag, aber in Angelegenheiten von eminent politischer Bedeutung ist eine gewisse Ausrichtung, zumindest aber eine vorsichtige Zurückhaltung zugunsten der Bundespolitik der betreffenden Partei kaum zu vermeiden, selbst wenn dabei föderale Interessen berührt werden[7]. Selbst aus administrativen Angelegenheiten kann aber ein derartiges Politikum entstehen.

Nicht selten ist der Bundesrat bereits im Gesetzgebungsverfahren mit der Norm befaßt gewesen, deren Ausführung jetzt fraglich erscheint. Allzu leicht könnte die richterliche Objektivität dadurch beeinträchtigt sein, daß die jetzigen Rechtsfragen mit den politischen Fragen von einst verquickt werden.

Ebenso wichtig ist, daß dem Bundesrat die für ein richterliches Verfahren in Verfassungsstreitigkeiten unerläßliche Sachaufklärungsbefugnis fehlt. Der Bundesrat ist auf den Vortrag der Parteien angewiesen. Ihm stehen keinerlei Ermittlungsrechte, keine prozessualen Befugnisse, etwa das Recht der Zeugenvernehmung, der Vereidigung etc. zur Verfügung. Die Offizialmaxime und der Grundsatz der materiellen Wahrheitserforschung sind aber Essentiale eines Verfassungsstreitverfahrens[8], in dem letzten Endes nicht um das Interesse der Parteien, sondern um das Interesse des Staatsganzen gestritten wird[9].

Entbehrt sonach das Verfahren selbst der Kautelen, die in einem richterlichen Verfahren in Verfassungsstreitigkeiten vorhanden sein müssen, so ist erst recht zu fragen, ob es sinnvollerweise überhaupt die besondere Aufgabe des Bundesrates sein kann, eine richterliche Entscheidung zu treffen.

Eine eigenständige Aufgabe kann die Entscheidung des Bundesrates nur dann erfüllen, wenn ihr eine Aufgabe zugewiesen wird, die von der Verfassungsgerichtsbarkeit nicht erfüllt werden kann. Ein Teil der Literatur sieht diese Aufgabe darin, als schlichtende, möglichst einen Kompromiß vermittelnde Instanz vor der letzten Möglichkeit, der

---

[6] Über die Bedeutung richterlicher Unabhängigkeit *Bockelmann*, Richter und Gesetz, S. 23 ff. (33).

[7] Vgl. *Scheuner*, Erfolge und Schwächen, Schweizer Monatshefte, 39, 1959/60, S. 729 f.; aber auch *W. Weber*, Bewährung, S. 18.

[8] Zutreffend *Leibholz*, JöR, NF 6, 1957, S. 123; anders aber *Abg. Dr. Menzel*, Sten.Ber.HA, S. 435.

[9] Die Bedeutung der eigenen Sachaufklärungsbefugnis ist in dem Prozeß Preußens gegen das Reich vor dem StGH im Okt. 1932 deutlich geworden. Ihre Notwendigkeit wird in dem Urteil des StGH v. 25. Okt. 1932, in „Preußen contra Reich", S. 511, ausdrücklich hervorgehoben.

Entscheidung durch das Bundesverfassungsgericht, tätig zu sein. Gerade diese Auffassung dient ihr dazu, den Umfang der Aufsichtskompetenz so weit wie nur irgend möglich zu spannen[10].

Die Auffassung ist jedoch so allgemein zweifelhaft. Sie kann auf zweierlei Vorstellungen beruhen: entweder man nimmt an, es sei die Pflicht des Bundesrates, auf einen Kompromiß hin zu arbeiten, bevor er den in Art. 84 Abs. 4 GG vorgesehenen Beschluß faßt, oder aber man verlangt, der Beschluß selbst habe den Kompromißvorschlag zu enthalten, also eine vermittelnde Rolle zu spielen.

Die erste Ansicht würde von dem Bundesrat alle nur erdenklichen Anstrengungen verlangen, um seinen eigenen Beschluß unnötig zu machen. Ziel müßte sein, den Antragsteller auf Grund eines Kompromisses zu veranlassen, seinen Antrag zurückzunehmen. Denn da wirkliche Kompromisse die Rechtsfrage offenlassen, wäre es ein Unding, wenn der Bundesrat den gerade gefundenen Kompromiß mit der wirklichen Rechtslage konfrontieren sollte. Es mag bezweifelt werden, ob das Verfahren vor dem Bundesrat geeignet ist, die u. U. sehr mühsame und mit viel Geduld zu bewältigende Aufgabe, einen Kompromiß zu finden, zu bewältigen. Selbst wenn man nur eine Anregung erhoffte, wäre es fraglich, ob mehr zu erreichen wäre, als außerhalb des Verfahrens möglich war und wozu die Parteien ohnehin willens waren. Aber ganz davon abgesehen sagt Art. 84 Abs. 4 GG, der Bundesrat habe Beschluß zu fassen und nicht — um es überspitzt zu sagen — der Bundesrat habe dafür zu sorgen, daß er keinen Beschluß zu fassen brauche. Wenn schon ein Einlenken der streitenden Parteien mit dem Verfahren nach Art. 84 Abs. 4 GG erstrebt ist, so soll es nicht vor dem — dann nicht ergehenden — Spruch, sondern auf Grund des ergangenen Spruches erreicht werden.

Die zweite Annahme, der Beschluß des Bundesrates habe selbst den Kompromiß zu enthalten, verlangt aber geradezu etwas rechtlich Unmögliches:

Art. 84 Abs. 4 GG verlangt vom Bundesrat, festzustellen, ob das Land das Recht verletzt hat. Es ist bereits darauf hingewiesen, daß die Möglichkeit der verfassungsgerichtlichen Kontrolle des Bundesratsbeschlusses die Begrenzung auf ausschließlich rechtliche Kriterien als Maßstab der Beurteilung erzwingt[11]. Der Beschluß selbst kann demnach keinen Kompromißcharakter in dem Sinne tragen, daß er die wirkliche Rechtslage offenläßt. In einer schlichtenden Tätigkeit in diesem Sinne kann danach die Aufgabe des Bundesrates nicht bestehen.

---

[10] *Schneider*, Gutachten, S. 1043; *Bullinger*, AöR 83, 1958, S. 306 f.; vgl. auch *Krüger*, Gutachten, S. 1080, Fußn. 70.
[11] Vgl. oben S. 29 ff.

Die wirkliche Aufgabe wird nur richtig erfaßt, wenn man sich vergegenwärtigt, welche besonderen Schwierigkeiten der Aufsicht über die Verwaltung gegenwärtig erwachsen.

Eine Aufsicht über die Verwaltung kann ohne eine genaue Kenntnis der soziologischen Verhältnisse einerseits und einer genauen Übersicht über die Erfahrungen und Auswirkungen, die bei der Ausführung eines Gesetzes gemacht worden sind, andererseits nicht wirksam geübt werden. Denn einmal fordert das Ziel der Aufsicht, zugleich mit der rechtmäßigen die einheitliche Gesetzesausführung in den Ländern zu gewährleisten, einen genauen Einblick in die Praxis, zum andern läßt sich die Frage, wie das Gesetz anzuwenden ist, erst an Hand der praktischen Erfahrungen vollständig beurteilen.

Unter der RV v. 1871 war das Aufsichtsrecht häufig derart organisatorisch ausgestaltet, daß ständige, den Landesbehörden beigeordnete Aufsichtsbeamte bestimmte einzelne Landesverwaltungsangelegenheiten zu überwachen hatten[12]. Auf diese Weise ließ sich eine allgemeine Übersicht über die Ausführungen der betreffenden Bundesgesetze in den Ländern erzielen.

Das Grundgesetz kennt die Einrichtung ständiger Aufsichtsbeamter nicht, erlaubt sie auch nicht. Dabei ist die Schwierigkeit, die richtige Ausführung eines Gesetzes zu gewährleisten, noch gestiegen. Der Gesetzgeber sieht sich allenthalben vor die Aufgabe gestellt, Sozialverhältnisse zu regeln, deren durchdringende Analyse fehlt. Schon das bringt für die Vorhersehbarkeit der Auswirkungen eines Gesetzes ein großes Moment der Unsicherheit mit sich[13]. Hinzu kommt, daß die Kompliziertheit der Materie ebenfalls nicht selten die Auswirkungen der Gesetze nur in Umrissen vorhersehbar sein läßt[14]. Insoweit verlagert sich — in Übereinstimmung mit der gegenwärtigen Bedeutung der Verordnungsbefugnis[15] — notwendig das Schwergewicht der Entscheidung auf die ausführende Exekutive.

Berücksichtigt man diese Schwierigkeiten, die der Aufsicht entgegenstehen, so rückt die Beteiligung des Bundesrates ins rechte Licht: Der Bundesrat zeichnet sich dadurch aus, daß seine Mitglieder — wie auch die qualifizierten Beamten in den Bundesratsausschüssen — insgesamt über eine große, mit ihrer politischen Tätigkeit Hand in Hand gehende administrative Erfahrung verfügen[16]. Wie kein anderes Organ hat der

---

[12] Vgl. dazu *Vonficht*, S. 18 ff.
[13] Vgl. *Drath*, Gewaltenteilung, S. 132.
[14] Ein bemerkenswerter gesetzgeberischer Niederschlag dieser Situation findet sich in § 1 Abs. 3 des Allgemeinen Kriegsfolgengesetzes v. 5. Nov. 1957 (BGBl. I, S. 1747).
[15] S. schon *Hellpach*, Neue Rundschau, 1927 II, S. 1 ff., bes. S. 5.
[16] Vgl. auch *Lechner*, DÖV 1952, S. 421, r. Sp.

Bundesrat die Möglichkeit, die Erfahrungen, die bei der Ausführung eines Bundesgesetzes gemacht worden sind, zusammenzutragen, Gemeinsamkeiten und Verschiedenheiten zu registrieren und unter dem Eindruck dieser Erfahrungen zu einer Entscheidung über die Auslegung und Anwendung des Gesetzes zu gelangen[17].

Wenn der Bundesrat im Verfahren nach Art. 84 Abs. 4 GG eine Schiedsfunktion zu erfüllen hat, so erwächst auch sie aus seiner besonderen Fähigkeit, eine umfangreiche administrative Erfahrung und Urteilskraft in die Waagschale legen zu können. Nur sie kann der Grund der Vermittlung sein. — Deutlich zeigt sich auch hier, daß es sinnvoll ist, die Beteiligung des Bundesrates nur an einer Aufsicht über die Verwaltung vorzusehen.

Damit kommt auch der Wortlaut des Art. 84 Abs. 4 GG wieder zu Ehren. Der Bundesrat entscheidet in einem Rechtsstreit, und er entscheidet ausschließlich nach rechtlichen Kriterien. — Er hat auch keine Ermessensentscheidungen zu treffen, selbst dort nicht, wo das beanstandete Landesverhalten einen Ermessensakt darstellt — aber er trifft ebensowenig eine richterliche Entscheidung[18]. Zwar ist die ausschließliche Bindung an Gesetz und Recht im einen wie im andern Fall gesollt. Die richterliche Entscheidung ist jedoch dadurch gekennzeichnet, daß versucht wird, die Verwirklichung ihres Leitbildes, der Gerechtigkeit, institutionell dadurch zu sichern, daß die Richter sowohl sachlich wie persönlich unabhängig sind und in den das verfassungsmäßige Leben sonst geradezu konstituierenden Streit der Meinungen und der Macht nicht einbezogen sein dürfen[19]. Auf diese so weit wie nur mögliche institutionelle Garantie einer gerechten Entscheidung, die dem richterlichen Urteil inhaltlich anhaftet, wird beim Beschluß des Bundesrates nach Art. 84 Abs. 4 GG verzichtet zugunsten der Äußerungen kompetenter, wenn auch in ihren Vorstellungen befangener Fachleute. Es ist die vornehmliche Aufgabe des Bundesrates, an Hand der Erfahrungen bei der Ausführung des fraglichen Gesetzes, der übrigen Ver-

---

[17] Diese Aufgabe des Bundesrates ist danach mit der positiven Seite des Zustimmungsrechtes nach Art. 84 Abs. 2 GG verwandt.
Unter der RV v. 1871 ist auf den vergleichbaren Zusammenhang zwischen der Entscheidung nach Art. 7 Ziff. 2 und Ziff. 3 mehrfach hingewiesen, vgl. *Kliemke*, S. 43.

[18] Dagegen auch *Geiger*, Komm. z. BVerfGG § 70, 1; *Maunz* in Maunz-Dürig, Komm. Art. 84, Rdnr. 66; *Werr*, S. 100 f.; Werr verzeichnet aber seinerseits Züge der Beteiligung des Bundesrates an der Aufsicht, wenn er in ihm den eigentlichen Träger der Aufsichtskompetenz sieht. — Kaum läßt sich deshalb auch sagen, es handele sich bei der Tätigkeit des Bundesrates nach Art. 84 Abs. 4 um eine Selbstüberwachung der Länder, *Krüger*, DÖV 1952, S. 553, l. Sp.

[19] Deshalb braucht ihre rechtsfortbildende Aufgabe nicht in Frage gestellt zu werden. Vgl. auch oben S. 29.

waltungskenntnis und der damit verbundenen politischen Urteilskraft zu beurteilen, wie das Gesetz verstanden werden muß. Insofern trägt der Beschluß des Bundesrates eher gutachterliche Züge eines politischen Sachverständigen-Gremiums denn richterliche.

Diese Charakterisierung des Beschlusses ist nicht ohne praktische Folgen.

Die in der Literatur überwiegend geäußerte Ansicht, die Mitglieder des Bundesrates seien im Verfahren gemäß Art. 84 Abs. 4 GG nicht weisungsgebunden, ist abzulehnen. Es mag hier wie anderwärts im Einzelfall schwierig sein, die für eine sinnvolle Arbeit im Bundesrat notwendige Grenze zwischen Freiheit und Weisung festzulegen[20]. Wenn aber eine Landesregierung etwa unter dem Einfluß des zuständigen Ministers glaubt, feste Weisungen erteilen zu müssen, so widerspricht das nicht der Aufgabe des Bundesrates nach Art. 84 Abs. 4 GG, es trägt ihr vielmehr insofern Rechnung, als damit die sachliche Erfahrung bei der Ausführung des Gesetzes gerade dieses Landes zur Geltung gebracht wird.

Es ist auch nicht widersinnig, wenn das betreffende Land im Bundesrat selbst stimmberechtigt ist[21]. Seine Erfahrung und Urteilskraft zählt so gut wie die der anderen.

Vor allem aber wird das Verfahren im Bundesrat für den Fall, daß er eine Entscheidung nach Art. 84 Abs. 4 GG zu fällen hat, dieser besonderen Aufgabe Rechnung tragen müssen. Es wäre einerseits verfehlt, wollte er mit allen Mitteln versuchen, einen Kompromiß zwischen den streitenden Parteien zustande zu bringen, uneingedenk seiner Aufgabe, eine Rechtsfrage zu entscheiden. Und es wäre ebenso verfehlt, wollte er in abstrakter juristischer Deduktion Rechtsfragen erörtern, ohne die praktische Erfahrung und die Beurteilung aus der Perspektive der gesetzesausführenden Landesbehörden gebührend zu berücksichtigen. Gerade darin muß der Schwerpunkt der Erörterung im Bundesrat liegen.

III. Die Verbindlichkeit der Aufsichtsentscheidungen

Die Frage, welche Rechtswirkungen von dem Feststellungsbeschluß des Bundesrates ausgehen, ist eng verknüpft mit der, welche Rechtswirkungen der vorhergehenden Mängelrüge beigemessen werden müssen.

1. Die Verbindlichkeit der Mängelrüge

Unter der RV v. 1871 hatte die vom Kaiser erlassene Mängelrüge verbindliche Kraft. Die Verbindlichkeit war allerdings nur vorläufiger

---

[20] Vgl. dazu *Strickrodt*, DÖV 1949, S. 321 ff.; *Kern*, DÖV 1951, S. 260 ff.
[21] So aber *Ahlert*, S. 63.

Art. Der Einzelstaat war bis zur endgültigen Entscheidung durch den Bundesrat verpflichtet, „sich jeder Maßregel zu enthalten, welche der endgültigen Entscheidung vorgreift, insbesondere also bis dahin auf Verlangen die vorläufige Aussetzung der Verfügung zu veranlassen"[22].

Die WRV, die eine organisatorische Trennung der beobachtenden von der berichtigenden Aufsicht nicht kannte, legte der Mängelrüge ausdrücklich eine verbindliche Kraft zu, Art. 15 Abs. 3 S. 1 WRV. Sie ließ allerdings offen, ob die Anrufung des Staatsgerichtshofes einen Suspensiveffekt bewirkte.

Das Grundgesetz sagt über die Mängelrüge ausdrücklich gar nichts. Es erwähnt sie lediglich als Voraussetzung des Feststellungsverfahrens in Art. 84 Abs. 4 GG[23]. Daraus, daß Art. 84 Abs. 4 GG lediglich von der Feststellung eines Mangels spricht, kann kaum die Auffassung hergeleitet werden, der Mängelrüge komme keine verbindliche Kraft zu[24]. Die deutschen Bundesstaatsverfassungen haben sich stets in der Terminologie des Aufsichtsrechts einer bundesstaatlichen Courtoisie befleißigt. Gleichwohl bestand daran kein Zweifel, daß die Pflicht, einen gerügten Mangel zu beseitigen, das notwendige Korrelat der Aufsicht war[25].

Es bestehen jedoch anderweitig begründete Bedenken, bereits der von der Bundesregierung ausgesprochenen Mängelrüge verbindliche Kraft beizumessen.

Nach Art. 84 Abs. 4 S. 1 GG beschließt der Bundesrat dann, ob das Land das Recht verletzt hat, wenn die gerügten Mängel nicht beseitigt werden. Wenn das Land bereits auf Grund der Mängelrüge verpflichtet wäre, sein Verhalten zu ändern, so wäre in einem Aufsichtsstreit, in dem das Land pflichtgemäß den gerügten angeblichen Mangel zunächst einmal abstellte, der Bundesrat jedenfalls dem Wortlaut des Art. 84 Abs. 4 S. 1 GG nach zur Entscheidung nicht berufen, obwohl der Streit doch andauert und die Abstellung des Mangels nur als Interimslösung verstanden werden soll. Es ist aber kaum anzunehmen, das Grundgesetz habe hier lediglich eine Sonderregelung für die Fälle getroffen, in denen das Land pflichtwidrig handele. Näher liegt die Auffassung, das Grundgesetz gehe davon aus, daß vor der Entscheidung des Bundesrates der Mängelrüge keine einseitig verbindliche Kraft zukommt[26]. Diese Annahme wird auch dadurch bestätigt, daß anders der Bundes-

---

[22] *Hänel*, I, S. 312; vgl. auch *Triepel*, Reichsaufsicht, S. 659 f.

[23] Zutreffend *Frowein*, S. 60.

[24] Dagegen auch *Scheuner*, vor dem BVerfG, Konkordatsprozeß, S. 1147.

[25] Vgl. *Kahl*, Berichte und Protokolle des 8. Ausschusses, S. 84.

[26] Vgl. *Wessel*, DV 1949, S. 329; *v. Mangoldt*, Komm. Art. 84, 4, S. 457; *Maunz*, Staatsrecht, S. 207; *Schäfer*, AöR 78, 1952/53, S. 32; *Werr*, S. 71 ff.

rat eine Pflichtverletzung in jedem Fall, in dem die wörtlich genommenen Voraussetzungen des Art. 84 Abs. 4 GG vorliegen, feststellen müßte, nämlich die, der Mängelrüge nicht nachgekommen zu sein; ein Verdikt, das selbst, wenn es wegen der Entscheidung über den eigentlichen Streitgegenstand praktisch keine Bedeutung hätte, nicht leicht wöge.

2. Die Verbindlichkeit des Feststellungsbeschlusses

Die Frage ist danach, ob nicht der Mängelrüge jedenfalls dann verbindliche Kraft zukommt, wenn die gerügte Pflichtverletzung durch den Beschluß des Bundesrates bestätigt worden ist, die Verbindlichkeit m. a. W. durch den Beschluß des Bundesrates erst begründet wird. Eine Anlehnung an den Abstellungsbefehl, den der Bundesrat gemäß Art. 7 Ziff. 3 RV v. 1871 faßte, verbietet sich deshalb, weil die Verbindlichkeit des Bundesratsbeschlusses der RV v. 1871 daraus resultierte, daß ihm die letztinstanzliche Entscheidungskompetenz übertragen worden war.

Eher läßt sich eine Verbindlichkeit des Bundesratsbeschlusses damit begründen, daß mit ihm das Aufsichtsverfahren i. e. S. abgeschlossen ist, die abschließende Feststellung für die Länder aber verbindlich sein muß, wenn anders das Aufsichtsverfahren nicht seine Bedeutung verlieren soll. Immerhin könnte zweifelhaft sein, ob nicht neben der Bundesverfassungsgerichtsbarkeit das Aufsichtsverfahren in der Tat seine eigenständige Bedeutung verloren hat, zumal eine ausdrückliche Vorschrift wie Art. 15 Abs. 3 S. 1 WRV weggelassen wurde. Die Frage ist jedoch, ob dem nicht Art. 37 GG entgegensteht.

Art. 37 GG gibt dem Bund das Recht, den Bundeszwang auch ohne vorheriges verfassungsgerichtliches Urteil durchzuführen[27]. Dem Bund steht damit die Befugnis zu, seine in der Regel vom Land bestrittene Auffassung wenigstens vorläufig durchzusetzen. Wenn die Ansicht des Bundes der wirklichen Verfassungsgrundlage entspricht, tut das Land damit nichts anderes, als was es von Verfassungs wegen zu tun verpflichtet ist. Eine Verfassung, die eine Exekution ohne vorherige verfassungsgerichtliche Feststellung der Pflichtverletzung zuläßt, nimmt jedoch das Risiko in Kauf, auch rechtsirrige Auffassungen des Bundes im Wege der Exekution zu erzwingen. Indem sie es gestattet, verpflichtet sie auch insoweit das Land, sich der Auffassung des Bundes zu beugen. Die Pflicht, sich selbst in diesen Fällen beugen zu müssen, wo ausweislich der späteren Entscheidung des Bundesverfassungsgerichtes die von der Bundesregierung geltend gemachte Pflicht nicht be-

---

[27] Der Nachweis, daß dieses Recht besteht, kann im einzelnen erst unten S. 124 f. geführt werden.

stand, folgt hier allein aus dem Umstand, daß dem Bund ein vorläufiges Entscheidungsrecht mit der Exekutionsbefugnis verliehen worden ist. Es wäre gekünstelt zu argumentieren, in diesen Fällen bestehe zwar das Recht des Bundes, seiner Entscheidung alsbald Geltung zu verschaffen, aber eine Verpflichtung des Landes, sich nach der vermeintlichen, aber nicht wirklichen Verfassungsrechtslage zu richten, bestehe hier nicht. Denn mindestens ist das Land verpflichtet, die ordnungsmäßig beschlossene Exekution zu dulden. Ein Widerstand wäre verfassungswidrig. Das heißt aber nichts anderes, als das Land für verpflichtet zu erachten, vorläufig zu akzeptieren, was der Bund, gestützt auf sein Exekutions- und Entscheidungsrecht verlangt.

Spätestens mit dem Exekutionsbeschluß selbst muß danach die Verbindlichkeit der Mängelrüge eintreten. Es muß aber auch genügen, wenn die tatbestandlichen Voraussetzungen für die Anwendung des Bundeszwanges von den am Bundeszwangsverfahren beteiligten Organen festgestellt worden sind, ohne daß der Exekutionsbeschluß selbst bereits gefaßt wurde.

Es ist bereits erwähnt, daß erst die mit dem Feststellungsbeschluß des Bundesrates eingetretene Verbindlichkeit der Mängelrüge dem Aufsichtsverfahren eine eigenständige Bedeutung neben der Bundesverfassungsgerichtsbarkeit sichert. Der Bund kann sich darauf beschränken, das Aufsichtsverfahren nach Art. 84 Abs. 4 GG durchzuführen. Wenn das Land nicht in den Verruf kommen will, verfassungswidrig zu handeln, muß es das gerügte Verhalten ändern, wenn der Bundesrat ebenfalls eine Rechtsverletzung bejaht. Der Bund kann es dem Land überlassen, das Bundesverfassungsgericht anzurufen.

Die Möglichkeit, gegen die verbindlich gewordene Mängelrüge das Bundesverfassungsgericht anzurufen, gibt der Verbindlichkeit nur einen vorläufigen Charakter. Versäumt es das Land, das Bundesverfassungsgericht innerhalb einer Frist von vier Wochen nach der Beschlußfassung durch den Bundesrat anzurufen, so wird damit die Mängelrüge endgültig verbindlich, § 70 BVerfGG. Auch jetzt bleibt dahingestellt, ob die Auffassung des Bundes zutreffend ist, das Land also wirklich Bundesrecht verletzt hat. Allein entscheidend für die endgültige Verbindlichkeit des Landes, den Mangel abzustellen, ist, daß gegen die zwangsweise Durchsetzung des Beschlusses jedenfalls insoweit nicht mehr angegangen werden kann, als geltend gemacht werden soll, eine Rechtsverletzung liege gar nicht vor. Denn wenn § 70 BVerfGG einen Sinn haben soll, dann verbietet er nicht nur eine Klage nach Ablauf der Frist gegen den Feststellungsbeschluß des Bundesrates, sondern auch gegen die Durchführung des Bundeszwanges mit der gleichen Begründung. Andernfalls könnte das Land die Frist verstreichen lassen, ohne irgendeinen Nachteil zu haben.

Zweifelhaft ist allerdings, ob die Ausschlußfrist auch für die im Verfahren vor dem Bundesrat obsiegende Partei gilt. Praktisch wird die Frage dann, wenn der Bund zwar obsiegt, aber vor Anwendung des Bundeszwanges nach Fristablauf sich noch eine stärkere Rückendekkung verschaffen will.

Die Ausschlußfrist hat den Sinn, die Streitfrage möglichst bald aus der Welt zu schaffen und damit die Beziehungen zwischen Bund und Ländern zu normalisieren. Unterliegt das Land im Verfahren vor dem Bundesrat und läßt es die Frist verstreichen, ohne das Bundesverfassungsgericht anzurufen, so ist dieser Zweck erreicht. Das Land ist verpflichtet, sein Verhalten zu ändern. Wenn der Bund gleichwohl noch eine Entscheidung des Bundesverfassungsgerichtes herbeizuführen beabsichtigt, so steht dem der Sinn der Ausschlußfrist nicht entgegen. Der Wortlaut des § 70 BVerfGG trägt dem Rechnung, indem er nur für die Anfechtung eine Frist setzt und damit unzweideutig auf die unterlegene Partei abstellt und nicht auf die obsiegende, die eine Bestätigung erstrebt.

IV. Zusammenfassung

Das Verfahren nach Art. 84 Abs. 4 GG ist kein Gerichtsverfahren, der Beschluß des Bundesrates kein Richterspruch. Seine Bedeutung ist im engen Zusammenhang mit der Beschränkung der Aufsicht auf die Verwaltung des Landes und der besonderen Qualifikation des Bundesrates auf administrativem Gebiet zu sehen. Die Aufgabe des Bundesrates im Verfahren nach Art. 84 Abs. 4 GG läßt sich am ehesten als gutachterliche Äußerung eines politischen Sachverständigen-Gremiums umschreiben. Die Entscheidung ist ausschließlich nach rechtlichen Kriterien zu treffen. Nur insoweit, als der Bundesrat seine administrative Sachkunde und Erfahrung in die Waagschale legen kann, wirkt er auch vermittelnd.

Mit der Entscheidung des Bundesrates, durch die eine Rechtsverletzung festgestellt wird, erlangt die Mängelrüge für das Land verbindliche Kraft. Das ergibt sich daraus, daß der Bund, jedenfalls nach dem Abschluß des Feststellungsverfahrens nach Art. 84 Abs. 4 GG, gegen das Land mit dem Bundeszwang vorgehen kann. Läßt das Land die Frist des § 70 BVerfGG ungenützt verstreichen, wird die Mängelrüge der Bundesregierung endgültig verbindlich. Das Land wird dann mit dem Einwand, eine Bundesrechtsverletzung liege nicht vor, auch im Bundeszwangsverfahren nicht mehr gehört. Die Ausschlußfrist des § 70 BVerfGG gilt nur für die im Verfahren vor dem Bundesrat unterlegene Partei.

§ 12: Aufsichtsverfahren und Verfahren
vor dem Bundesverfassungsgericht nebeneinander

Art. 93 Abs. 1 Ziff. 3 GG erwähnt ausdrücklich, daß auch Aufsichtsstreitigkeiten Gegenstand des dort vorgesehenen Verfahrens vor dem
Bundesverfassungsgericht sein können. Zugleich bestimmt Art. 84 Abs. 4
GG, daß gegen den Beschluß des Bundesrates das Bundesverfassungsgericht angerufen werden kann. Damit entsteht die Frage, ob das Grundgesetz den Art. 84 Abs. 4 S. 2 in dem Sinne als eine lex specialis zu
Art. 93 Abs. 1 Ziff. 3 ansieht, daß ein Verfahren, sofern es sich um eine
Aufsichtsstreitigkeit im Sinne des Art. 84 GG handelt, überhaupt nur
gegen den Beschluß des Bundesrates anhängig gemacht werden kann.
Diese Frage gilt gleichermaßen für ein von der Bundesregierung wie
für ein von einer Landesregierung alsbald nach der Mängelrüge anhängig gemachtes Verfahren.

I. Die Ansichten in der Literatur

Die überwiegende Ansicht in der Literatur geht dahin, die Entscheidung des Bundesrates nach Art. 84 Abs. 4 GG als Prozeßvoraussetzung
für ein Verfahren vor dem Bundesverfassungsgericht anzusehen[1].

Demgegenüber vertritt vor allem *Geiger*[2] die Ansicht, die Bundesregierung könne frei wählen, ob sie den Bundesrat oder das Bundesverfassungsgericht anrufen wolle. Ihm hat *Scheuner*[3] zugestimmt.
Schließlich wird eine vermittelnde Meinung diskutiert, nach welcher der
Bundesregierung die Wahlmöglichkeit nur so lange einzuräumen ist, als
sie eine Mängelrüge nicht erhoben hat[4].

---

[1] *Friesenhahn*, DV 1949, S. 485, Fußn. 65; *Holtkotten*, BK Art. 93, II, B, 3 b;
Schäfer, AöR 78, 1952/53, S. 34; *v. Mangoldt*, Komm. Art. 84, 4, S. 457; *Schät-*
zel, Gutachten, S. 1119; *Schneider*, Gutachten, S. 1039 ff.; *Bullinger*, AöR 83,
1958, S. 280; *Maunz* in Maunz-Dürig, Komm. Art. 84, Rdnr. 71; *Haas*, S. 35;
Graubaum, S. 69.
   S. auch Abg. Dr. *Menzel* und Dr. *Schmid*, Sten.Ber. HA, S. 435 f.
   Diese Auffassung hat auch die Zustimmung des BVerfG gefunden, vgl.
BVerfGE 6, S. 309 (329); 7, S. 372; 8, S. 131.
[2] *Geiger*, Komm. z. BVerfGG § 70, 4. Die Begründung Geigers enthält
allerdings einen regelrechten Denkfehler: Geiger führt aus: „Die Zuständig-
keit des Bundesverfassungsgerichtes nach Art. 93 Abs. 1 Nr. 3 GG wird durch
Art. 84 Abs. 4 nicht eingeschränkt, sondern um diesen Spezialfall erweitert".
Eine Vorschrift kann aber nicht durch eine andere erweitert werden, die
selbst nur als Spezialfall dieser Vorschrift anzusehen ist.
[3] *Scheuner*, vor dem BVerfG, Konkordatsprozeß, S. 1145 ff., scheint dieser
Ansicht allerdings nur für den Fall gewesen zu sein, daß das Gericht der
Auffassung folgen sollte, die Aufsicht erfasse auch die Gesetzgebung, ebd.,
S. 1166. Mehr war jedoch im Prozeß auch nicht von Interesse.
[4] Ob diese Ansicht wirklich aus den anscheinend widersprüchlichen Äußerungen *Lechners*, Komm. z. BVerfGG § 13, Ziff. 7, 4 c, § 70, herausgelesen
werden kann, ist zweifelhaft. Ebenso zweifelhaft ist, ob *Schäfer*, AöR 78,
1952/53, S. 34, dieser Ansicht ist.

II. Kritik und eigene Stellungnahme

Die Auffassung, wonach in Aufsichtsstreitigkeiten das Bundesverfassungsgericht nur gegen den Beschluß des Bundesrates angerufen werden kann, erscheint vertretbar, wenn man wie hier die Bundesaufsicht auf eine Aufsicht über die Verwaltung beschränkt[5]. Ihr stehen aber gleichwohl gewichtige Bedenken entgegen.

Die Vorschaltung des Bundesrates wird weitgehend deshalb für notwendig erachtet, um die Länder gegen ein Verfahren vor dem Bundesverfassungsgericht zu schützen[6]. Es ist jedoch insofern prekär, den Schutzgedanken in den Vordergrund zu rücken, als es gerade gegenüber jenem Organ geschieht, das in Aufsichtsstreitigkeiten selbst als Schutz der Länder gedacht ist. Jenes Risiko aber, durch ein Verfahren vor dem Bundesverfassungsgericht mit der Weigerung, einen gerügten Mangel zu beseitigen, in das helle Licht der Öffentlichkeit gestellt zu werden, müssen die Länder tragen, wenn sie gegenüber dem Bund auf ihrer Rechtsansicht beharren. Aber selbst wenn man dieser Begründung folgte, so wäre es inkonsequent, nicht wenigstens den Ländern selbst anheimzustellen, sich unter Übergehung des Bundesrates direkt an das Bundesverfassungsgericht zu wenden.

Sehr viel näher liegt es, den Feststellungsbeschluß des Bundesrates als Prozeßvoraussetzung für ein Verfahren vor dem Bundesverfassungsgericht anzusehen, wenn man — wie hier — die Absicht der Verfassung dahin versteht, durch die Beteiligung des Bundesrates in dem Aufsichtsstreit die Erfahrung der Länder auf administrativem Gebiet zur Geltung zu bringen und so die Perspektiven des Rechtsstreits zu erweitern.

Es ist jedoch zu bedenken, daß auch die Verwaltungspraxis sehr vielfältige und verschiedenartige Streitigkeiten hervorzubringen vermag: solche, in denen die Verwaltungserfahrung bei der Ausführung des Gesetzes eine große Rolle spielen kann und solche, bei denen von vornherein nur eine klare und übersichtliche Rechtsfrage zu entscheiden ist; solche, bei denen es ratsam erscheint, auf eine gütliche Einigung im Wege der Verhandlung hinzuarbeiten und solche, bei denen das strikte Beharren auf dem Rechtsstandpunkt geboten ist; solche, bei denen die Vorschaltung des Bundesrates den Streit wahrscheinlich beendet und solche, bei denen der alsbaldige Spruch des Verfassungsgerichts klärender wirkt als der Umweg über das Verfahren vor dem Bundesrat.

Es ist der entscheidende Vorteil jener Auslegung, die das Aufsichtsverfahren nach Art. 84 Abs. 3 und 4 GG und das Verfassungsgerichts-

---

[5] Sie steht im eklatanten Widerspruch zur Möglichkeit eines Normenkontrollverfahrens nach Art. 93 Abs. 1 Ziff. 2 GG, wenn man die Aufsicht auch auf die Gesetzgebung der Länder erstreckt. Darauf hat *Scheuner*, vor dem BVerfG, Konkordatsprozeß, S. 1145 f., 1167, hingewiesen.

[6] *Schneider*, Gutachten, S. 1043; *Bullinger*, AöR 83, 1958, S. 294.

verfahren nach Art. 93 Abs. 1 Ziff. 3 GG selbständig nebeneinanderstellt, daß sie dieser Vielfalt der Möglichkeiten Rechnung trägt und damit den politischen Organen eine größere Elastizität ermöglicht. Auch sonst stellt das Grundgesetz mehrere Verfahrensarten nebeneinander zur Wahl[7].

Bedenken gegenüber der Annahme, der Bundesregierung stehe die freie Wahl zwischen beiden Verfahrensarten zu, könnten einmal daraus hergeleitet werden, daß damit die Möglichkeit parallel laufender Verfahren vor dem Bundesrat und Bundesverfassungsgericht begründet werde[8]. Der bloße Umstand, daß beide Verfahren zugleich anhängig sind, bringt jedoch weder theoretische noch praktische Schwierigkeiten mit sich. Entscheidet das Bundesverfassungsgericht früher, so ist damit auch das Verfahren vor dem Bundesrat erledigt. Das Bundesverfassungsgericht wird von dieser Möglichkeit kaum Gebrauch machen, wenn nicht besondere Gründe dafür sprechen; in aller Regel wird es vielmehr die Entscheidung des Bundesrates abwarten.

Entscheidet der Bundesrat früher, so tritt allerdings die Frage auf, ob nunmehr die unterlegene Partei genötigt ist, binnen eines Monats (§ 70 BVerfGG) gegen den Beschluß des Bundesrates das Bundesverfassungsgericht anzurufen, wenn er nicht endgültig verbindlich werden soll. Diese Annahme wäre allerdings in Anbetracht des bereits nach Art. 93 Abs. 1 Ziff. 3 GG anhängigen Verfahrens widersinnig. Aber sie ist nicht richtig: Wird nach Art. 84 Abs. 4 GG der Beschluß des Bundesrates vor dem Bundesverfassungsgericht angefochten, so ist der eigentliche Streitgegenstand dieses Verfahrens nicht der Beschluß des Bundesrates, sondern das Verhalten des Landes. Wenn das Bundesverfassungsgericht bereits zuvor durch die Bundesregierung mit eben diesem Verhalten befaßt worden ist, dann fehlt der Bundesregierung für den Fall, daß sie im Bundesrat unterliegt, für eine weitere Klage das Rechtsschutzbedürfnis. Der Ausgang des Verfahrens vor dem Bundesverfassungsgericht entscheidet der Sache nach zugleich über den Beschluß des Bundesrates. Das gleiche gilt aber auch dann, wenn nicht der Bund, sondern das Land im Bundesrat unterliegt. Auch für eine Klage des Landes gegen den Bundesratsbeschluß vor dem Bundesverfassungsgericht ist kein Platz mehr. Der Sache nach würde mit dieser Feststellung nur das genaue Gegenteil der vom Bund begehrten Feststellung verlangt. Darüber hat das Bundesverfassungsgericht ohnehin zu entscheiden. Der Beschluß des Bundesrates kann demnach für das unter-

---

[7] Darauf hat *Scheuner*, vor dem BVerfG, Konkordatsprozeß, S. 1139 f., ebenfalls hingewiesen; vgl. *BVerfGE* 1, S. 14 ff. (30), Urt. v. 23. Okt. 1951; 7, S. 305 ff. (310 f.), Urt. v. 5. März 1958.

[8] *Schneider*, Gutachten, S. 1041.

legene Land nicht verbindlich werden, wenn das Bundesverfassungsgericht mit der Sache, dem umstrittenen Verhalten des Landes, schon
befaßt ist. Das im Bundesrat unterlegene Land läuft auch nicht Gefahr,
die Verbindlichkeit des Bundesratsbeschlusses dadurch herbeigeführt
zu sehen, daß die Bundesregierung die Klage vor dem Bundesverfassungsgericht zurücknimmt, nachdem die Frist des § 70 BVerfGG ver-
strichen ist. Denn in diesen Fällen ist eine Klagerücknahme nur mit Zustimmung des betroffenen Landes möglich[9].

Ist es danach zulässig, eine Klage vor dem Bundesverfassungsgericht
anhängig zu machen, obgleich von der anderen Partei bereits der Antrag
an den Bundesrat gestellt ist, warum sollte es nicht zulässig sein, den
Bundesrat noch anzurufen, wenn das Verfahren vor dem Bundesverfassungsgericht bereits anhängig ist[10]? Im einen Fall so wenig wie im
andern tritt eine wirkliche Kollision mit dem Verfahren vor dem Bundesverfassungsgericht ein. Sie kann nicht eintreten. Die Entscheidung
des Bundesverfassungsgerichtes ist der des Bundesrates unzweideutig
übergeordnet[11]. Das Bundesverfassungsgericht ist ja gerade berufen,
den Beschluß des Bundesrates zu überprüfen. Das Verfahren vor dem
Bundesrat kann deshalb auch nicht gegen das vor dem Bundesverfassungsgericht ausgespielt werden. Auch Würde und Ansehen des Gerichtes
leiden nicht darunter. Es macht kaum einen Unterschied, welches Verfahren zuerst anhängig gemacht wird. Entscheidend ist, daß mit dem
Spruch des Bundesverfassungsgerichtes auch das Verfahren vor dem
Bundesrat erledigt wird. — Gerade die Möglichkeit, auch in diesen Fällen den Bundesrat noch anrufen zu können, ist aber geeignet, wesentliche
Bedenken gegen die Wahlmöglichkeit zu zerstreuen: Bund oder
Land wird die Möglichkeit genommen, den Bundesrat in den Fällen
auszuschalten, in denen nach Auffassung der anderen Partei seine Sachkunde zur Klärung des Verfassungsstreits beitragen könnte. Hier kann
sie die Entscheidung des Bundesrates herbeiführen.

Im Ergebnis führt danach die hier vertretene Auffassung dazu, daß
gegen den Willen der anderen Partei der Bundesrat nur dann ausge-
schaltet werden kann, wenn das Bundesverfassungsgericht aus besonderen Gründen die Entscheidung des Bundesrates nicht abwarten will. Dagegen eröffnet sie die Möglichkeit einer alsbaldigen verfassungsrechtlichen Entscheidung, wenn beide Parteien ohnehin entschlossen sind,
das Bundesverfassungsgericht anzurufen.

---

[9] Zur Klagrücknahme im allgemeinen vgl. *Geiger*, Komm. z. BVerfGG
§ 52, 1; *Lechner*, Komm. z. BVerfGG vor § 17, B, II, 2 a, cc.

[10] Dagegen *Scheuner*, vor dem BVerfG, Konkordatsprozeß, S. 1148.

[11] Schon unter der WRV war die Annahme *Kelsens*, S. 170, die Entscheidungskompetenz der politischen Aufsichtsorgane könne die des StGH ver-
drängen, wenig überzeugend, sie fand auch keinen Anhang.

Abschließend ist noch die Frage zu erörtern, ob die Bundesregierung den Weg des Art. 84 Abs. 4 GG jedenfalls dann beschreiten muß, wenn sie die Mängelrüge einmal erhoben hat.

Auch wenn die Bundesregierung eine Klage gegen das Land vor dem Bundesverfassungsgericht anhängig machen will, muß sie zunächst das Land auffordern, den Mangel zu beseitigen[12]. Diese Aufforderung unterscheidet sich jedenfalls nach außen durch nichts von der Mängelrüge nach Art. 84 Abs. 3 GG. Wenn man der oben dargelegten Auffassung folgt, wonach der Mängelrüge nach Art. 84 Abs. 3 GG vor der Feststellung der Pflichtverletzung durch den Bundesrat noch keine Verbindlichkeit zukommt, so ist sie auch ihrer rechtlichen Wirkung nach von jener Aufforderung, den Mangel zu beseitigen, die auch außerhalb der von Art. 84 GG erfaßten Aufsichtsstreitigkeiten möglich und vor einer Klageerhebung notwendig ist, nicht verschieden. Im einen wie im andern Falle kann sie die Ankündigung enthalten, das Bundesverfassungsgericht anzurufen. Da die Einleitung beider Verfahren demnach gleich ist, kann sich die Bundesregierung durch sie noch nicht festlegen. Aber selbst wenn die Bundesregierung bei der Aufforderung, den Mangel abzustellen, zu erkennen gibt, daß sie das eine oder das andere Verfahren einzuschlagen beabsichtige, welchen Sinn soll es haben, sie an dieser Äußerung festzuhalten? Daß ein Vertrauensschutz notwendig wäre, ist nicht ersichtlich. Erforderlich ist es allerdings, die andere Partei über eine Sinnesänderung und die nunmehr vorgesehenen Maßnahmen rechtzeitig zu unterrichten.

Unzulässig ist es selbstverständlich, daß eine Partei beide Verfahren zugleich einleitet. Wer den Bundesrat anruft, gibt zu erkennen, daß er seine Entscheidung vor der des Bundesverfassungsgerichts für sachdienlich erachtet. Damit kann er sich nicht in Widerspruch setzen.

III. Zusammenfassung

Der Beschluß des Bundesrates nach Art. 84 Abs. 4 GG ist keine Prozeßvoraussetzung für ein Verfahren nach Art. 93 Abs. 1 Ziff. 3 GG. Beide Verfahren stehen dergestalt nebeneinander, daß Bund und Land die Wahl haben, ob sie den einen oder anderen Weg gehen wollen. Daraus, daß unter Umständen ein Verfahren vor dem Bundesrat und Bundesverfassungsgericht gleichzeitig anhängig ist, entstehen weder theore-

---

[12] Es ist nicht immer klar ersichtlich, ob unter der WRV lediglich die verpflichtende Mängelrüge oder überhaupt jede vorherige Aufforderung an das Land für entbehrlich gehalten wurde, vgl. Entsch. des StGH vom 9. Dez. 1929, *Lammers-Simons*, Bd. II, S. 25 ff., 29; *Anschütz*, Komm. Art. 15, 11, S. 124. Auch *Friesenhahn*, HdbDStR II, S. 542, schränkt das Erfordernis der Mängelrüge noch auf den Fall der abhängigen Aufsicht nach Art. 15 Abs. 3 WRV ein. Dagegen aber zutreffend *v. Jan*, Bay. VBl. 1930, S. 69. Unter dem Grundgesetz zutreffend *Frowein*, S. 37, Fußn. 27.

tische noch praktische Schwierigkeiten. Das Bundesverfassungsgericht kann auch dann noch angerufen werden, wenn die andere Partei bereits den Bundesrat angerufen hat. Umgekehrt kann der Bundesrat noch angerufen werden, wenn die andere Partei bereits ein Verfahren vor dem Bundesverfassungsgericht anhängig gemacht hat. Dadurch wird die Möglichkeit einer Ausschaltung des Bundesrates gegen den Willen der anderen Partei beseitigt.

Ist zugleich ein Verfahren vor dem Bundesrat anhängig gemacht, so wird das Bundesverfassungsgericht den Beschluß des Bundesrates abwarten, wenn nicht besondere Gründe entgegenstehen. Eine vorzeitige Entscheidung des Bundesverfassungsgerichts erledigt auch das Verfahren vor dem Bundesrat.

Durch die Aufforderung an das Land, den Mangel abzustellen, ist die Bundesregierung nicht an das Verfahren nach Art. 84 Abs. 4 GG gebunden.

Viertes Kapitel

Zwangsmaßnahmen gegen die Länder

§ 13: Der Bundeszwang

I. Das Verhältnis von Bundeszwang und Bundesaufsicht

Der Begriff der Bundesaufsicht umfaßt in einem weiteren Sinne auch den Bundeszwang. Diese Begriffsbildung rechtfertigt sich aus dem gemeinsamen Zweck: das Verhalten der Länder in Einklang mit dem Bundesrecht zu halten. Verschieden sind zunächst die Mittel. Soweit der Bund Aufsicht (i. e. S.) ausübt, sucht er gütlich auf die eigene Willensbildung der obersten Landesbehörden einzuwirken. Soweit der Bund dagegen mit dem Bundeszwang gegen ein Land vorgeht, beugt er entweder den Willen der Landesregierung[1], oder handelt selbst unmittelbar für das Land. Im einen wie im andern Fall wird der entgegenstehende Wille des Landes gebrochen. Es entspricht diesem Verhältnis der verschiedenen Mittel von Bundesaufsicht und Bundeszwang, wenn der Bundeszwang in der Regel als die ultima ratio am Ende des Aufsichtsverfahrens steht[2].

Der Bundeszwang wird allgemein als die unerläßliche Garantie für die Wirksamkeit der Aufsicht angesehen. Dieses Verständnis des Bundeszwanges war zutreffend, solange die Verfassung lediglich eine den politischen Organen des Gesamtstaates übertragene Aufsichtskompetenz kannte. Mit der Einführung der Verfassungsgerichtsbarkeit in föderalen Streitigkeiten ist dieses Moment jedoch in den Hintergrund getreten. Solange ein Land bereit ist, die Verfassung selbst zu achten, unterwirft es sich der Entscheidung des Bundesverfassungsgerichtes.

Zwar war die Entscheidung des Bundesrates der RV v. 1871 ebenfalls verbindlich, sie wäre aber in einem ernsthaften Streit immer die Entscheidung der anderen Partei geblieben und deshalb ohne den dahinter stehenden Zwang leichter der Mißachtung ausgesetzt gewesen. In eben

---

[1] So in der Regel nach Art. 32 der Wiener Schlußakte vom 15. Mai 1820 und Art. 6 der Exekutionsordnung des Deutschen Bundes vom 3. Aug. 1820 (Text: *E. R. Huber*, Dokumente I, S. 81, S. 105 ff.), dazu *Maurenbrecher*, S. 180 f.

[2] Vgl. Art. 31 der Wiener Schlußakte v. 15. Mai 1820: „... nach Erschöpfung aller anderen bundesverfassungsmäßigen Mittel."

dem Maße, in dem den Ländern — ganz im Gegensatz etwa zu den Souveränen des Deutschen Bundes — die Unterwerfung unter das Urteil eines Gerichtes leichter erscheint als unter das der politischen Organe des Bundes, tritt die allgemeine Bedeutung des Bundeszwanges als Garantie der Wirksamkeit der Aufsicht zurück. Die Fälle eines erklärten Verfassungsbruches, in denen auch die Entscheidung des Bundesverfassungsgerichtes nicht mehr anerkannt wird, sind noch seltener als die Anwendung des Bundeszwanges ohnehin[3].

Neben der Verfassungsgerichtsbarkeit ist eine andere Komponente des Bundeszwanges in den Vordergrund gerückt: das Recht, schnell und wirksam Maßnahmen zu ergreifen, um die Geltung des Bundesrechts zu sichern. Der Bundeszwang ist gegenwärtig weniger als das Vollstreckungsverfahren der Bundesaufsicht denn als Verfahren einstweiliger Regelung anzusehen. Damit tritt der Ausnahmecharakter des Bundeszwanges als unterscheidendes Moment gegenüber der regulären Bundesaufsicht noch deutlicher hervor: es muß nicht nur eine motivierende Einwirkung auf den eigenen Landeswillen versagt haben, sondern darüber hinaus auch ein unmittelbares Handeln ohne vorherige verfassungsrechtliche Entscheidung der Streitfrage unaufschiebbar erscheinen.

Die Frage ist allerdings, ob damit nur eine tatsächliche, dem Gebot politischer Vernunft entsprechende Begrenzung wiedergegeben worden ist oder aber eine verfassungsrechtliche Norm[4]. Art. 37 GG erwähnt expressis verbis derartige Begrenzungen nicht. Es dürfte auch schwer sein, hier die dem Bund sicherlich nicht eng gezogenen Ermessensgrenzen allgemein festzulegen. Wo eine Erledigung durch Zeitablauf droht, da wird man dem Bund stets das Recht geben müssen, seine Ansicht durch Zwang durchzusetzen[5]. Das gebietet der Vorrang des übergeordneten Gesamtstaates. Sollte der Bund jedoch ohne Not zum Bundeszwang greifen, so wäre die Maßnahme vom Bundesverfassungsgericht auch unter dem Gesichtspunkt eines Formmißbrauchs zu prüfen. Der Bund hat jedoch bereits zu erkennen gegeben, daß er äußerst zurückhaltend mit dem Mittel des Bundeszwanges umzugehen gewillt ist[6].

---

[3] *Menzel*, DV 1949, S. 313, sieht den Bundeszwang jedoch vorwiegend unter diesem Gesichtspunkt. Der Bundeszwang würde hier wohl vielfach von der Vollstreckungsanordnung nach § 35 BVerfGG überdeckt.

[4] Im ersteren Sinn unter der WRV *Anschütz*, Komm. Art. 48, 4, S. 273; anders *Triepel*, DJZ 1932, Sp. 1503: „Tat und Rechtsfrage", freilich sollte der StGH sie nicht nachprüfen können; anders auch *Flad*, S. 122. Vgl. ebenfalls *W. Jellinek*, Verf. u. Verw., S. 25.

[5] Vgl. *BVerfGE* 3, S. 52 ff., Urt. v. 10. Dez. 1953.

[6] Der Bund hat unter dem Grundgesetz zwar gelegentlich mit dem Bundeszwang gedroht (vgl. *Gross*, DVBl. 1954, S. 52), ihn aber bisher nicht angewandt.

II. Die Feststellung der Pflichtverletzung

Materiell ist Voraussetzung des Bundeszwanges, daß ein Land die ihm nach dem Grundgesetz oder einem anderen Bundesgesetz obliegenden Bundespflichten nicht erfüllt. Anders als im Aufsichtsverfahren genügt also die Verletzung irgendeiner Pflicht, die das Land in seiner Stellung als Gliedstaat des Bundes trifft. Unwesentlich ist sowohl, in welcher Bundesnorm die Pflicht begründet ist als auch, ob die Pflichtverletzung in der Verwaltung oder Gesetzgebung des Landes begründet liegt[7].

Zweifelhaft ist, wer darüber zu entscheiden hat, ob diese Voraussetzung vorliegt.

Unter der RV v. 1871 faßte der Bundesrat den Exekutionsbeschluß. Ihm oblag dabei auch die Feststellung der tatbestandlichen Voraussetzungen. Der Kaiser hatte den Beschluß lediglich zu vollstrecken[8]. — Unter der WRV stand das Exekutionsrecht dem Reichspräsidenten zu. Er bedurfte aber der Gegenzeichnung nach Art. 50 WRV[9]. Äußerst umstritten war, ob die Reichsexekution erst dann eingeleitet werden durfte, wenn der StGH oder das sonst zuständige Gericht die Pflichtverletzung durch das Land festgestellt hatte[10].

Unter dem Grundgesetz ist die Frage, ob zunächst das Bundesverfassungsgericht die Pflichtverletzung festgestellt haben muß, ebenfalls aufgetreten, jedoch kaum noch umstritten[11]. Sie ist auch zu verneinen. Der Grund dafür ist zwar nicht — wie *Nölting* meint — darin zu sehen, daß die vorherige Feststellung der Pflichtverletzung durch das Bundes-

---

[7] Richtig an der Auffassung, wonach Rechtsverordnungen und Gewohnheitsrecht als Gesetz i. S. des Art. 37 GG ausscheiden sollen — so *Wernicke*, BK Art. 37, II, 1 b; *v. Mangoldt-Klein*, Art. 37, III, 2 c, S. 857 — ist, daß die Pflichtverletzung in aller Regel nicht schwerwiegend genug ist, um zum Bundeszwang zu greifen. Das gleiche gilt bei Pflichtverletzungen durch die Verwaltung, vgl. *Thoma*, Verhandlungen, S. 67. Aber die Regel gilt nicht ausnahmslos! Vgl. schon *Arndt*, Komm. Art. 19, 1, sowie *Ransohoff*, S. 49 (für Rechtsverordnungen); *Anschütz*, in „Preußen contra Reich", S. 128 (hinsichtlich des Gewohnheitsrechtes).

[8] Vgl. *Börner*, S. 36 ff.; über eine Verlagerung des politischen Schwergewichts zwischen Bundesrat und Kaiser insgesamt *Bornhak*, AöR, Bd. 26, 1910, S. 373 ff.

[9] Vgl. dazu *Pohlmann*, S. 107 ff.

[10] Ablehnend unter der WRV: *Anschütz*, HdbDStR I, S. 379; W. *Jellinek*, Verf. u. Verw., S. 25; *Weinschel*, Z. f. öff. R., 7, 1928, S. 282 ff.; *Pohlmann*, S. 96 ff.; *Ransohoff*, S. 59. Dafür: *Triepel*, Streitigkeiten, S. 59 ff.; *Poetzsch-Heffter*, Komm. Art. 48, I, 3, S. 231 f.; *Giese*, Reichsverfassung, Art. 15, 4; *ders.*, „Preußen contra Reich", S. 143; *Nawiasky* Politische Zeitfragen, 3, 1921, S. 154; *Lammers*, Staatsgerichtshof, S. 67 f.; *Hugelmann*, Z. f. öff. R., 6, 1927, S. 522 (anders, wenn die Pflicht vom Land nicht bestritten wurde); *Braasch*, S. 68 f.

[11] Dafür *Pfeiffer*, DÖV 1949, S. 265. Dagegen bereits *Grewe*, DRZ 1949, S. 350 f.; widersprüchlich *Schäfer*, AöR 78, 1952/53, S. 34, 43 f.
Vgl. verfassungsgeschichtlich zu dieser Frage E. R. *Huber*, AöR 79, 1953/54, S. 7 f.

verfassungsgericht der „Natur der Verfassungsgerichtsbarkeit" zuwider-
laufe, weil die Verfassungsgerichtsbarkeit auf eine Nachprüfung bereits
geschehener Akte und auf einen geforderten Rechtsschutz begrenzt sei[12].
Da der Streit bereits vor den Zwangsmaßnahmen beginnt, fehlt es daran nicht. Der Verfassungsgesetzgeber hätte sehr wohl die Anwendung
des Bundeszwanges davon abhängig machen können, daß das Bundesverfassungsgericht zuvor eine Pflichtverletzung durch das Land festgestellt hat, ohne damit die „Natur der Verfassungsgerichtsbarkeit" zu verletzen. Der eigentliche Grund, weshalb es nicht geschehen ist, ist bereits
genannt: Der Bund sollte in die Lage versetzt werden, gegenüber
pflichtwidrigem Verhalten notfalls schnell und wirksam eingreifen zu
können[13]. Die einstweilige Anordnung des Bundesverfassungsgerichts
hätte nur einen höchst unvollkommenen und bedenklichen Ersatz darstellen können[14].

Die Beteiligung des Bundesrates am Bundeszwangsverfahren bestätigt
diese Annahme. Die Zustimmung des Bundesrates ist als Schutz der
Länder gegen ein allzu schneidiges, möglicherweise ungerechtfertigtes
Vorgehen des Bundes gedacht. Es wäre aber sinnlos, wollte man einem
Land gegenüber der Vollstreckung einer verfassungsgerichtlichen Entscheidung noch einen besonderen Schutz gewähren. Die Zustimmung ist
nicht als ein Mittel gedacht, die zwangsweise Erfüllung bereits verfassungsgerichtlich festgestellter Pflichtverletzungen doch noch zu verhindern[15].

Sehr viel umstrittener ist die Frage, ob neben der Bundesregierung
— als Kollegium — auch der Bundesrat zu prüfen hat, ob die tatbestandlichen Voraussetzungen für die Anwendung des Bundeszwanges
vorliegen.

In der Literatur wird vielfach die Ansicht vertreten, der Bundesrat
sei auf die bloße Erklärung beschränkt, ob er seine Zustimmung erteilen
wolle oder nicht. Die Prüfung, ob die tatbestandlichen Voraussetzungen gegeben seien, sei — sofern nicht ein Fall des Art. 84 Abs. 4 GG vorliege — allein Sache der Bundesregierung und ihm verwehrt[16].

---

[12] *Nölting*, S. 168 ff.

[13] Siehe oben S. 123. Aus demselben Grunde kann der Anrufung des
Bundesverfassungsgerichtes auch keine aufschiebende Wirkung zugemessen
werden; anders *Maunz*, Staatsrecht, S. 207.

[14] BVerfGE 3, S. 52 ff.

[15] Vgl. im übrigen *Spieß*, S. 23 ff., für die WRV noch *Bilfinger*, in „Preußen
contra Reich", S. 155.

[16] *Zinn*, AöR 75, 1949, S. 304 f.; *Wernicke*, BK Art. 37, II, 1 d; *v. Mangoldt*,
Komm. Art. 37, 2, S. 221. Ebenso *Seifert-Geeb*, Art. 37, S. 137 f.; *Frowein*,
S. 56, 59. *Hertl*, S. 106; wohl auch *Reetz*, StuKV 1957, S. 226. Dagegen *Maunz*
in Maunz-Düring, Komm. Art. 37, Rdnr. 40; auch *Schäfer*, AöR 78, 1952/53,
S. 44.

Diese Auffassung erscheint zweifelhaft.

Wenn Art. 37 GG die Zustimmung des Bundesrates zu den von der Bundesregierung beschlossenen Maßnahmen verlangt, so muß vorausgesetzt werden, daß diese Zustimmung nur erteilt werden darf, wenn die tatbestandlichen Voraussetzungen des Bundeszwanges gegeben sind. Denn die Zustimmung zu einem verfassungswidrigen Akt ist selbst verfassungswidrig. Es wäre demnach allenfalls denkbar, daß die Feststellung der Bundesregierung für den Bundesrat verbindlich und der Bundesrat aus der Verantwortung für die Verfassungsgemäßheit seines Handelns insoweit entlassen worden wäre. Von einer Feststellungswirkung des Beschlusses der Bundesregierung ist im Grundgesetz jedoch nicht die Rede. Die Bundesregierung ist zwar richtiger Auffassung nach der eigentliche Träger der Bundeszwangskompetenz. Aber daraus folgt nicht, daß sie deshalb auch allein über die Frage der Pflichtverletzung als tatbestandliche Voraussetzung des Bundeszwanges zu entscheiden hätte.

Würde man die Feststellungswirkung bejahen, so könnte der Bundesrat auch kaum entscheiden, welche Mittel notwendig sind. Denn was notwendig ist, richtet sich vielfach danach, wieweit die Pflichtverletzung reicht. Konsequenterweise wird danach dem Bundesrat auch dieses Recht versagt[17]. Die Mitwirkung des Bundesrates erlangt auf diese Weise keinen anderen Sinn als den, trotz einer durch die Bundesregierung festgestellten Pflichtverletzung, die zu überprüfen ihm nicht zusteht, die zwangsweise Erfüllung dieser Pflicht zu verhindern. Das ist nicht gemeint! Es muß vielmehr angenommen werden, daß das Zustimmungserfordernis auch um deswillen vorgesehen ist, damit außer der Bundesregierung noch der Bundesrat prüfe, ob eine Pflichtverletzung vorliegt.

Gegenüber der hier vertretenen Auffassung kann kaum geltend gemacht werden, dadurch werde das eilige Verfahren verzögert. — Ohne die notwendige Unterrichtung über die Fakten kann der Bundesrat die Zustimmung in keinem Fall erteilen. Mehr ist aber auch für die Beurteilung der Frage, ob eine Pflichtverletzung vorliegt, nicht erforderlich. — Tatsächlich, darüber sollte kein Zweifel bestehen, wird der Bundesrat die eine Frage von der anderen nicht trennen. Der Bundesrat wird unter keinen Umständen dem Bundeszwang zustimmen, wenn er selbst eine Pflichtverletzung verneint.

Eine ganz andere Frage ist, ob der Bundesrat das Vorliegen der tatbestandlichen Voraussetzungen in einem gesonderten, der eigentlichen Zustimmung vorausgehenden Beschluß feststellen muß. Für diese An-

---

[17] Darüber unten S. 129 ff.

nahme bietet der Art 37 GG keine Handhabe. Sie ist auch nicht gerechtfertigt, denn der Bundesrat kann seinem Beschluß eine Begründung
beifügen[18]. Andererseits ist aber auch nicht einzusehen, weshalb der
Bundesrat nicht der rechtslogischen Struktur dieses Beschlusses auch
im äußeren Verfahren sollte folgen und zunächst das Vorliegen der tatbestandlichen Voraussetzungen gesondert feststellen können.

Der Bundesrat hat sich bei der Prüfung der Frage, ob ein pflichtwidri-
ges Verhalten vorliegt, allein von rechtlichen Kriterien leiten zu lassen. Für Ermessensentscheidungen selbst ist hier kein Raum[19]. Auch das
Bundesverfassungsgericht hat bei der Nachprüfung exekutorischer
Maßnahmen die ursprüngliche Frage zu entscheiden, ob das Land
mit seinem Verhalten die Grenze des verfassungsmäßig Erlaubten über-
schritten hat[20]. Diese Rechtslage kann in Zweifelsfällen zu einer sehr
prekären Lage führen. Die Verfassung bürdet dem Bund insofern das
Risiko des verfassungswidrigen Handelns auf, mit ihm aber bis zu einem
gewissen Grade unvermeidlich auch das Recht des Irrtums.

III. Das Bundeszwangsverfahren in den Fällen
der Bundesaufsicht nach Art. 84 GG

Soll der Bundeszwang durchgeführt werden, weil das Land einem
Mangel bei der Ausführung eines Bundesgesetzes im Sinne des
Art. 84 Abs. 3 GG nicht abhilft, so ist nach der — soweit ersichtlich —
einhelligen Auffassung in der Literatur erforderlich, daß zunächst das
Feststellungsverfahren des Art. 84 Abs. 4 GG durchgeführt werden
muß[21]. Nur wenn es sich um die Verletzung solcher Pflichten handelte,
deren Erfüllung nicht der Aufsicht des Art. 84 GG unterliegt, wäre die
Bundesregierung in der Lage, unmittelbar mit dem Bundeszwang im
Verfahren des Art. 37 GG vorzugehen.

Diese Auffassung beruht zum Teil auf der Annahme, Art. 37 GG
selbst erlaube eine Prüfung der Pflichtverletzung durch den Bundesrat nicht. Selbst wenn man dieser Annahme zustimmte, wäre die Auffassung wenig überzeugend. So richtig es ist, die Aufsichtskompetenz in

---

[18] A. A. *Wernicke*, BK Art. 37, II, 2 d; *v. Mangoldt-Klein*, Art. 37, IV,
6 f., S. 864.

[19] Vgl. schon für die WRV *Abg. Dr. Preuß*, Berichte u. Protokolle des
8. Ausschusses, S. 288.
A. A., allerdings mit Bezug auf die Tatbestandsfeststellung der Bundesregierung, *v. Mangoldt-Klein*, Art. 37, III, 4 a, S. 858: „vornehmlich (?) auf
rechtliche Wertungen gründende Tatbestandsfeststellung".

[20] So mit Nachdruck für die WRV *Anschütz*, „Preußen contra Reich", S. 127 f.;
ebenso *Jellinek*, RuPrVBl. 53, 1932, S. 683.

[21] *Schäfer*, AöR 78, 1952/53, S. 43; *v. Mangoldt-Klein*, Komm. Art. 37, III,
4 b, S. 859; *Held*, K., *Küster*, O., JZ 1953, S. 543; *Maunz*, in Maunz-Dürig,
Komm. Art. 37, Rdnr. 29; *Spieß*, S. 26, 32; *Nölting*, Bundeszwang, S. 186.

Art. 84 GG eng zu begrenzen, so fragwürdig ist es, diese Abgrenzung in irgendeiner Weise auf die Ausgestaltung des Bundeszwangsverfahrens zu übertragen. Auch hier ist der grundlegenden Unterscheidung zwischen der regulären Aufsichtskompetenz und dem Ausnahmerecht nach Art. 37 GG Rechnung zu tragen. Für die reguläre Aufsichtskompetenz ist eine Beteiligung des Bundesrates nur in dem engen Rahmen des Art. 84 Abs. 4 GG sinnvoll. Für den Bundeszwang ist es jedoch gleich, in welchem Bereich die Pflichtverletzung geschehen ist. Wenn es zum Äußersten, zur Anwendung des Zwanges, kommt, dann ist die Feststellung der Pflichtverletzung durch den Bundesrat im einen Fall so wichtig wie im andern[22]. Es wäre nur schwer verständlich, wenn der Bundesrat für den Fall, daß es wegen einer Pflichtverletzung bei der Ausführung eines wichtigen Bundesgesetzes zur Anwendung des Bundeszwanges kommt, das Vorliegen dieser Pflichtverletzung selbst beurteilen, in anderen Fällen diese Feststellung dagegen der Bundesregierung überlassen müßte. Für diese Differenzierung ist ein plausibler Grund nicht ersichtlich.

Erst recht kann der überwiegenden Auffassung in der Literatur nicht gefolgt werden, wenn man — wie hier — der Beteiligung des Bundesrates die Aufgabe zuweist, das Vorliegen der Pflichtverletzung zum Schutze der Länder mit zu überprüfen — und die Kompetenz dazu in Art. 37 GG selbst enthalten sieht. Würde man gleichwohl darauf bestehen, dem Bundeszwangsverfahren das Verfahren nach Art. 84 Abs. 4 GG vorzuschalten, so würde dadurch nicht mehr erreicht, als daß die jeder Zustimmungserklärung nach Art. 37 GG vorausgehende Feststellung einer Pflichtverletzung nun in einem förmlichen Beschluß erscheinen müßte, der als Feststellungsbeschluß nach Art. 84 Abs. 4 GG anzusehen wäre. Ein sachlicher Grund, im einen Fall einen förmlichen, im andern dagegen einen nur inzidenten Feststellungsbeschluß zu verlangen, ist nicht ersichtlich. Erteilt der Bundesrat seine Zustimmung, so kommt darin im einen wie im andern Fall seine Ansicht, eine Pflichtverletzung liege vor, deutlich zum Ausdruck, selbst wenn in der Debatte kein Wort über diese Frage verloren sein sollte. Verweigert der Bundesrat die Zustimmung, weil nach seiner Ansicht eine Pflichtverletzung nicht vorliegt, so kann er das in einer dem Beschluß beigefügten Begründung zum Ausdruck bringen.

Manche Autoren glauben allerdings, einen Grund, zunächst das Verfahren nach Art. 84 Abs. 4 GG durchzuführen, darin zu finden, daß damit zugleich die Pflicht der Bundesregierung begründet werde, die Mängelrüge zu erheben, während sonst die Exekution bereits das erste Stadium bundesstaatlichen Vorgehens gegen pflichtsäumige Länder bilden

---

[22] Vgl. oben S. 61.

könne[23]. Es ist jedoch irrig anzunehmen, die Bundesregierung könne ein Land jemals mit dem Bundeszwang überfallen, ohne zunächst das Land um Abhilfe ersucht zu haben[24]. Die bereits in Art. 3 der Exekutionsordnung des Deutschen Bundes vom 3. August 1920 enthaltene Regelung, nach der bereits vor dem Exekutionsbeschluß der betreffende Bundesstaat aufgefordert werden mußte, den Mangel zu beseitigen, ist im Kern Ausdruck der im Staatenbund wie im Bundesstaat geltenden Treuepflicht, mögen im einzelnen die Modalitäten auch verschieden sein[25]. In aller Regel wird auch die vorherige Androhung der Exekution selbst erforderlich sein. Der Rückgriff auf Art. 84 Abs. 3 GG ist zur Begründung dieser Pflicht nicht erforderlich.

Sieht man in dem Zustimmungserfordernis das Recht und die Pflicht des Bundesrates, auch die Frage zu prüfen, ob und inwieweit eine Pflichtverletzung seitens des Landes überhaupt vorliegt, so liegt es nahe, auf das Verhältnis von Aufsichts- und Exekutionsverfahren unter der RV v. 1871 hinzuweisen. Die ganz überwiegende Ansicht ließ einen Exekutionsbeschluß des Bundesrates gemäß Art. 19 RV v. 1871 auch dann zu, wenn zuvor nicht der formelle Mängelfeststellungsbeschluß gemäß Art. 7 Ziff. 3 RV v. 1871 gefaßt worden war, sah vielmehr die Kompetenz zur Feststellung der Pflichtverletzung in Art. 19 RV v. 1871 selbst enthalten[26].

IV. Die Zustimmung des Bundesrates zu den vorgesehenen Maßnahmen

Die Zustimmung des Bundesrates muß in einem formellen Beschluß festgestellt werden. In Übereinstimmung mit der überlieferten Ansicht[27] ist nach § 9 Abs. 2 GeschOBR das betroffene Land stimmberechtigt. Umstritten ist, worauf sich die Zustimmung zu erstrecken hat: nur auf die Durchführung des Bundeszwanges an und für sich[28] oder auch auf die einzelnen Maßnahmen[29].

---

[23] *Frowein*, S. 59; *Nölting*, S. 187.

[24] Dagegen bereits *Laband*, Hirths-Annalen 1873, Sp. 486; auch *Anschütz*, „Preußen contra Reich", S. 129; vgl. auch *BVerfGE* 8, S. 122 ff. (139).

[25] Vgl. auch *Schilling*, AöR 20, 1906, S. 65.

[26] *Triepel*, Reichsaufsicht, S. 669 f.; *Thudichum*, S. 97; *Laband*, Hirths Annalen 1873, Sp. 486; *Meyer-Anschütz*, Staatsrecht, S. 937; *Arndt*, Staatsrecht, S. 110; *Westerkamp*, S. 70; *Fleischer*, S. 72 f.; vgl. auch *Wunder*, S. 67 (allerdings mit Einschränkungen).

[27] Vgl. für die RV v. 1871 *Pritsch*, S. 48, und die dort Genannten.

[28] *v. Mangoldt-Klein*, Art. 37, IV, 5, vor a), S. 861 und IV, 6 a, S. 863.

[29] *Zinn*, AöR 75, 1949, S. 305; *v. Mangoldt*, Komm. Art. 37, 2, Abs. 3, S. 221; *Schäfer*, Bundesrat, S. 111; *Maunz* in Maunz-Dürig, Komm. Art. 37, Rdnr. 32, 40.

Der Wortlaut des Art. 37 GG läßt sich für die eine wie für die andere
Auffassung heranziehen. Liegt auch die erstere Interpretation näher,
so ist sie doch allein nicht überzeugend. Ausschlaggebend muß vielmehr
sein, welche Konsequenzen mit der einen und anderen Ansicht verbunden sind.

Die Ansicht, den Bundesrat auf eine Zustimmung zur Durchführung
des Bundeszwanges überhaupt zu beschränken, führt dazu, daß der Bundesrat sich bei einem Antrag der Bundesregierung vor die radikale
Frage gestellt sieht, en bloc zuzustimmen oder abzulehnen. Ist er der
Ansicht, daß der Bundeszwang zwar eingeleitet werden soll, aber nicht
mit den vorgesehenen Maßnahmen, etwa einer alsbaldigen Sequestra-
tion, so bliebe ihm keine andere Wahl, als entweder die Anwendung des
Bundeszwanges überhaupt abzulehnen oder seine Bedenken fallenzu-
lassen. Allenfalls in einer dem Beschluß beigefügten Begründung
könnte er zum Ausdruck bringen, daß die Ablehnung wegen der vor-
geschlagenen Maßnahmen erfolgt sei. Aber selbst die soll ihm versagt
sein[30]. Versagt man also dem Bundesrat die Befugnis, seine Zustimmung auch zu den Maßnahmen im einzelnen zu erteilen, so erreicht
man damit nichts anderes, als daß sehr wahrscheinlich die Ablehnung
der einzelnen Maßnahmen in der Ablehnung des Bundeszwanges überhaupt ihren Niederschlag findet. Damit aber ist der zumeist zu schnel-
lem Handeln genötigten Bundesregierung am wenigsten gedient. Sieht
man dagegen von vornherein von der Zustimmung des Bundesrates
auch die vorgesehenen Maßnahmen selbst erfaßt, so kann der Bundesrat einzelne Maßnahmen ablehnen, der Einleitung des Bundeszwanges
überhaupt aber zustimmen. Die Bundesregierung wird in die Lage versetzt, den Bundeszwang sofort durchzuführen, und kann über die weiteren Maßnahmen mit dem Bundesrat verhandeln.

Ungleich prekärer würde — wenn man der herrschenden Lehre folgen wollte — die Situation, wenn der Bundesrat während der Durchführung des Bundeszwanges mit bestimmten Maßnahmen der Bundesregierung nicht einverstanden ist. Nach unbestrittener Ansicht ist die
Zustimmungserklärung widerruflich[31]. Besteht der **Bundesrat dar**-
auf, daß eine bestimmte Maßnahme nicht durchgeführt wird, bliebe
ihm nach der von *Klein* vertretenen Auffassung nichts anderes übrig,
als die Zustimmung überhaupt zu widerrufen. Eine solche Auslegung
riskiert Konsequenzen, die letztlich zu einer schweren Schädigung der
Verfassung führen können. Darüber hinaus aber ist sie irreal, wenn sie

---

[30] Vgl. oben S. 127. Dieser Rigorismus verstärkt nur die Schwierigkeiten,
in die Bundesrat und Bundesregierung bei divergierenden Meinungen über
die Notwendigkeit der Maßnahmen geraten würden.

[31] *v. Mangoldt-Klein*, Art. 37, IV, 6 g, S. 864.

meint, sie könne die Zustimmung zum Bundeszwang überhaupt von der Zustimmung zu den einzelnen Maßnahmen trennen. Das Recht der Zustimmung zum Bundeszwang überhaupt muß dazu führen, daß auch die Art und Weise, wie er durchgeführt werden soll, zur Diskussion gestellt wird. Weder die Bundesregierung noch der Bundesrat werden sich im Ernstfall die Rigorismen, die in der gegenteiligen Ansicht liegen, leisten können. Endlich aber muß darauf hingewiesen werden, daß das Zustimmungserfordernis des Art. 37 GG zum Schutze der Länder eingeführt worden ist. Für diesen Schutz ist aber die Art der Durchführung sehr wesentlich.

Gegenüber der Annahme, die Zustimmung des Bundesrates habe sich auch auf die einzelnen Maßnahmen selbst zu erstrecken, könnte eingewandt werden, damit werde die Gefahr heraufbeschworen, daß die Durchführung an Schnelligkeit und Schlagkraft verliert. Zu Unrecht! Wenn Art. 37 GG die Zustimmung zu den notwendigen Maßnahmen verlangt, so kann er nur die im Auge haben, die grundsätzlicher Art sind und im voraus überhaupt festgelegt werden können. Soweit der Bundesrat keine Vorbehalte macht, überläßt er die Maßnahmen im einzelnen der Bundesregierung. Hier genügt es, daß er die insoweit notwendig generell erteilte Zustimmung in einzelnen Punkten widerrufen bzw. konkretisieren kann und damit die Möglichkeit hat, von der Bundesregierung zu verlangen, daß einzelne Maßnahmen — soweit möglich — rückgängig gemacht werden. Es ist ein Ausfluß dieses Widerrufsrechts, daß die Bundesregierung dem Bundesrat über den Verlauf der Exekution bis ins einzelne laufend zu informieren hat.

V. Ausübung und Bedeutung des Zustimmungsrechtes

Während der Bundesrat sich bei der inzidenten Feststellung der tatbestandlichen Voraussetzungen von streng rechtlichen Erwägungen leiten zu lassen hat, ist die Zustimmung selbst in das Ermessen des Bundesrates gestellt. Auch dieses Ermessen kennt Schranken. Es ist die Aufgabe des Bundesrates, ein Land davor zu bewahren, ungerechtfertigt und ohne Not mit dem Bundeszwang überzogen zu werden. Das ist oben deutlich gegenüber anderen Lehrmeinungen, die ein Prüfungsrecht verneinen, herausgestellt. Aber es wäre völlig verfehlt, wenn der Bundesrat seine Zustimmungsbefugnis dazu benutzen würde, um den Bundeszwang zu verhindern oder ihn zu einem stumpfen Schwert werden zu lassen, sollte je die bedauerliche Notwendigkeit, ihn anzuwenden, sich ergeben. Ja, die Verweigerung der Zustimmung könnte selbst einmal einen verfassungswidrigen Mißbrauch bedeuten, wenn sie etwa dazu dienen sollte, den Bund auseinander brechen zu lassen. Aber praktikable Schranken diesseits des offenen Verfassungsmißbrauchs lassen sich kaum aufstellen. Insoweit ist das Verfassungsleben letzten Endes auf die Verfassungstreue seiner Organe angewiesen.

Der Einfluß, der damit dem Bundesrat auf die Durchführung des Bundeszwanges eingeräumt ist, ist beachtlich[32]. Er ist zwar nicht die „eigentlich entscheidende Instanz"[33]. Das eigentliche, die Exekution durchführende Organ bleibt die Bundesregierung. Aber die Bedeutung seiner Mitwirkung steht der der Bundesregierung nicht nach. Denn wo zwei nur einvernehmlich handeln können, ist der eine so wichtig wie der andere[34].

VI. Zusammenfassung

Der Bundeszwang trägt deutlich die Züge einer Ausnahmekompetenz zur Sicherung der bundesstaatlichen Ordnung. Neben der Verfassungsgerichtsbarkeit ist er weniger als Vollstreckungsverfahren der Bundesaufsicht denn als Verfahren einer einstweiligen Regelung anzusehen. Eine vorherige Feststellung der Pflichtverletzung durch das Bundesverfassungsgericht ist nicht erforderlich. Das Vorliegen einer zum Bundeszwang berechtigenden Pflichtverletzung wird neben der Bundesregierung auch vom Bundesrat geprüft. Diese Prüfung kann inzidenter erfolgen.

Soll der Bundeszwang durchgeführt werden wegen einer Pflichtverletzung, die im Wege der Aufsicht nach Art. 84 Abs. 3 GG gerügt werden kann, so ist gleichwohl ein vorheriges Verfahren nach Art. 84 Abs. 4 GG nicht notwendig. Immer aber ist zunächst eine Aufforderung erforderlich, den Mangel abzustellen — abgesehen von den Fällen des offenen Verfassungsbruchs.

Die Zustimmung des Bundesrates zur Durchführung des Bundeszwanges erfaßt auch die einzelnen Maßnahmen, soweit sie im voraus festlegbar sind.

Die Erteilung der Zustimmung steht im Ermessen des Bundesrates.

§ 14: Bundeszwang und außerordentliche Gefahrenabwehr
nach Art. 91 GG

Es ist abschließend die Frage aufzuwerfen, ob die Beteiligung des Bundesrates an den Abwehrmaßnahmen des Art. 91 Abs. 2 GG als

---

[32] Bedenken dagegen: *W. Weber*, Spannungen und Kräfte, S. 83 ff.

[33] So *v. Brentano*, DÖV 1949, S. 271; *v. Mangoldt*, Komm. Art. 37, 2, S. 220; ebenso *Nölting*, S. 181.

[34] Die Kontroverse, die sich an die Äußerung v. Brentanos angeschlossen hat (vgl. *v. Mangoldt-Klein*, Art. 37, IV, 6 b, S. 863), ist deshalb völlig unfruchtbar.

eine Beteiligung an Maßnahmen des Bundeszwanges und damit der Bundesaufsicht anzusehen ist[1].

I. Bundeszwang und Notstand

Die historischen Wurzeln des Art. 91 GG sind in den Notstandsvorschriften der Art. 68 RV v. 1871, 48 Abs. 2 WRV zu suchen und nicht in den Bundeszwangskompetenzen der Art. 19 RV v. 1871, Art. 48 Abs. 1 WRV[2]. Die Frage ist daher zunächst, wodurch sich Bundeszwang und Notstand unterscheiden.

Unter der WRV hat *Heckel* zunächst in einer Abhandlung über Diktatur, Notverordnungsrecht, Verfassungsnotstand[3], dann in einer Kritik an dem Urteil des Staatsgerichtshofs in dem bekannten Rechtsstreit zwischen Preußen und dem Reich im Jahre 1932 Reichsexekution und außerordentliche Gefahrenabwehr nach Art. 48 Abs. 2 WRV (Diktatur) danach unterschieden, daß im Falle der Reichsexekution gegen eine aus dem Innern des Verfassungsaufbaus resultierende (verfassungsinterne) Störung im Falle einer Gefahrenabwehr nach Art. 48 Abs. 2 WRV gegen einen Störer außerhalb der Verfassungssphäre eingeschritten werde[4].

Gegenüber der ganz überwiegenden abweichenden Auffassung, wonach sich Notstandsmaßnahmen nach Art. 48 Abs. 2 WRV auch gegen die Länder richten konnten[5], besaß die Heckelsche Unterscheidung schon damals den Vorzug, daß sie zu einer sauberen dogmatischen Unterscheidung führte[6]. Aus eben diesem Grunde empfiehlt sie sich — wie immer die Rechtslage unter der WRV auch gewesen sein mag — auch heute.

Dieser Unterscheidung steht nicht entgegen, daß es vertretbar erscheint, für Zeiten eines derartigen Notstandes die Kompetenzverteilung zwischen Bund und Ländern zu verschieben; für zulässig ist es auch zu erachten, den Ländern für den Fall eines derartigen Notstandes besondere verfassungsrechtliche Hilfspflichten aufzuerlegen, etwa die, dem Bund Polizeieinheiten zur Verfügung zu stellen. Dadurch werden sie nicht eigentlich zu Adressaten der Notstandsmaßnahmen, sie werden daher auch nicht als „jedermann" behandelt, wie Heckel meinte[7], viel-

---

[1] So *Frowein*, S. 47 ff.

[2] Vgl. *v. d. Heydte*, Staatsnotstand, S. 79 f.

[3] *Heckel*, AöR NF 22, 1932, S. 257 ff. (269).

[4] *Heckel*, AöR NF 23, 1933, S. 184 ff.; neuerdings *Hesse*, DÖV 1955, S. 741 ff.

[5] Vgl. *Anschütz*, Komm. Art. 48, 1, S. 269 f.; *Jellinek*, RuPrVBl. 53, 1932, S. 681; *Bilfinger*, DJZ 1933, Sp. 145 ff.

[6] Zu den einzelnen Argumenten vgl. *Heckel*, AöR NF 23, 1933, S. 184 ff.

[7] *Heckel*, AöR NF 23, 1933, S. 187.

mehr gerade in ihrer Eigenschaft als Gliedstaaten des Bundes auf eine verfassungsrechtliche Beistandspflicht hin angesprochen[8].

In keinem Fall aber erscheint es berechtigt, auf Grund des Notstandes Maßnahmen gegen das Land selbst zu treffen, etwa die Landesregierung abzusetzen. Das Mittel, um gegen ein Land selbst vorzugehen, ist allein der Bundeszwang. Seine Anwendung setzt eine Pflichtverletzung voraus.

Es ist nicht ersichtlich, weshalb diese für einen Bundesstaat naheliegende Unterscheidung sollte außer acht gelassen werden. Solange das Land eine Pflicht nicht verletzt, vielmehr alles Gebotene tut, ist es auch nicht gerechtfertigt, Maßnahmen gegen es zu richten. Störungen von außen müssen — gegebenenfalls im Verein mit der Landesregierung — auch durch Maßnahmen nach außen bekämpft werden. Verletzt das Land aber seine Pflicht, etwa durch mangelnde Aktivität bei der Bekämpfung der Störung, dann bietet der Bundeszwang die geeigneten Mittel, um gegen das Land vorzugehen. Gerade solange das Grundgesetz eine ausreichende Notstandsregelung nicht kennt, im Ernstfall daher auf ein ungeschriebenes Notstandsrecht zurückgegriffen werden muß[9], ist diese Unterscheidung von Bedeutung.

II. Die Regelung des Art. 91 GG

Die dargelegte Unterscheidung zwischen Bundeszwang und Notstand bewährt sich an der von Art. 91 GG getroffenen Regelung.

Art. 91 GG geht davon aus, daß die Gefahr durch Störer außerhalb der Verfassungssphäre hervorgerufen wird. Ist das Land von vornherein Urheber der eigentlichen Gefahr, dann können Maßnahmen gegen das Land ausschließlich auf Grund des Art. 37 GG ergriffen werden.

Dadurch entstehen dem Bund hinsichtlich der Mittel zur Bekämpfung der Gefahr keine Nachteile. Auch Art. 37 Abs. 2 GG erlaubt es der Bundesregierung, die Polizeikräfte sämtlicher Länder nach eigener Weisung einzusetzen[10]. Erforderlich ist allerdings die vorherige Zustimmung des Bundesrates[11].

Eigentlicher und letzter Adressat aller auf Grund des Art. 91 GG getroffenen Maßnahmen sind demnach auch die außerhalb des Verfassungsaufbaus stehenden Störer. Die Unterstellung der Polizeikräfte der Länder unter die Weisungsgewalt des Bundes ist nicht als ein gegen die

---

[8] Vgl. dazu *Krüger*, DÖV 1960, S. 725 ff.

[9] Vgl. *Scheuner*, Verfassungsschutz, S. 318.

[10] *Zinn*, AöR 75, 1949, S. 305; *v. Mangoldt*, Komm. Art. 37, 2, S. 221; *Schäfer*, AöR 78, 1952/53, S. 46; *v. Mangoldt-Klein*, Art. 37, V, 1, S. 865; s. auch die Äußerungen der Abg. *Dr. Kleindienst, Wagner* und *Dr. Hoch* bei Matz, JöR NF 1, S. 336 f.

[11] Vgl. aber auch unten S. 136.

Länder gerichteter Zwangsakt zu verstehen, gegen das betroffene Land so wenig wie gegen die übrigen Länder. Art. 91 Abs. 2 GG begründet vielmehr eine eigenartige Form der Mitwirkungspflicht bei der außerordentlichen Gefahrenabwehr, die ausschließlich den Sinn hat, dem Bund die Mittel zur Bekämpfung der Gefahr zu beschaffen. — Diese Regelung erklärt sich bekanntlich daraus, daß dem Bund bei dem Erlaß des Grundgesetzes eine eigene bewaffnete Macht nicht zur Verfügung stand. — Zwar trifft das betroffene Land ohnehin die Pflicht, die Gefahr zu bekämpfen — aber nur in eigener Regie. Die Pflicht, dem Bund die Polizeikräfte zur Verfügung zu stellen, beruht auch für das betroffene Land allein auf Art. 91 Abs. 2 GG.

Die Feststellung, daß es sich bei den auf Art. 91 Abs. 2 GG gestützten Maßnahmen lediglich um das Gebrauchmachen von einer verfassungsrechtlichen Unterstützungspflicht handelt, ist wesentlich für die Kritik jener Ansicht, nach der Art. 91 Abs. 2 GG als Unterfall der Bundeszwangskompetenz anzusehen ist.

Art. 91 Abs. 2 GG regelt die Nahtstelle zwischen den Bundeszwangs- und Notstandsmaßnahmen. Ist ein Land nicht in der Lage, die Gefahr wirksam zu bekämpfen, scheiden allerdings Bundeszwangsmaßnahmen gegen das Land aus. Es ist zwar zutreffend, daß eine zum Bundeszwang berechtigende Pflichtverletzung kein schuldhaftes Handeln voraussetzt; vorausgesetzt ist aber, daß das Land seine Pflicht verletzt hat. Auch eine nur objektive Pflichtverletzung liegt aber nicht vor, wenn das Land alles in seiner Macht befindliche getan hat, sowohl um die Entstehung solcher Gefahren zu verhindern, als auch, um ihrer Herr zu werden. Ultra posse, nemo obligatur! Dieser Satz ist Inhalt des Pflichtbegriffes[12]. Er gilt daher auch für das Bund-Länder-Verhältnis[13]. Eine Erfolgshaftung jenseits des Könnens[14] geht nicht nur über den Pflichtbegriff hinaus, sie ist für eine Bundeszwangskompetenz auch sinnlos: was nicht erfüllbar ist, kann auch nicht erzwungen werden[15]. In einem solchen Fall, in dem die Mittel des betroffenen Landes nicht ausreichen, steht dieses Land selbst nicht anders da als die übrigen Länder, deren Polizeikräfte den Weisungen der Bundesregierung unterstellt werden. Der Bund muß hier tun, was das Land nicht tun kann.

---

[12] So schon *Kant*, Zum ewigen Frieden, Anhang I in: Kleinere Schriften zur Geschichtsphilosophie, Ethik und Politik, Philosoph. Bibliothek, Bd. 47, 1959, S. 151.

[13] Vgl. auch *Spieß*, S. 13 (aber auch S. 19). Nicht scharf genug unterschieden wird die objektive Pflichtverletzung vom Verschulden auch bei *Sauberzweig*, S. 44.

[14] So *Frowein*, S. 48; vgl. zur WRV auch *Bilfinger*, DJZ 1933, Sp. 146, der aber wohl lediglich ein Verschulden ausschließen wollte.

[15] Während des Deutschen Bundes forderte *Klüber*, § 178, S. 216 ein „unbegründetes Nichterfüllen" als Voraussetzung der Exekution. Richtig zur RV v. 1871 *Schilling*, AöR 20, 1906, S. 60 f.; für die WRV *Richter*, S. 57.

Die Frage, ob Art. 91 Abs. 2 GG als Unterfall des Bundeszwanges anzusehen ist, wird erst problematisch, wenn das Land nicht bereit ist, die Gefahr zu bekämpfen. In einer solchen Weigerung liegt unzweifelhaft eine zum Bundeszwang berechtigende Pflichtverletzung. Die von außen kommende außerordentliche Gefahrensituation wird hier um die im inneren Gefüge des Verfassungsaufbaues begründete Pflichtwidrigkeit vermehrt. In diesem und nur in diesem Fall gehen Maßnahmen zur Bekämpfung der außerordentlichen Gefahr und Bundeszwangsmaßnahmen praktisch ununterscheidbar ineinander über. Die Unterstellung der Polizei des betroffenen Landes unter die Weisungsgewalt des Bundes kann jetzt als eine gegen das Land gerichtete Maßnahme des Bundeszwanges erfolgen, aber sie muß es nicht. Es steht nichts im Wege, wenn der Bund die Pflichtwidrigkeit des Landes zunächst oder überhaupt auf sich beruhen läßt und von dem ihm ganz unabhängig von einer Pflichtwidrigkeit des Landes verliehenen Mittel, die Polizeikräfte des betroffenen Landes oder aller Länder seinen Weisungen zu unterstellen, Gebrauch macht. Der Bund ist nicht gezwungen, Bundeszwangsmaßnahmen zu ergreifen. Der bloße Umstand, daß ihm die Mittel in dem Verfahren nach Art. 91 Abs. 2 GG auch dann zur Verfügung gestellt werden, wenn zugleich eine zum Bundeszwang berechtigende Pflichtverletzung vorliegt, macht die auf Art. 91 Abs. 2 GG gestützte Maßnahme noch nicht selbst zu einer Maßnahme des Bundeszwanges. Es heißt die klare dogmatische Unterscheidung zwischen Bundeszwang und Notstand außer acht lassen, wenn man aus der möglichen Überlagerung beider Institute das eine in das andere hineinzuinterpretieren sucht[16].

III. Die Zustimmung des Bundesrates

Für die auf Art. 91 Abs. 2 GG gestützten Maßnahmen ist die vorherige Zustimmung des Bundesrates nicht erforderlich. In den Fällen, in denen zugleich eine Pflichtverletzung des Landes vorliegt, wird die Bundesregierung deshalb ihre Maßnahmen eher auf Art. 91 Abs. 2 GG als auf Art. 37 stützen, sofern sie mit dem Mittel der Polizeikonzentration des Art. 91 Abs. 2 GG die Gefahr beseitigen zu können glaubt. Auch hier ist dem Bundesrat ein bedeutendes Mitwirkungsrecht dadurch gesichert, daß er nachträglich die Aufhebung der getroffenen Maßnahmen verlangen kann. Überdies wird man es für zulässig erachten müssen, daß der Bundesrat bereits zuvor erklärt, bestimmte Maßnahmen dürften nicht ergriffen werden. Auf diese Weise kann er sein Mitwirkungsrecht auch im Rahmen des Art. 91 Abs. 2 GG präventiv zur Geltung bringen.

---

[16] Klar unterschieden bei *Spieß*, S. 14; bedenklich *Geiger*, Bay. VBl. 1957, S. 307.

Schluß

Überblickt man die Beteiligung des Bundesrates an der Bundesaufsicht insgesamt, so ist festzustellen, daß die Bundesregierung für die Länder unmittelbar verbindliche Maßnahmen ohne die Mitwirkung des Bundesrates überhaupt nicht treffen kann. Es liegt auf der Hand, daß damit schon verfahrensmäßig eine gewisse Beeinträchtigung der Wirksamkeit der Aufsicht eintritt. In ruhigen Zeiten wird daraus im Bereich der kontrollierenden Rechtsaufsicht kaum ein Schaden entstehen. Die umfassende Verwaltungsgerichtsbarkeit hat ohnehin den einzelnen Fall der Obhut der Aufsicht entrückt. Wo es gleichwohl zu einer ernsteren Spannung zwischen Bund und Länder kommen sollte, hat die Möglichkeit eines verfassungsgerichtlichen Austrags der Meinungsverschiedenheit die praktische Bedeutung der Bundesaufsicht auch in den ihr verbliebenen ohnehin enger gezogenen Grenzen weiter zurückgedrängt. Kritisch wird die Mitwirkung des Bundesrates erst in Krisenzeiten. Ob das Zustimmungsrecht des Bundesrates zum Bundeszwang sich als hinderlich erweist, wird allein von seiner staatsmännischen Klugheit abhängen.

Ganz anders liegen die Verhältnisse im Bereich der leitenden Aufsicht. Die Polemik, die sich vielfach gegen die dem Bund mit der leitenden Aufsicht verliehenen Einwirkungsmöglichkeiten in den Länderbereich richtet[1], scheint zu übersehen, daß sie nur das unerläßliche Gegengewicht darstellen gegenüber der rigorosen Beschneidung der eigenen Verwaltungskompetenzen des Bundes in den unteren und mittleren Verwaltungsstufen. Angesichts der die Ländergrenzen vielfach übergreifenden Auswirkung der Verwaltung, vor allem auch angesichts der vielfach auftretenden Notwendigkeit der einheitlichen Ausführung gerade auch in Ermessensentscheidungen, mußten diese Aufsichtsformen eine gesteigerte Bedeutung erlangen. Das gilt insbesondere für das Weisungsrecht nach Art. 84 Abs. 5 GG. Dem Bundesrat ist damit auch hier eine nicht einfache Aufgabe des Ausgleichs übertragen: Es ist seine besondere Aufgabe, einen zu weitgehenden Einfluß des Bundes auf die den Ländern zustehende Ausführung abzuwehren, ohne die sich für den Bund als notwendig erweisenden Einwirkungen zu hindern.

---

[1] Vgl. *Nawiasky*, Grundgedanken, S. 43 f.

Literaturverzeichnis

I. Vor 1866

Eichhorn, K. F.: Betrachtungen über die Verfassung des deutschen Bundes in Beziehung auf Streitigkeiten der Mitglieder desselben unter einander oder mit ihren Unterthanen in ihrer jetzigen Ausbildung, Berlin 1833.

Klüber, J. L.: Öffentliches Recht des Teutschen Bundes und der Bundesstaaten, 3. Aufl., Frankfurt a. M. 1831.

Maurenbrecher, R. D.: Grundsätze des heutigen deutschen Staatsrechts, Frankfurt a. M. 1837.

Montesquieu, Ch. L.: De L'Esprit Des Lois. Erstausgabe: Genf 1748.

II. 1866—1919

Arndt, A.: Das Verordnungsrecht des Deutschen Reichs, Berlin und Leipzig 1884.
— Das Staatsrecht des Deutschen Reiches, Berlin 1901.
— Verfassung des Deutschen Reichs, Kommentar, 5. Aufl., Berlin 1913.

Binding, K.: Bundesrat und Staatsgerichtshof, Deutsche Juristenzeitung IV, 1899, S. 69 ff.

Bismarck, O. v.: Gesammelte Werke. Friedrichsruher Ausgabe, 19 Bde. 1924—35.

Börner, L.: Die Bundesexekution nach der Reichsverfassung. Diss., Erlangen 1908.

Bornhak, C.: Die Ausweisung fremder Staatsangehöriger vom völkerrechtlichen und staatsrechtlichen Standpunkt, in: Festgabe für Heinrich Dernburg zum 50jährigen Doktorjubiläum, überreicht von der Juristenfakultät der Universität Berlin, Berlin 1900, S. 105 ff.
— Wandlungen der Reichsverfassung, AöR 26, 1910, S. 373 ff.

Dambitsch, L.: Die Verfassung des Deutschen Reichs, Berlin 1910.

Endemann, W.: Das Recht der Eisenbahnen, Leipzig 1886.

Fleischer, M.: Die Zuständigkeit des deutschen Bundesrates für die Erledigung von öffentlichrechtlichen Streitigkeiten, in: Abhandlungen aus dem Staats- und Verwaltungsrecht, Heft 9, Breslau 1904.

Gierke, O. v.: Das Deutsche Genossenschaftsrecht, Bd. 1, Berlin 1868; unveränderter fotomechanischer Nachdruck, Darmstadt 1954.
— Die Genossenschaftstheorie und die Deutsche Rechtsprechung, Berlin 1887.

Hänel, A.: Deutsches Staatsrecht, Bd. 1, Leipzig 1892.

Herwegen, A.: Reichsverfassung und Bundesrat. Diss., Bonn 1902.

Jellinek, G.: Gesetz und Verordnung, Freiburg i. Br. 1887.

Kaufmann, E.: Bismarcks Erbe in der Reichsverfassung, Berlin 1917.

Kiefer, H.: Das Aufsichtsrecht des Reiches über die Einzelstaaten, in: Abhandlungen aus dem Staats- und Verwaltungsrecht, herausgegeben von Brie und Fleischmann, Heft 18, Breslau 1909.

Kliemke, E.: Die staatsrechtliche Natur und Stellung des Bundesrathes, Berlin 1894.

Köhler, O.: Die Aufsicht des Reiches über die Einzelstaaten, Diss., Würzburg; Tübingen 1917.

Krauss, G.: Das Aufsichtsrecht des Reiches, Diss., Greifswald 1918.

Laband, P.: Das Finanzrecht des Deutschen Reiches, Hirths Annalen 1873, Sp. 405 ff.

— Dr. Hermann Kiefer, Das Aufsichtsrecht des Reichs über die Einzelstaaten, 1909, Besprechung, AöR 26, 1910, S. 364 f.

— Das Staatsrecht des Deutschen Reiches, Bd. 1, 5. Aufl., Tübingen 1911.

Mayer, O.: Besprechung der Monographie Triepels, Die Reichsaufsicht, Juristische Wochenschrift 1918, S. 158 f.

Meyer-Anschütz: Lehrbuch des Deutschen Staatsrechts. Begr. v. Georg Meyer, nach dem Tode des Begründers in 7. Aufl. bearbeitet von Gerhard Anschütz, München und Leipzig 1919.

Mohl, R. v.: Das deutsche Reichsstaatsrecht, Tübingen 1873.

Preuß, H.: Das städtische Amtsrecht in Preußen, Berlin 1902.

Pritsch, B.: Die Bundesexekution nach den Verfassungen der modernen Bundesstaaten, Diss., Würzburg 1913.

Rehm, H.: Unitarismus und Föderalismus in der Deutschen Reichsverfassung, Dresden 1898.

Rönne, L. v.: Das Staats-Recht des Deutschen Reichs, Bd. 1, 2. Aufl., Leipzig 1876.

Rosenberg, W.: Die staatsrechtliche Stellung der Reichseisenbahnen, Hirths-Annalen 1902, S. 1 ff.

Rosin, H.: Das Recht der Öffentlichen Genossenschaft, Freiburg i. Br. 1886.

Rümelin, E.: Das Beaufsichtigungsrecht des deutschen Reichs und dessen organisatorische Gestaltung, Zeitschrift für die gesamte Staatswissenschaft 39, 1883, S. 195 ff.

Sauberzweig, O.-G. v.: Die Bundesexekution. Nach deutschem Bundes- und Reichsrecht, Diss., Greifswald 1917.

Schilling, P.: Die Reichsexekution, AöR 20, 1906, S. 51 ff.

Schoenborn, W.: Das Oberaufsichtsrecht des Staates im modernen deutschen Staatsrecht, Heidelberg 1906.

Schulze, H.: Das Preußische Staatsrecht auf Grundlage des Deutschen Staatsrechts, Bd. II, Leipzig 1877.

Seydel, M. v.: Reichsaufsichtsrecht und Reichsseuchenkommissäre, Blätter für administrative Praxis XLV, 1895, S. 91 ff.

Seydel, M. v.: Commentar zur Verfassungs-Urkunde für das Deutsche Reich, 2. Aufl., Freiburg i. Br. und Leipzig 1897.

Smend, R.: Die Zuständigkeit des Reichstags in der braunschweigischen Frage, Deutsche Juristen-Zeitung 18, 1913, Sp. 1347 ff.

— Ungeschriebenes Verfassungsrecht im monarchischen Bundesstaat (Erstdruck: Festgabe für Otto Mayer. Tübingen 1916, S. 245—270), in: Staatsrechtliche Abhandlungen und andere Aufsätze, Berlin 1955, S. 39 ff.

Thoma, R.: Liegt ein Bedürfnis eines deutschen Reichsverwaltungsgerichts vor? Verhandlungen des 30. Dtsch. Juristentages, Berlin 1910, S. 51 ff.

Thudichum, F.: Verfassungsrecht des Norddeutschen Bundes und des Deutschen Zollvereins, Tübingen 1870.

Triepel, H.: Unitarismus und Föderalismus im Deutschen Reiche, Tübingen 1907.

— Die Kompetenzen des Bundesstaats und die geschriebene Verfassung. Sonderdruck aus den Staatsrechtlichen Abhandlungen, Festgabe für Paul Laband zum 50. Jahrestage der Doktor Promotion, Bd. 2, Tübingen 1908, S. 249 ff.

— Die Reichsaufsicht. Untersuchungen zum Staatsrecht des Deutschen Reiches, Berlin 1917.

Vonficht, G.: Das Aufsichtsrecht der Reichsgewalt über die Einzelstaaten, Diss., Erlangen 1907.

Westerkamp, J. B.: Über die Reichsverfassung, Hannover 1873.

Wunder, A.: Die Bundesexekution in historischer und dogmatischer Darstellung, Diss., Erlangen 1903.

Zorn, Ph.: Neue Beiträge zur Lehre vom Bundesstaat, Hirths-Annalen 1884, S. 453 ff.

— Das Staatsrecht des Deutschen Reiches, Bd. I, 2. Aufl., Berlin 1895.

III. 1919—1949

Anschütz, G.: Die Reichsaufsicht, in: Handbuch des Deutschen Staatsrechts, Bd. I, Tübingen 1930, S. 363 ff.

— Die Reichsexekution, in: Handbuch des Deutschen Staatsrechts, Bd. I, Tübingen 1930, S. 377 ff.

— Die Verfassung des Deutschen Reichs vom 11. August 1919, Kommentar, 14. Aufl., Berlin 1933.

Bilfinger, K.: Der Einfluß der Einzelstaaten auf die Bildung des Reichswillens, Tübingen 1923.

— Reichsexekution, Deutsche Juristen-Zeitung 38, 1933, Sp. 145 ff.

Bornhak, C.: Die Verfassung des Deutschen Reichs vom 11. August 1919, 2. Aufl., München, Berlin und Leipzig 1921.

Braasch, H.: Die Reichsaufsicht, Diss., Göttingen 1925.

Burkhardt, H.: Die Reichsaufsicht über die Länder, Diss., Jena 1922.

Cohn, R.: Die Reichsaufsicht über die Länder nach der Reichsverfassung vom 11. August 1919, Berlin 1921.

Flad, W.: Verfassungsgerichtsbarkeit und Reichsexekution, Heft 4 der Heidelberger Rechtswissenschaftlichen Abhandlungen, Heidelberg 1929.

Forsthoff, E.: Die unmittelbare Reichsaufsicht, AöR NF 19, 1930, S. 61 ff.

Friesenhahn, E.: Die Staatsgerichtsbarkeit, Handbuch des Deutschen Staatsrechts, Bd. 2, Tübingen 1932, S. 523 ff.

Fröhlich, W.: Die Ausgestaltung der Reichsaufsicht über die Länder, Diss., Freiburg 1932.

Giese, F.: Die Reichsverfassung vom 11. August 1919, 6. Aufl., Berlin 1925.

Großcurth, R.: Die Aufsicht des Reiches über die Länder nach der neuen Reichsverfassung, Diss., Göttingen 1922.

Hatschek, J.: Deutsches und Preußisches Staatsrecht, 2 Bde., Berlin 1922.

Heckel, J.: Diktatur, Notverordnungsrecht, Verfassungsnotstand, AöR NF 22, 1932, S. 257 ff.
— Das Urteil des Staatsgerichtshofes vom 25. 10. 1932 in dem Verfassungsstreit Reich — Preußen, AöR NF 23, 1933, S. 183 ff.

Hellpach, W.: Parlaments-Zukunft, Die Neue Rundschau 1927, Bd. II, S. 1 ff.

Höchst, H.: Die Reichsaufsicht nach bisherigem und jetzigem Recht, Diss., Köln 1921.

Hubrich, E.: Das demokratische Verfassungsrecht des deutschen Reiches, Greifswald 1921.

Hugelmann, K.: Zur Lehre von der Reichsexekution nach der Weimarer Verfassung, Zeitschrift für öffentliches Recht, 6, 1927, S. 513 ff.

Jacobi, E.: Das Verordnungsrecht im Reiche seit dem November 1918, AöR 39, 1920, S. 273 ff.
— Die Verwaltungsverordnungen, Handbuch des Deutschen Staatsrechts II, 1932, S. 255 ff.

Jan, H. v.: Zur Titelentscheidung des Reichsstaatsgerichtshofs, Bay. VBl., 78, 1930, S. 68 ff.

Jellinek, W.: Zum Konflikt zwischen Preußen und dem Reich, Reichsverwaltungsblatt und Preußisches Verwaltungsblatt vom 27. August, 53, 1932, S. 681 ff.
— Verfassung und Verwaltung des Reichs und der Länder, in: Teubners Handbuch der Staats- und Wirtschaftskunde, 1. Abteilung, Staatskunde, Bd. 2, Heft 2, Leipzig und Berlin 1925.

Kelsen, H.: Die Bundesexekution, in: Festgabe für Fritz Fleiner, Tübingen 1927, S. 127 ff.

Krebs, H.: Die Stellung der Länder zum Reich in den Verfassungen von 1871, 1919 und im Reichsstatthaltergesetz von 1933, Diss., Hamburg 1933.

Lammers, H.-H.: Das Gesetz über den Staatsgerichtshof, Berlin 1921.

Nawiasky, H.: Der föderative Gedanke in und nach der Reichsverfassung, Politische Zeitfragen, 3, 1921, S. 137 ff.
— Das Durchführungsgesetz zum Art. 48 der Reichsverfassung, Das Recht, 28, 1924, Sp. 454 ff.

Poetzsch-Heffter, F.: Vom Staatsleben unter der Weimarer Verfassung, JöR 13, 1925, S. 1 ff., JöR 17, 1929, S. 1 ff.

Poetzsch-Heffter, F.: Handkommentar der Reichsverfassung, 3. Aufl., Berlin 1928.

Pohlmann, Fr. A.: Die Reichsexekution, Diss., Köln 1925.

Ransohoff, M.: Die Reichsexekution, Diss., Marburg 1925.

Richter, A.: Die Reichsexekution nach der neuen Verfassung, Diss., Erlangen 1922.

Röhrs, W.: Fehlerhafte Verwaltungsvorschriften, Leipzig 1932.

Schmitt, C.: Verfassungslehre, München und Leipzig 1928.

Schoen, P.: Das Verordnungsrecht und die neuen Verfassungen, AöR NF 6, 1924 S. 133 ff.

Servos, H. E.: Die sog. selbständige Reichsaufsicht nach der alten und neuen Reichsverfassung, Diss., Heidelberg 1931.

Smend, R.: Das Recht der freien Meinungsäußerung, Referat auf der vierten Tagung der Vereinigung der deutschen Staatsrechtslehrer am 24. März 1927. (Erstdruck: Veröffentlichungen der Vereinigung der deutschen Staatsrechtslehrer Heft 4, Berlin 1928, S. 44—74; 96—97), in: Staatsrechtliche Abhandlungen und andere Aufsätze, Berlin 1955, S. 89 ff.

— Verfassung und Verfassungsrecht (Erstdruck: München und Leipzig 1928), in: Staatsrechtliche Abhandlungen und andere Aufsätze, Berlin 1955, S. 119 ff.

Stier-Somlo, F.: Deutsches Reichs- und Landesstaatsrecht, I, Berlin und Leipzig 1924.

Triepel, H.: Die Entscheidung des Staatsgerichtshofes im Verfassungsstreite zwischen Preußen und dem Reiche, Deutsche Juristen-Zeitung 37, 1932, Sp. 1501 ff.

— Streitigkeiten zwischen Reich und Ländern, Beiträge zur Auslegung des Art. 19 der Weimarer Reichsverfassung, in: Festgabe der Berliner Juristischen Fakultät für Wilhelm Kahl zum Doktorjubiläum am 19. April 1923, Tübingen 1923.

Weinschel, H.: Die Lehre von der Bundesexekution, Zeitschrift für öffentliches Recht 7, 1928, S. 274 ff.

Wittmayer, L.: Die Weimarer Reichsverfassung, Tübingen 1922.

Wollenberg, H.: Die Reichsaufsicht über deutsche Gliedstaaten, Diss., Greifswald 1920.

IV. Seit 1949

Ahlert, K. H.: Das Aufsichtsrecht des Bundes über die Länder nach dem Bonner Grundgesetz, Diss., Köln 1952.

Backsmann, H.: Über die Mitwirkung des Gesetzgebers bei der Änderung völkerrechtlicher Verträge, DVBl. 1956, S. 317 ff.

Bayer, H.-W.: Die Bundestreue, Tübinger Rechtswissenschaftliche Abhandlungen, Bd. 4, Tübingen 1961.

Bettermann, K. A.: Das Verwaltungsverfahren, VeröffVDStRL 17, 1958, S. 118 ff.

Bockelmann, P.: Richter und Gesetz, in: Rechtsprobleme in Staat und Kirche, Festgabe für R. Smend, Göttingen 1952, S. 23 ff.

Bonner Kommentar: Kommentar zum Bonner Grundgesetz, herausgegeben von B. Dennewitz, fortgeführt von K. G. Wernicke, Hamburg 1950 (Loseblattausgabe).

Brentano, H. v.: Der Bundestag und der Bundesrat, DÖV 1949, S. 270 f.

Bullinger, M.: Der Anwendungsbereich der Bundesaufsicht. Zum Konkordatsurteil des Bundesverfassungsgerichts, AöR 83, 1958, S. 279.

Cole, T.: The Bundesverfassungsgericht, 1956—1958: An American Appraisal, JöR NF 8, 1959, S. 29 ff.

Dennewitz, B.: Das Bonner Grundgesetz und die westdeutschen Länderverfassungen, DÖV 1949, S. 341 ff.

Drath, M.: Die Gewaltenteilung im heutigen deutschen Staatsrecht, in: Faktoren der Machtbildung, Schriften des Instituts für politische Wissenschaften, Bd. 2, 1952, S. 99 ff.

Dreher, M.: Die Amtshilfe, Göttingen 1959.

Ermacora, F.: Die österreichische Verfassungsgerichtsbarkeit seit 1945, JöR NF 8, 1959, S. 49 ff.

Friesenhahn, E.: Der Rechtsschutz im öffentlichen Recht nach dem Bonner Grundgesetz, DV 1949, S. 478 ff.

Frowein, J.: Die selbständige Bundesaufsicht nach dem Grundgesetz, Bonner Rechtswissenschaftliche Abhandlungen, Bd. 50, Bonn 1961.

Füsslein, R. W.: Mischverwaltung oder Mitverwaltung, DVBl. 1956, S. 1 ff.

Galperin, H.: Die Beitragspflicht der im bremischen Staatsgebiet von Dienststellen der Bundesrepublik beschäftigten Arbeitnehmer zur Organisation der Bremischen Arbeitnehmerkammern, Recht der Arbeit 1953, S. 5 ff.

Geiger, W.: Gesetz über das Bundesverfassungsgericht vom 12. März 1951, Kommentar, Berlin und Frankfurt 1952.

— Das Bundes-Länder-Verhältnis in der Rechtsprechung des Bundesverfassungsgerichts, Bayerische Verwaltungsblätter 1957, S. 301 ff., 337 ff.

Giese, F.: Grundgesetz für die Bundesrepublik Deutschland vom 23. Mai 1949, Kommentar, 3. Aufl., Frankfurt a. M. 1953.

Glocker, E.: Vergleichende Darstellung des Verhältnisses Reich und Länder in der Weimarer Verfassung, Bund und Länder im Bonner Grundgesetz, Diss., Heidelberg 1952.

Graubaum, W.: Der Verfassungsschutz durch Bundesaufsicht über die Länder nach dem Bonner Grundgesetz, Diss., Hamburg 1952.

Grewe, W.: Das bundesstaatliche System des Grundgesetzes, Deutsche Rechts-Zeitschrift 1949, S. 349 ff.

Gross, W.: Verfassungshoheit und Homogenität im Bundesstaat, DV 1950, S. 5 ff.

— Die Entwicklung des öffentlichen Rechts, Betrachtungen, DVBl. 1954, S. 50 ff.

Haas, D.: Bundesgesetze über Organisation und Verfahren der Landesbehörden, AöR 80, 1955/56, S. 81 ff.

Haas, K.: Die Bundesaufsicht und der Bundeszwang, Diss., Heidelberg 1954.

Held, K.: Der autonome Verwaltungsstil der Länder und das Bundesratsveto nach Art. 84 Abs. 1 des Grundgesetzes, AöR 80, 1955/56, S. 50 ff.

— und *O. Küster:* Sind die automatischen Sanktionen der §§ 14 und 17 des Gesetzes zu Art. 131 GG verfassungsmäßig? JZ 1953, S. 542 ff.

Hertl, N.: Die Treuepflicht der Länder gegenüber dem Bund und die Folgen ihrer Verletzung, Diss., Würzburg 1956.

Hesse, K.: Der Gleichheitsgrundsatz im Staatsrecht, AöR 77, 1951, S. 167 ff.

— Ausnahmezustand und Grundgesetz, DÖV 1955, S. 741 ff.

Heydte, Fr. A. v. d.: Staatsnotstand und Gesetzgebungsnotstand, in: Festschrift für W. Laforet, München 1952, S. 59 ff.

Huber, E. R.: Bundesexekution und Bundesintervention. Ein Beitrag zur Frage des Verfassungsschutzes im Deutschen Bund, AöR 79, 1953/54, S. 1 ff.

Jerusalem, F. W.: Zentralismus und Föderalismus in: Festschrift für W. Laforet, München 1952, S. 37 ff.

Jesch, D.: Unbestimmter Rechtsbegriff und Ermessen in rechtstheoretischer und verfassungsrechtlicher Sicht, AöR 82, 1957, S. 163 ff.

Kaiser, J. H.: Die Erfüllung der völkerrechtlichen Verträge des Bundes durch die Länder, Z. f. ausl. ö. R. u. VR 18, 1957/58, S. 526 ff.

Katzenstein, D.: Rechtliche Erscheinungsformen der Machtverschiebung zwischen Bund und Ländern seit 1949, DÖV 1958, S. 593 ff.

Kern, E.: Zur Praxis der Bundesratsarbeit, DÖV 1951, S. 260 ff.

Köttgen, A.: Das Verwaltungsverfahren als Gegenstand der Bundesgesetzgebung, DÖV 1952, S. 422 ff.

— Der Einfluß des Bundes auf die deutsche Verwaltung und die Organisation der bundeseigenen Verwaltung, JöR NF 3, 1954, S. 67 ff.

Kollmann, O.: Zur verfassungsrechtlichen Sicherung der Selbstverwaltung, DÖV 1951, S. 145 ff.

Kratzer, J.: Die Ausführung von Bundesgesetzen als eigene Angelegenheit der Länder, Bay. Staatsanzeiger 5, Nr. 13 vom 1. April 1950.

— Die Bundesoberbehörde, DÖV 1950, S. 529 ff.

— Zustimmungsgesetze, AöR 77, 1951/52, S. 266 ff.

— Über die Zuständigkeit zum Erlaß allgemeiner Verwaltungsvorschriften des Bundes, DÖV 1952, S. 230 ff.

— Über die Zuständigkeit zum Erlaß allgemeiner Verwaltungsvorschriften des Bundes, DÖV 1953, S. 172 f.

Krause, B.: Die Bundesaufsicht gegenüber den Ländern nach dem Bonner Grundgesetz, Diss., Köln 1952.

Krönig, E.: Zulässigkeit einfacher Verwaltungsanweisungen eines Bundesministers gegenüber den Ländern in Fällen des Milch- und Fettgesetzes, DVBl. 1951, S. 754 f.

— Befugnisse eines einzelnen Bundesministers gegenüber den Ländern, MDR 1952, S. 28 f.

Krüger, H.: Völkerrecht im Bundesstaat, in: Um Recht und Gerechtigkeit, Festgabe für E. Kaufmann, Stuttgart und Köln 1950.

Krüger, H.: Staatsverfassung und Wirtschaftsverfassung, DVBl. 1951, S. 361 ff.

— Der Bundeswirtschaftsrat in verfassungspolitischer Sicht, DÖV 1952, S. 545 ff.

— Die Rechtswirkungen der strukturellen und geistigen Umgestaltung des Deutschen Staates nach 1945 auf das Reichskonkordat von 1933, Rechtsgutachten, in: Der Konkordatsprozeß, S. 1052 ff.

— Der Verfassungsschutz im Bundesstaat, DÖV 1960, S. 725 ff.

Kutscher, H.: Verfassungsrechtliche Fragen aus der Praxis des Bundesrats, DÖV 1952, S. 710 ff.

Laforet, W.: Verwaltung und Ausführung der Gesetze nach dem Bonner Grundgesetz, DÖV 1949, S. 221 ff.

Lechner, H.: Die Stellung der Länder im Bund, Bay. Bgmstr. 2, 1949, S. 169 ff.

— Zur Entwicklung der Rechtsstellung des Bundesrats, DÖV 1952, S. 417 ff.

— Bundesverfassungsgerichtsgesetz, Kommentar, München und Berlin 1954.

Leibholz, G.: Bericht des Berichterstatters des Bundesverfassungsgerichts vom 21. März 1952, in: Der Status des Bundesverfassungsgerichts, JÖR NF 6, 1957, S. 109 ff. (120 ff.).

Mangoldt, H. v.: Das Bonner Grundgesetz, Kommentar, Berlin und Frankfurt a. M. 1953.

— und *F. Klein:* Das Bonner Grundgesetz, Kommentar, 2. neubearbeitete Aufl., Berlin und Frankfurt a. M. 1957 ff.

Maunz, Th.: Grundgesetz und Volksbefragungsgesetze, DÖV 1959, S. 1 ff.

— Deutsches Staatsrecht, 10. Aufl., München und Berlin 1961.

— und *G. Dürig:* Grundgesetz, Kommentar, München und Berlin 1960 (Loseblattausgabe).

Meyer-Dalheuer: Probleme der Bundeswehrverwaltung, DVBl. 1957, S. 185 ff.

Menzel, W.: Die verfassungspolitischen Entscheidungen im Grundgesetz, DV 1949, S. 312 ff.

Mosler, H.: Kulturabkommen des Bundesstaates. Zur Frage der Beschränkung der Bundesgewalt in auswärtigen Angelegenheiten, Z. f. ausl. ö. R. u. VR 16, 1955/56, S. 1 ff.

Müthling, H.: Zur verfassungsrechtlichen Sicherung der Selbstverwaltung, DÖV 1951, S. 33 ff.

Nawiasky, H.: Die Grundgedanken des Grundgesetzes, Stuttgart und Köln 1955.

Neunreither, K.: Der Bundesrat zwischen Politik und Verwaltung. Studien zur Politik, Veröffentlichungen des Instituts für Politische Wissenschaft an der Universität Heidelberg, Bd. 2, herausgegeben von C. J. Friedrich, Heidelberg 1959.

Nölting, St.: Der Bundeszwang — Art. 37 des GG — Diss., Göttingen 1956.

Pfeiffer, A.: Der Bund und die Länder, DÖV 1949, S. 263 ff.

Plaum, W.: Inkompatibilitätsprobleme bei der Bildung bzw. Umbildung der Bundesregierung, DVBl. 1958, S. 452 ff.

Redeker, K.: Kann gemäß Art. 84 Abs. 2 GG auch der einzelne Fachminister allgemeine Verwaltungsvorschriften mit Zustimmung des Bundesrates erlassen? DÖV 1952, S. 235 ff.

Reetz, G.: Bundesaufsicht und Bundeszwang, StuKV 1957, S. 224 ff.

Ridder, H. K. J.: Meinungsfreiheit, in: Die Grundrechte, Handbuch der Theorie und Praxis der Grundrechte, Bd. II, herausgegeben von Neumann, Nipperdey, Scheuner, Berlin 1954, S. 243 ff.

Rohwer-Kahlmann, H.: Verfassungsrechtliche Schranken der Zustimmungsgesetze, AöR 79, 1953/54, S. 208 ff.

Schäfer, H.: Bundesaufsicht und Bundeszwang, AöR 78, 1952, S. 1 ff.

— Der Bundesrat, Köln und Berlin 1955.

— Die Bundesauftragsverwaltung, DÖV 1960, S. 641 ff.

Schätzel, W.: Transformation, Partnerschaft und sonstige Probleme des Reichskonkordats von 1933, Rechtsgutachten, in: Der Konkordatsprozeß, S. 1094 ff.

Schaub, B.: Die Aufsicht des Bundes über die Kantone, Zürcher Beiträge zur Rechtswissenschaft, N. F., Heft 206, Aarau 1957.

Scheuner, U.: Der Verfassungsschutz im Bonner Grundgesetz, in: Um Recht und Gerechtigkeit, Festgabe für E. Kaufmann, Stuttgart und Köln, 1950, S. 313 ff.

— Der Bereich der Regierung, in: Rechtsprobleme in Staat und Kirche, Festschrift für R. Smend zum 70. Geburtstag, Göttingen 1952, S. 253 ff.

— Probleme und Verantwortungen der Verfassungsgerichtsbarkeit in der Bundesrepublik, DVBl. 1952, S. 293 ff.

— Hat der Föderalismus versagt? In: Die Politische Meinung, 1956, Heft 7, S. 31 ff.

— Rechtsgutachten über den Abschluß und Rechtsbestand des Konkordates zwischen dem Hl. Stuhle und dem Deutschen Reiche vom 20. Juli 1933, in: Der Konkordatsprozeß, S. 670 ff.

— Erfolge und Schwächen des erneuerten Deutschen Föderalismus, Schweizer Monatshefte 39, 1959, Heft 8, S. 722 ff.

— Kirche und Staat in der neueren deutschen Entwicklung, Zeitschrift für evangelisches Kirchenrecht 7, 1959/60, S. 225 ff.

— Die neuere Entwicklung des Rechtsstaates in Deutschland, in: Hundert Jahre Deutsches Rechtsleben, Festschrift zum Hundertjährigen Bestehen des Deutschen Juristentages 1860—1960, Bd. II, Karlsruhe 1960, S. 229 ff.

Schneider, H.: Die Zustimmung des Bundesrats zu Gesetzen, DVBl. 1953, S. 257 ff.

— Verfahrensfragen bei Ausübung der Bundesaufsicht, Rechtsgutachten, in: Der Konkordatsprozeß, S. 1022 ff.

Schröcker: Die Wiederanwendung der Vorkriegsverträge nach dem Grundgesetz, DVBl. 1954, S. 486 ff.

Schulte-Frohlinde, A.: Die Bundesauftragsverwaltung nach dem Bonner Grundgesetz und ihre Entstehung, Diss., Köln 1957.

Seifert-Geeb: Erläuterungen zum Grundgesetz für die Bundesrepublik Deutschland, in: Das deutsche Bundesrecht I A 10 (Fortsetzungswerk in Loseblattform).

Spanner, H.: Die Rechtskontrolle des bundesfreundlichen Verhaltens, DÖV 1961, S. 481 ff.

Spieß, G.: Der Bundeszwang, Diss., Heidelberg 1954.

Strickrodt, G.: Das Bundesratsmandat — Gebunden und Frei, DÖV 1949, S. 321 ff.

Süsterhenn, A.: Einheitliches Gerichtsministerium? DVBl. 1956, S. 737 ff.

Weber, W.: Die Verfassung der Bundesrepublik in der Bewährung, Göttingen 1957.

— Spannungen und Kräfte im Westdeutschen Verfassungssystem, 2. Aufl., Stuttgart 1958.

Werr, W.: Die Mängelrüge als Maßnahme der Staatsaufsicht. Beiträge zum öffentlichen Recht, herausgegeben von H. Armbruster, Heft 1, Würzburg 1953.

Wessel, F.: Die Verwaltung, DV 1949, S. 327 ff.

— Der Vermittlungsausschuß nach Art. 77 des GG, AöR 77, 1951/52, S. 283 ff.

Wheare, K. C.: Federal Government, Third Edition, Oxford University Press, London, New York, Toronto 1953.

Wittram, R.: Das Interesse an der Geschichte, Göttingen 1958.

Zinn, G. A.: Die Bundesaufsicht nach dem Grundgesetz, DÖV 1950, S. 522 ff.

— Der Bund und die Länder, AöR 75, 1949, S. 291 ff.

Zweigert, K.: Das neue Kartellgesetz, DVBl. 1958, S. 733 ff.

Quellenverzeichnis

Dokumente zur Deutschen Verfassungsgeschichte, Bd. 1. Herausgegeben von E. R. Huber, Stuttgart 1961.

Gesetz-Sammlung für die Königlichen Preußischen Staaten, 1867.
Reichsgesetzblatt, 1871—1945.

Berichte und Protokolle des 8. Ausschusses der verfassunggebenden Deutschen Nationalversammlung über den Entwurf einer Verfassung des Deutschen Reiches, Berlin 1920.

Preußen contra Reich vor dem Staatsgerichtshof. Stenogrammbericht der Verhandlungen vor dem Staatsgerichtshof in Leipzig vom 10. bis 14. und vom 17. Oktober 1932, Berlin 1933.

Bundesgesetzblatt, 1949 ff.

Entstehungsgeschichte der Artikel des Grundgesetzes, im Auftrage der Abwicklungsstelle des Parlamentarischen Rates und des Bundesministers des Innern aufgrund der Verhandlungen des Parlamentarischen Rates, bearbeitet von Klaus Berto Doemming, Rudolf Werner Füsslein, Werner Matz, JöR NF 1, 1951, S. 1 ff.

Der Konkordatsprozeß. Schriftsätze, Gutachten und Protokolle der Verhandlungen vor dem Bundesverfassungsgericht in dem Verfassungsrechtsstreit zwischen der Bundesrepublik Deutschland (Antragsteller) und dem Land Niedersachsen (Antragsgegner) über die Frage, ob das Land Niedersachsen durch Erlaß des Gesetzes über das öffentliche Schulwesen in Niedersachsen vom 14. September 1954 gegen das Konkordat zwischen dem Heiligen Stuhl und dem Deutschen Reich vom 20. Juli 1933 verstoßen und dadurch ein Recht des Bundes auf Respektierung der für ihn verbindlichen internationalen Verträge durch die Länder verletzt hat. Veröffentlichungen des Instituts für Staatslehre und Politik e. V. Mainz, Bd. VII; herausgegeben in Zusammenarbeit mit Hans Müller von Friedrich Giese und Friedrich August Frhr. v. d. Heydte, München 1957.

Sitzungsberichte des Bundesrates, Bonn 1949 ff.

Stenografische Berichte von den Verhandlungen des Hauptausschusses des Parlamentarischen Rates, Bonn 1948/49.

Entscheidungssammlungen

Entscheidungen des Reichsgerichts in Zivilsachen. Herausgegeben von den Mitgliedern des Gerichtshofes, Leipzig 1880—1945.

Entscheidungen des Staatsgerichtshofes. Im Anhang zu den Entscheidungen des Reichsgerichts in Zivilsachen.

Lammers-Simons. Die Rechtsprechung des Staatsgerichtshofs für das Deutsche Reich und des Reichsgerichts aufgrund des Art. 13 Abs. 2 der Reichsverfassung. Herausgegeben von Hans-Heinrich Lammers und Walter Simons, 6 Bde, 1929—1939, Berlin.

Entscheidungen des Bundesverfassungsgerichts. Herausgegeben von den Mitgliedern des Bundesverfassungsgerichts, Tübingen 1952 ff.

Entscheidungen des Bundesverwaltungsgerichts. Herausgegeben von den Mitgliedern des Gerichts, Berlin 1955 ff.

Verwaltungsrechtsprechung in Deutschland. Sammlung oberstrichterlicher Entscheidungen aus dem Verfassungs- und Verwaltungsrecht. Herausgegeben von W. Bauer, München und Berlin 1949 ff.

MIX
Papier aus verantwortungsvollen Quellen
Paper from responsible sources
FSC® C105338

Printed by Libri Plureos GmbH
in Hamburg, Germany